国家出版基金项目
NATIONAL PUBLICATION FOUNDATION
重庆市出版专项资金资助

大足石刻全集

第八卷

宝顶山小佛湾及周边石窟考古报告

下册

大足石刻研究院　编
黎方银　主编

DAZU SHIKE
QUANJI

重庆出版集团　重庆出版社

THE DAZU ROCK CARVINGS

Vol. Ⅷ

XIAOFOWAN AND SURROUNDING CARVINGS, BAODINGSHAN

Part Two

EDITED BY
ACADEMY OF DAZU ROCK CARVINGS

EDITOR IN CHIEF
LI FANGYIN

重慶出版集团 重慶出版社

总目录

第一卷　北山佛湾石窟第1—100号考古报告

第二卷　北山佛湾石窟第101—192号考古报告

第三卷　北山佛湾石窟第193—290号考古报告

第四卷　北山多宝塔考古报告

第五卷　石篆山、石门山、南山石窟考古报告

第六卷　宝顶山大佛湾石窟第1—14号考古报告

第七卷　宝顶山大佛湾石窟第15—32号考古报告

第八卷　宝顶山小佛湾及周边石窟考古报告

第九卷　大足石刻专论

第十卷　大足石刻历史图版

第十一卷　附录及索引

GENERAL CATALOGUE

Vol. Ⅰ FOWAN (NOS. 1–100), BEISHAN

Vol. Ⅱ FOWAN (NOS. 101–192), BEISHAN

Vol. Ⅲ FOWAN (NOS. 193–290), BEISHAN

Vol. Ⅳ DUOBAO PAGODA, BEISHAN

Vol. Ⅴ SHIZHUANSHAN, SHIMENSHAN AND NANSHAN

Vol. Ⅵ DAFOWAN (NOS. 1–14), BAODINGSHAN

Vol. Ⅶ DAFOWAN (NOS. 15–32), BAODINGSHAN

Vol. Ⅷ XIAOFOWAN AND SURROUNDING CARVINGS, BAODINGSHAN

Vol. Ⅸ COLLECTED RESEARCH PAPERS ON THE DAZU ROCK CARVINGS

Vol. Ⅹ EARLY PHOTOGRAPHS OF THE DAZU ROCK CARVINGS

Vol. Ⅺ APPENDIX AND INDEX

目　录

Ⅰ 摄影图版

图版 1　小佛湾、圣寿寺、转法轮塔航拍图 …… 2
图版 2　宝顶山小佛湾石窟航拍图 …… 3
图版 3　转法轮塔远景 …… 4
图版 4　释迦真如舍利宝塔远景 …… 5
图版 5　小佛湾门厅 …… 6
图版 6　小佛湾门厅内侧仿古建筑 …… 7
图版 7　小佛湾近景 …… 8
图版 8　小佛湾及圣寿寺（由东向西） …… 9
图版 9　小佛湾及圣寿寺（由西向东） …… 10
图版 10　小佛湾方塔及圣寿寺 …… 11
图版 11　小佛湾坛台外立面 …… 12
图版 12　小佛湾坛台南侧 …… 13
图版 13　小佛湾坛台东侧 …… 14
图版 14　小佛湾坛台西侧 …… 15
图版 15　小佛湾第 1 号方塔外立面 …… 16
图版 16　小佛湾第 1 号方塔塔刹 …… 17
图版 17　小佛湾第 1 号方塔第一级塔身北面 …… 18
图版 18　小佛湾第 1 号方塔第一级塔身东面 …… 19
图版 19　小佛湾第 1 号方塔第一级塔身南面 …… 20
图版 20　小佛湾第 1 号方塔第一级塔身西面 …… 21
图版 21　小佛湾第 1 号方塔第二级塔身北面 …… 22
图版 22　小佛湾第 1 号方塔第二级塔身东面 …… 22
图版 23　小佛湾第 1 号方塔第二级塔身南面 …… 23
图版 24　小佛湾第 1 号方塔第二级塔身西面 …… 23
图版 25　小佛湾第 1 号方塔第三级塔身北面 …… 24
图版 26　小佛湾第 1 号方塔第三级塔身东面 …… 24
图版 27　小佛湾第 1 号方塔第三级塔身南面 …… 25
图版 28　小佛湾第 1 号方塔第三级塔身西面 …… 25
图版 29　小佛湾第 2 号龛外立面 …… 26
图版 30　小佛湾第 2 号龛背面立面 …… 28
图版 31　小佛湾第 2 号龛正壁左起第 1 佛像 …… 30
图版 32　小佛湾第 2 号龛正壁左起第 2 佛像 …… 31
图版 33　小佛湾第 2 号龛正壁左起第 3 佛像 …… 32
图版 34　小佛湾第 2 号龛正壁左起第 4 佛像 …… 33
图版 35　小佛湾第 2 号龛正壁左起第 5 佛像 …… 34
图版 36　小佛湾第 2 号龛正壁左起第 6 佛像 …… 35
图版 37　小佛湾第 2 号龛正壁左起第 7 佛像 …… 36
图版 38　小佛湾第 2 号龛左端隔断墙额枋北面造像 …… 37
图版 39　小佛湾第 2 号龛左端隔断墙额枋东面造像 …… 37
图版 40　小佛湾第 2 号龛左端隔断墙北面造像 …… 38
图版 41　小佛湾第 2 号龛左端隔断墙东面造像 …… 38
图版 42　小佛湾第 3 号、第 9 号 …… 39
图版 43　小佛湾第 3 号窟外立面 …… 40
图版 44　小佛湾第 3 号窟窟口 …… 41
图版 45　小佛湾第 3 号窟窟顶 …… 42
图版 46　小佛湾第 3 号窟窟外右侧立像 …… 43
图版 47　小佛湾第 3 号窟窟外左门柱外侧石材造像 …… 44
图版 48　小佛湾第 3 号窟正壁 …… 45
图版 49　小佛湾第 3 号窟正壁第 1 组造像 …… 46
图版 50　小佛湾第 3 号窟正壁第 2 组造像 …… 46
图版 51　小佛湾第 3 号窟正壁第 3 组造像 …… 47
图版 52　小佛湾第 3 号窟正壁第 4 组造像 …… 47
图版 53　小佛湾第 3 号窟左壁 …… 48
图版 54　小佛湾第 3 号窟左壁内侧第 1 组造像 …… 50
图版 55　小佛湾第 3 号窟左壁内侧第 2 组造像 …… 51
图版 56　小佛湾第 3 号窟左壁内侧第 3 组造像 …… 52
图版 57　小佛湾第 3 号窟左壁内侧第 4 组造像 …… 53
图版 58　小佛湾第 3 号窟左壁内侧第 5 组造像 …… 54
图版 59　小佛湾第 3 号窟左壁内侧第 6 组造像 …… 55
图版 60　小佛湾第 3 号窟左壁外侧上层佛像 …… 56
图版 61　小佛湾第 3 号窟左壁外侧第 1 组造像 …… 57
图版 62　小佛湾第 3 号窟左壁外侧第 2 组造像 …… 58
图版 63　小佛湾第 3 号窟左壁外侧第 3 组造像 …… 59
图版 64　小佛湾第 3 号窟左壁外侧第 4 组造像 …… 60
图版 65　小佛湾第 3 号窟左壁外侧第 5 组造像 …… 61
图版 66　小佛湾第 3 号窟右壁 …… 62
图版 67　小佛湾第 3 号窟右壁内侧第 1 组造像 …… 64
图版 68　小佛湾第 3 号窟右壁内侧第 2 组造像 …… 65
图版 69　小佛湾第 3 号窟右壁内侧第 3 组造像 …… 66
图版 70　小佛湾第 3 号窟右壁内侧第 4 组造像 …… 67
图版 71　小佛湾第 3 号窟右壁内侧第 5 组造像 …… 67
图版 72　小佛湾第 3 号窟右壁内侧第 6 组造像 …… 68
图版 73　小佛湾第 3 号窟右壁外侧上层佛像 …… 70
图版 74　小佛湾第 3 号窟右壁外侧第 1 组造像 …… 71
图版 75　小佛湾第 3 号窟右壁外侧第 2 组造像 …… 72
图版 76　小佛湾第 3 号窟右壁外侧第 3 组造像 …… 72
图版 77　小佛湾第 3 号窟右壁外侧第 4 组造像 …… 73
图版 78　小佛湾第 3 号窟右壁外侧第 5 组造像 …… 74
图版 79　小佛湾第 3 号窟右壁外侧第 6 组造像 …… 75
图版 80　小佛湾第 4 号窟外立面 …… 76

图版 81　小佛湾第 4 号窟窟室 …… 77
图版 82　小佛湾第 4 号窟正壁 …… 78
图版 83　小佛湾第 4 号窟正壁中层造像 …… 79
图版 84　小佛湾第 4 号窟正壁下层造像 …… 79
图版 85　小佛湾第 4 号窟正壁下层左侧护法神像 …… 80
图版 86　小佛湾第 4 号窟正壁下层右侧护法神像 …… 80
图版 87　小佛湾第 4 号窟左壁 …… 81
图版 88　小佛湾第 4 号窟左壁第 3 门洞上方圆龛造像 …… 82
图版 89　小佛湾第 4 号窟左壁第 3 门洞右侧圆龛造像 …… 83
图版 90　小佛湾第 4 号窟左壁第 3 门洞左侧圆龛造像 …… 83
图版 91　小佛湾第 4 号窟左壁第 3 门洞下方砌石圆龛造像 …… 84
图版 92　小佛湾第 4 号窟左壁第 1 门洞左上方圆龛造像 …… 85
图版 93　小佛湾第 4 号窟左壁第 3 门洞左内侧圆龛造像 …… 86
图版 94　小佛湾第 4 号窟左壁第 3 门洞右内侧圆龛造像 …… 86
图版 95　小佛湾第 4 号窟左壁第 2 门洞右内侧造像 …… 87
图版 96　小佛湾第 4 号窟左壁外侧北端造像 …… 87
图版 97　小佛湾第 4 号窟右壁 …… 88
图版 98　小佛湾第 4 号窟右壁第四排左起第 2 圆龛佛像 …… 88
图版 99　小佛湾第 4 号窟右壁第五排左起第 6 圆龛佛像 …… 89
图版 100　小佛湾第 4 号窟右壁第六排左起第 6 圆龛佛像 …… 89
图版 101　小佛湾第 4 号窟横梁内侧造像 …… 90
图版 102　小佛湾第 4 号窟横梁外侧造像 …… 91
图版 103　小佛湾第 5 号窟外立面 …… 92
图版 104　小佛湾第 5 号窟窟顶 …… 93
图版 105　小佛湾第 5 号窟正壁 …… 93
图版 106　小佛湾第 5 号窟左壁 …… 93
图版 107　小佛湾第 5 号窟右壁 …… 93
图版 108　小佛湾第 6 号外立面 …… 94
图版 109　小佛湾第 6 号正壁及左右壁 …… 96
图版 110　小佛湾第 6 号正壁及左壁（由东北向西南）…… 98
图版 111　小佛湾第 6 号正壁及右壁（由西北向东南）…… 100
图版 112　小佛湾第 6 号正壁 …… 102
图版 113　小佛湾第 6 号正壁上部第二排左起第 18 圆龛像 …… 104
图版 114　小佛湾第 6 号正壁上部第三排左起第 5 圆龛像 …… 104
图版 115　小佛湾第 6 号正壁上部第三排左起第 14 圆龛像 …… 105
图版 116　小佛湾第 6 号正壁上部第四排左起第 13 圆龛像 …… 105
图版 117　小佛湾第 6 号正壁上部第五排左起第 6 圆龛像 …… 106
图版 118　小佛湾第 6 号正壁上部第五排左起第 16 圆龛像 …… 106
图版 119　小佛湾第 6 号正壁上部第五排左起第 17 圆龛像 …… 107
图版 120　小佛湾第 6 号正壁上部第五排左起第 18 圆龛像 …… 107
图版 121　小佛湾第 6 号正壁上部第五排左起第 22 圆龛像 …… 108
图版 122　小佛湾第 6 号正壁上部第六排左起第 17 圆龛像 …… 108
图版 123　小佛湾第 6 号正壁左起第 1 梁头造像 …… 109
图版 124　小佛湾第 6 号正壁左起第 2 梁头造像 …… 109
图版 125　小佛湾第 6 号正壁左起第 3 梁头造像 …… 110
图版 126　小佛湾第 6 号正壁左起第 4 梁头造像 …… 111
图版 127　小佛湾第 6 号正壁下部第一幅造像 …… 112
图版 128　小佛湾第 6 号正壁下部第二幅造像 …… 113
图版 129　小佛湾第 6 号正壁下部第三幅造像 …… 114
图版 130　小佛湾第 6 号正壁下部第四幅造像 …… 115
图版 131　小佛湾第 6 号正壁下部第五幅造像 …… 116
图版 132　小佛湾第 6 号正壁下部第六幅造像 …… 117
图版 133　小佛湾第 6 号正壁下部第七幅造像 …… 118
图版 134　小佛湾第 6 号正壁下部第八幅造像 …… 119
图版 135　小佛湾第 6 号正壁下部第九幅造像 …… 120
图版 136　小佛湾第 6 号正壁下部第十幅造像 …… 121
图版 137　小佛湾第 6 号左壁 …… 122
图版 138　小佛湾第 6 号左壁第二排左起第 2 圆龛像 …… 123
图版 139　小佛湾第 6 号左壁第二排左起第 3 圆龛像 …… 123
图版 140　小佛湾第 6 号左壁第二排左起第 4 圆龛像 …… 124
图版 141　小佛湾第 6 号左壁第二排左起第 5 圆龛像 …… 124
图版 142　小佛湾第 6 号左壁第二排左起第 6 圆龛像 …… 125
图版 143　小佛湾第 6 号左壁第二排左起第 8 圆龛像 …… 125
图版 144　小佛湾第 6 号右壁 …… 126
图版 145　小佛湾第 6 号右壁第三排左起第 3 圆龛像 …… 128
图版 146　小佛湾第 6 号右壁第三排左起第 4 圆龛像 …… 128
图版 147　小佛湾第 6 号右壁第 4 门洞左侧左起第 2 列居中圆龛像 …… 129
图版 148　小佛湾第 6 号右壁第 3、4 门洞间左起第 1 列上方圆龛像 …… 129
图版 149　小佛湾第 6 号右壁第 3、4 门洞间左起第 2 列上方圆龛像 …… 130
图版 150　小佛湾第 6 号右壁第 1 梁头正面造像 …… 130
图版 151　小佛湾第 6 号右壁第 2 梁头右侧面造像 …… 131
图版 152　小佛湾第 6 号右壁第 2 梁头正面造像 …… 131
图版 153　小佛湾第 6 号右壁第 2 梁头左侧面造像 …… 132
图版 154　小佛湾第 6 号右壁第 4 梁头正面造像 …… 133
图版 155　小佛湾第 6 号右壁第 4 梁头左侧面造像 …… 134
图版 156　小佛湾第 6 号右壁下部左起第 1 大圆龛造像 …… 135
图版 157　小佛湾第 6 号右壁下部左起第 2 大圆龛造像 …… 136
图版 158　小佛湾第 6 号右壁下部左起第 3 大圆龛造像 …… 137
图版 159　小佛湾第 6 号右壁下部左起第 4 大圆龛造像 …… 138
图版 160　小佛湾第 6 号右壁下部左起第 5 大圆龛造像 …… 139
图版 161　小佛湾第 6 号右壁下部左起第 6 大圆龛造像 …… 140
图版 162　小佛湾第 7 号左碑 …… 141
图版 163　小佛湾第 7 号右碑 …… 141
图版 164　小佛湾第 8 号窟外立面 …… 142
图版 165　小佛湾第 8 号窟窟顶 …… 143

图版 166　小佛湾第 8 号窟正壁 …………………………………………144
图版 167　小佛湾第 8 号窟左壁 …………………………………………145
图版 168　小佛湾第 8 号窟左壁第五排左起第 2 圆龛像 ………………146
图版 169　小佛湾第 8 号窟左壁第五排左起第 4 圆龛像 ………………147
图版 170　小佛湾第 8 号窟右壁 …………………………………………148
图版 171　小佛湾第 8 号窟右壁第五排左起第 1 圆龛像 ………………149
图版 172　小佛湾第 8 号窟右壁第五排左起第 4 圆龛像 ………………150
图版 173　小佛湾第 8 号窟前壁 …………………………………………151
图版 174　小佛湾第 8 号窟窟外西壁圆龛造像 …………………………152
图版 175　小佛湾第 9 号窟外立面 ………………………………………153
图版 176　小佛湾第 9 号窟窟顶 …………………………………………154
图版 177　小佛湾第 9 号窟窟内正壁 ……………………………………155
图版 178　小佛湾第 9 号窟窟内左壁 ……………………………………156
图版 179　小佛湾第 9 号窟窟内左壁上部内侧造像 ……………………158
图版 180　小佛湾第 9 号窟窟内左壁上部外侧造像 ……………………159
图版 181　小佛湾第 9 号窟窟内左壁上部外侧第 1 组造像 ……………160
图版 182　小佛湾第 9 号窟窟内左壁上部外侧第 2 组造像 ……………161
图版 183　小佛湾第 9 号窟窟内左壁上部外侧第 3 组造像 ……………162
图版 184　小佛湾第 9 号窟窟内左壁上部外侧第 4 组造像 ……………162
图版 185　小佛湾第 9 号窟窟内左壁上部外侧第 5 组造像 ……………163
图版 186　小佛湾第 9 号窟窟内左壁下部明王像 ………………………164
图版 187　小佛湾第 9 号窟窟内左壁下部内起第 1 身明王像 …………166
图版 188　小佛湾第 9 号窟窟内左壁下部内起第 2 身明王像 …………167
图版 189　小佛湾第 9 号窟窟内左壁下部内起第 3 身明王像 …………168
图版 190　小佛湾第 9 号窟窟内左壁下部内起第 4 身明王像 …………169
图版 191　小佛湾第 9 号窟窟内右壁 ……………………………………170
图版 192　小佛湾第 9 号窟窟内右壁上部内侧造像 ……………………172
图版 193　小佛湾第 9 号窟窟内右壁上部外侧造像 ……………………173
图版 194　小佛湾第 9 号窟窟内右壁上部外侧第 1 组造像 ……………174
图版 195　小佛湾第 9 号窟窟内右壁上部外侧第 2 组造像 ……………175
图版 196　小佛湾第 9 号窟窟内右壁上部外侧第 3 组造像 ……………176
图版 197　小佛湾第 9 号窟窟内右壁上部外侧第 4 组造像 ……………176
图版 198　小佛湾第 9 号窟窟内右壁上部外侧第 5 组造像 ……………177
图版 199　小佛湾第 9 号窟窟内右壁下部明王像 ………………………178
图版 200　小佛湾第 9 号窟窟内右壁下部内起第 1 身明王像 …………180
图版 201　小佛湾第 9 号窟窟内右壁下部内起第 2 身明王像 …………181
图版 202　小佛湾第 9 号窟窟内右壁下部内起第 3 身明王像 …………182
图版 203　小佛湾第 9 号窟窟内右壁下部内起第 4 身明王像 …………183
图版 204　小佛湾第 9 号窟后室脊檩左侧造像 …………………………184
图版 205　小佛湾第 9 号窟后室脊檩右侧造像 …………………………184
图版 206　小佛湾第 9 号窟前室脊檩左侧造像 …………………………185
图版 207　小佛湾第 9 号窟前室脊檩右侧造像 …………………………185
图版 208　小佛湾第 9 号窟窟内过梁后侧造像 …………………………186
图版 209　小佛湾第 9 号窟窟内过梁前侧造像 …………………………186
图版 210　小佛湾第 9 号窟窟内过梁上方左侧造像 ……………………187
图版 211　小佛湾第 9 号窟窟内过梁上方右侧造像 ……………………187
图版 212　小佛湾第 9 号窟窟内门楣内侧及上方造像 …………………188
图版 213　小佛湾第 9 号窟窟外南壁 ……………………………………190
图版 214　小佛湾第 9 号窟窟外南壁中部方碑 …………………………191
图版 215　小佛湾第 9 号窟窟外南壁下部左侧天王像 …………………192
图版 216　小佛湾第 9 号窟窟外南壁下部右侧天王像 …………………193
图版 217　小佛湾第 9 号窟窟外南壁脊檩圆龛像 ………………………194
图版 218　小佛湾第 9 号窟窟外南壁左额枋内侧圆龛像 ………………195
图版 219　小佛湾第 9 号窟窟外南壁右额枋内侧圆龛像 ………………195
图版 220　小佛湾第 9 号窟窟外西壁 ……………………………………196
图版 221　小佛湾第 9 号窟窟外西壁上部第二排左起第 7 圆龛像 ……198
图版 222　小佛湾第 9 号窟窟外西壁上部第四排左起第 4 圆龛像 ……198
图版 223　小佛湾第 9 号窟窟外西壁上部第四排左起第 6 圆龛像 ……199
图版 224　小佛湾第 9 号窟窟外西壁梁头造像 …………………………199
图版 225　小佛湾第 9 号窟窟外西壁下部造像 …………………………200
图版 226　小佛湾第 9 号窟窟外西壁下部左起第 1 身护法神像 ………202
图版 227　小佛湾第 9 号窟窟外西壁下部左起第 2 身护法神像 ………203
图版 228　小佛湾第 9 号窟窟外西壁下部左起第 3 身护法神像 ………204
图版 229　小佛湾第 9 号窟窟外西壁下部左起第 4 身护法神像 ………205
图版 230　小佛湾第 9 号窟窟外西壁下部左起第 5 身护法神像 ………206
图版 231　小佛湾第 9 号窟窟外西壁下部左起第 6 身护法神像 ………207
图版 232　小佛湾第 9 号窟窟外西壁下部受刑者 ………………………208
图版 233　小佛湾第 9 号窟窟外东壁 ……………………………………210
图版 234　小佛湾第 9 号窟窟外东壁上部第二排左起第 2 圆龛像 ……212
图版 235　小佛湾第 9 号窟窟外东壁上部第二排左起第 4 圆龛像 ……212
图版 236　小佛湾第 9 号窟窟外东壁上部第二排左起第 9 圆龛像 ……213
图版 237　小佛湾第 9 号窟窟外东壁上部第二排左起第 10 圆龛像 ……………………………………………………………213
图版 238　小佛湾第 9 号窟窟外东壁下部造像 …………………………214
图版 239　小佛湾第 9 号窟窟外东壁下部左起第 1 身护法神像 ………216
图版 240　小佛湾第 9 号窟窟外东壁下部左起第 2 身护法神像 ………217
图版 241　小佛湾第 9 号窟窟外东壁下部左起第 3 身护法神像 ………218
图版 242　小佛湾第 9 号窟窟外东壁下部左起第 4 身护法神像 ………219
图版 243　小佛湾第 9 号窟窟外东壁下部左起第 5 身护法神像 ………220
图版 244　小佛湾第 9 号窟窟外东壁下部左起第 6 身护法神像 ………221
图版 245　小佛湾第 9 号窟窟外东壁下部受刑者 ………………………222
图版 246　龙头山摩崖造像航拍图 ………………………………………223
图版 247　龙头山摩崖造像第 1 号龛外立面 ……………………………224
图版 248　龙头山摩崖造像第 2 号龛外立面 ……………………………225
图版 249　龙头山摩崖造像第 2 号龛主尊像 ……………………………226
图版 250　龙头山摩崖造像第 2 号龛左侧造像 …………………………227
图版 251　龙头山摩崖造像第 2 号龛右侧造像 …………………………227
图版 252　龙头山摩崖造像第 3 号龛外立面 ……………………………228

图版 253　龙头山摩崖造像第 4 号龛外立面 …………………………229
图版 254　龙头山摩崖造像第 5 号龛外立面 …………………………230
图版 255　龙头山摩崖造像第 6 号龛外立面 …………………………231
图版 256　龙头山摩崖造像第 7 号龛外立面 …………………………231
图版 257　龙头山摩崖造像第 8 号龛外立面 …………………………232
图版 258　三元洞摩崖造像航拍图 ……………………………………233
图版 259　三元洞摩崖造像外立面 ……………………………………233
图版 260　大佛坡摩崖造像航拍图 ……………………………………234
图版 261　大佛坡摩崖造像第 1 号龛外立面 …………………………234
图版 262　大佛坡摩崖造像第 2 号龛近景 ……………………………235
图版 263　大佛坡摩崖造像第 2 号龛北面造像 ………………………235
图版 264　大佛坡摩崖造像第 2 号龛东面造像 ………………………236
图版 265　大佛坡摩崖造像第 2 号龛南面造像 ………………………236
图版 266　大佛坡摩崖造像第 2 号龛西面造像 ………………………237
图版 267　三块碑摩崖造像外景 ………………………………………237
图版 268　三块碑摩崖造像外立面 ……………………………………238
图版 269　松林坡摩崖造像远景 ………………………………………238
图版 270　松林坡摩崖造像外立面 ……………………………………239
图版 271　维摩顶西崖摩崖造像外立面 ………………………………239
图版 272　菩萨屋摩崖造像外立面 ……………………………………240
图版 273　菩萨屋摩崖造像上层造像 …………………………………241
图版 274　菩萨屋摩崖造像下层造像 …………………………………241
图版 275　菩萨堡摩崖造像外立面 ……………………………………242
图版 276　菩萨堡摩崖造像上部造像 …………………………………243
图版 277　菩萨堡摩崖造像下部造像 …………………………………243
图版 278　杨家坡摩崖造像外立面 ……………………………………244
图版 279　杨家坡摩崖造像中像、左像 ………………………………244
图版 280　杨家坡摩崖造像右像 ………………………………………245
图版 281　佛祖岩摩崖造像外立面 ……………………………………246
图版 282　佛祖岩摩崖造像主尊佛像 …………………………………248
图版 283　佛祖岩摩崖造像前侧单层塔 ………………………………249
图版 284　佛祖岩摩崖造像左主尊菩萨像 ……………………………250
图版 285　佛祖岩摩崖造像右主尊菩萨像 ……………………………251
图版 286　佛祖岩摩崖造像前侧香炉 …………………………………252
图版 287　广大山摩崖造像近景 ………………………………………253
图版 288　广大山摩崖造像外立面 ……………………………………254
图版 289　广大山摩崖造像主尊佛像 …………………………………255
图版 290　广大山摩崖造像左主尊菩萨像 ……………………………256
图版 291　广大山摩崖造像右主尊菩萨像 ……………………………257
图版 292　广大山摩崖造像龛顶 ………………………………………258
图版 293　龙潭摩崖造像外立面 ………………………………………260
图版 294　岩湾摩崖造像外立面 ………………………………………261
图版 295　古佛寺摩崖造像外景 ………………………………………262
图版 296　古佛寺摩崖造像外立面 ……………………………………263
图版 297　对面佛摩崖造像外景 ………………………………………264
图版 298　对面佛摩崖造像外立面 ……………………………………265
图版 299　仁功山摩崖造像近景 ………………………………………266
图版 300　仁功山摩崖造像第 1 号龛外立面 …………………………268
图版 301　仁功山摩崖造像第 2 号龛外立面 …………………………269
图版 302　仁功山摩崖造像第 3 号龛外立面 …………………………270
图版 303　珠始山摩崖造像外立面 ……………………………………271
图版 304　珠始山摩崖造像主尊佛像 …………………………………272
图版 305　珠始山摩崖造像左侧护法神像 ……………………………273
图版 306　珠始山摩崖造像右侧护法神像 ……………………………274
图版 307　珠始山摩崖造像龛顶 ………………………………………275
图版 308　转法轮塔航拍图 ……………………………………………276
图版 309　转法轮塔近景 ………………………………………………277
图版 310　转法轮塔外立面 ……………………………………………278
图版 311　转法轮塔塔基东北角力士像 ………………………………279
图版 312　转法轮塔第一级塔身东北面 ………………………………280
图版 313　转法轮塔第一级塔身北面 …………………………………281
图版 314　转法轮塔第一级塔身西北面 ………………………………282
图版 315　转法轮塔第一级塔身西面 …………………………………283
图版 316　转法轮塔第一级塔身西南面 ………………………………284
图版 317　转法轮塔第一级塔身南面 …………………………………285
图版 318　转法轮塔第一级塔身东南面 ………………………………286
图版 319　转法轮塔第一级塔身东面 …………………………………287
图版 320　转法轮塔第一级塔身东北面下部菩萨像 …………………288
图版 321　转法轮塔第一级塔身北面下部菩萨像 ……………………289
图版 322　转法轮塔第一级塔身西北面下部菩萨像 …………………290
图版 323　转法轮塔第一级塔身西面下部菩萨像 ……………………291
图版 324　转法轮塔第一级塔身西南面下部菩萨像 …………………292
图版 325　转法轮塔第一级塔身南面下部菩萨像 ……………………293
图版 326　转法轮塔第一级塔身东南面下部菩萨像 …………………294
图版 327　转法轮塔第一级塔身东面下部菩萨像 ……………………295
图版 328　转法轮塔第一级塔身东北面上部坐像 ……………………296
图版 329　转法轮塔第一级塔身北面上部坐像 ………………………297
图版 330　转法轮塔第一级塔身西北面上部坐像 ……………………298
图版 331　转法轮塔第一级塔身西面上部坐像 ………………………299
图版 332　转法轮塔第一级塔身西南面上部坐像 ……………………300
图版 333　转法轮塔第一级塔身南面上部坐像 ………………………301
图版 334　转法轮塔第一级塔身东南面上部坐像 ……………………302
图版 335　转法轮塔第一级塔身东面上部坐像 ………………………303
图版 336　转法轮塔第一级塔身东北面额枋造像 ……………………304
图版 337　转法轮塔第一级塔身北面额枋造像 ………………………305
图版 338　转法轮塔第一级塔身西北面额枋造像 ……………………306
图版 339　转法轮塔第一级塔身西面额枋造像 ………………………307
图版 340　转法轮塔第一级塔身西南面额枋造像 ……………………308

图版 341　转法轮塔第一级塔身南面额枋造像 ……………………309
图版 342　转法轮塔第一级塔身东南面额枋造像 …………………310
图版 343　转法轮塔第一级塔身东面额枋造像 ……………………311
图版 344　转法轮塔第二级塔身东北面 ……………………………312
图版 345　转法轮塔第二级塔身北面 ………………………………313
图版 346　转法轮塔第二级塔身西北面 ……………………………314
图版 347　转法轮塔第二级塔身西面 ………………………………315
图版 348　转法轮塔第二级塔身西南面 ……………………………316
图版 349　转法轮塔第二级塔身南面 ………………………………317
图版 350　转法轮塔第二级塔身东南面 ……………………………318
图版 351　转法轮塔第二级塔身东面 ………………………………319
图版 352　转法轮塔第二级塔身东北面平座 ………………………320
图版 353　转法轮塔第二级塔身北面平座 …………………………320
图版 354　转法轮塔第二级塔身西北面平座 ………………………321
图版 355　转法轮塔第二级塔身西面平座 …………………………321
图版 356　转法轮塔第二级塔身西南面平座 ………………………322
图版 357　转法轮塔第二级塔身南面平座 …………………………322
图版 358　转法轮塔第二级塔身东南面平座 ………………………323
图版 359　转法轮塔第二级塔身东面平座 …………………………323
图版 360　转法轮塔第二级塔身东北面佛像 ………………………324
图版 361　转法轮塔第二级塔身北面佛像 …………………………325
图版 362　转法轮塔第二级塔身西北面佛像 ………………………326
图版 363　转法轮塔第二级塔身西面佛像 …………………………327
图版 364　转法轮塔第二级塔身西南面佛像 ………………………328
图版 365　转法轮塔第二级塔身南面佛像 …………………………329
图版 366　转法轮塔第二级塔身东南面佛像 ………………………330
图版 367　转法轮塔第二级塔身东面佛像 …………………………331
图版 368　转法轮塔第二级塔身东北面额枋造像 …………………332
图版 369　转法轮塔第二级塔身北面额枋造像 ……………………332
图版 370　转法轮塔第二级塔身西北面额枋造像 …………………333
图版 371　转法轮塔第二级塔身西面额枋造像 ……………………333
图版 372　转法轮塔第二级塔身西南面额枋造像 …………………334
图版 373　转法轮塔第二级塔身南面额枋造像 ……………………334
图版 374　转法轮塔第二级塔身东南面额枋造像 …………………335
图版 375　转法轮塔第二级塔身东面额枋造像 ……………………335
图版 376　转法轮塔第三级塔身东北面造像 ………………………336
图版 377　转法轮塔第三级塔身北面造像 …………………………337
图版 378　转法轮塔第三级塔身西北面造像 ………………………338
图版 379　转法轮塔第三级塔身西面造像 …………………………339
图版 380　转法轮塔第三级塔身东北面额枋造像 …………………340
图版 381　转法轮塔第三级塔身北面额枋造像 ……………………341
图版 382　释迦真如舍利宝塔北面 …………………………………342
图版 383　释迦真如舍利宝塔东面 …………………………………343
图版 384　释迦真如舍利宝塔南面 …………………………………344
图版 385　释迦真如舍利宝塔西面 …………………………………345
图版 386　释迦真如舍利宝塔第一级塔身北面佛像 ………………346
图版 387　释迦真如舍利宝塔第一级塔身东面佛像 ………………347
图版 388　释迦真如舍利宝塔第一级塔身南面佛像 ………………348
图版 389　释迦真如舍利宝塔第一级塔身西面佛像 ………………349
图版 390　释迦真如舍利宝塔第二级塔身北面浅龛佛像 …………350
图版 391　释迦真如舍利宝塔第二级塔身东面浅龛佛像 …………350
图版 392　释迦真如舍利宝塔第二级塔身南面浅龛佛像 …………351
图版 393　释迦真如舍利宝塔第二级塔身西面浅龛佛像 …………351
图版 394　释迦真如舍利宝塔第三级塔身北侧立佛 ………………352
图版 395　释迦真如舍利宝塔第三级塔身南侧立佛 ………………353
图版 396　大足石刻博物馆藏释迦牟尼佛像 ………………………354
图版 397　大足石刻博物馆藏第 1 身圆雕观音坐像 ………………355
图版 398　大足石刻博物馆藏第 2 身圆雕观音坐像 ………………356
图版 399　大足石刻博物馆藏柳本尊坐像 …………………………357
图版 400　小佛湾第 3 号窟窟前左侧护法神像 ……………………358
图版 401　小佛湾第 3 号窟窟前右侧护法神像 ……………………359
图版 402　大足石刻博物馆藏第 1 件圆龛佛像 ……………………360
图版 403　大足石刻博物馆藏第 2 件圆龛佛像 ……………………361
图版 404　大足石刻博物馆藏第 3 件圆龛佛像 ……………………362
图版 405　大足石刻博物馆藏第 4 件圆龛佛像 ……………………362
图版 406　小佛湾第 6 号正壁前侧香炉 ……………………………363
图版 407　大足石刻博物馆藏明成化七年香炉 ……………………364
图版 408　圣寿寺航拍图 ……………………………………………365
图版 409　圣寿寺山门 ………………………………………………366
图版 410　圣寿寺帝释殿 ……………………………………………366
图版 411　圣寿寺帝释殿檐柱撑弓一 ………………………………367
图版 412　圣寿寺帝释殿檐柱撑弓二 ………………………………368
图版 413　圣寿寺大雄宝殿 …………………………………………369
图版 414　圣寿寺三世佛殿 …………………………………………370
图版 415　圣寿寺灌顶井窟外立面 …………………………………371
图版 416　圣寿寺灌顶井窟正壁 ……………………………………372
图版 417　圣寿寺灌顶井窟左壁内侧石材造像 ……………………373
图版 418　圣寿寺灌顶井窟左壁外侧石材正面造像 ………………374
图版 419　圣寿寺灌顶井窟左壁外侧石材侧面造像 ………………374
图版 420　圣寿寺灌顶井窟右壁内侧石材造像 ……………………375
图版 421　圣寿寺灌顶井窟右壁外侧石材正面造像 ………………376
图版 422　圣寿寺灌顶井窟右壁外侧石材侧面造像 ………………376
图版 423　圣寿寺圆通殿 ……………………………………………377
图版 424　圣寿寺维摩殿 ……………………………………………378
图版 425　圣寿寺维摩殿外右前侧石塔 ……………………………379
图版 426　维摩殿佛坛北壁 …………………………………………380
图版 427　维摩殿佛坛北壁左起第 1 圆龛坐像 ……………………381
图版 428　维摩殿佛坛北壁左起第 3 圆龛坐像 ……………………381

图版 429 维摩殿佛坛东壁（由东向西）……382
图版 430 维摩殿佛坛东壁（由东北向西南）……384
图版 431 维摩殿佛坛东壁上排左起第 1 圆龛佛像……385
图版 432 维摩殿佛坛东壁上排左起第 3 圆龛佛像……385
图版 433 维摩殿佛坛东壁上排左起第 5 圆龛佛像……385
图版 434 维摩殿佛坛东壁上排左起第 10 圆龛佛像……385
图版 435 维摩殿佛坛南壁……386
图版 436 维摩殿佛坛南壁上排左起第 4 圆龛佛像……388
图版 437 维摩殿佛坛南壁下排左起第 10 圆龛佛像……388
图版 438 维摩殿佛坛南壁下排左起第 11 圆龛佛像……389
图版 439 维摩殿佛坛南壁下排左起第 12 圆龛佛像……389
图版 440 维摩殿佛坛西壁（由西向东）……390
图版 441 维摩殿佛坛西壁（由西北向东南）……392
图版 442 维摩殿佛坛南壁上排左起第 2 圆龛佛像……393
图版 443 维摩殿佛坛南壁上排左起第 4 圆龛佛像……393
图版 444 维摩殿佛坛南壁下排左起第 11 圆龛佛像……393
图版 445 维摩殿佛坛南壁下排左起第 12 圆龛佛像……393
图版 446 圣寿寺圣迹池航拍图……394
图版 447 圣寿寺圣迹池东侧石堡足印及立佛……395
图版 448 圣寿寺圣迹池东侧石堡神龛外立面……396
图版 449 圣寿寺牖壁（由南向北）……397
图版 450 广大寺航拍图……398
图版 451 广大寺山门……399
图版 452 广大寺大雄宝殿……400
图版 453 广大寺大雄宝殿前侧香炉……402
图版 454 广大寺大雄宝殿前侧九龙碑……403
图版 455 广大寺观音殿……404
图版 456 广大寺观音殿外左侧明月屏……405
图版 457 宝顶山万岁楼航拍图……406
图版 458 万岁楼近景（由东南向西北）……407
图版 459 万岁楼近景（由西南向东北）……408
图版 460 宝顶山灵官殿……409
图版 461 宝顶山惜字塔东面……410
图版 462 宝顶山惜字塔南面……411
图版 463 宝顶山惜字塔西面……412
图版 464 宝顶山惜字塔北面……413
图版 465 宝顶山惜字塔第三级塔身东面造像……414
图版 466 宝顶山惜字塔第三级塔身西面造像……414
图版 467 宝顶山惜字塔第四级塔身东面造像……415
图版 468 宝顶山惜字塔第四级塔身西面造像……415
图版 469 宝顶山勾愿菩萨洞外立面……416
图版 470 宝顶山勾愿菩萨洞正壁圆雕像……416
图版 471 高观音摩崖造像外立面……417
图版 472 高观音地藏龛外立面……418
图版 473 高观音观音庙造像外立面……418
图版 474 高观音观音庙主尊观音像……419
图版 475 宝顶山老游客中心明墓群（局部）……420
图版 476 宝顶山倒塔坡清墓群 M1 墓……421
图版 477 宝顶山倒塔坡清墓群 M2 墓……422
图版 478 宝顶山倒塔坡清墓群 M3 墓……423
图版 479 宝顶山倒塔坡清墓群 M4 墓……424
图版 480 宝顶山倒塔坡清墓群 M5 墓……425
图版 481 宝顶山倒塔坡清墓群 M6 墓……426
图版 482 宝顶山倒塔坡清墓群 M7 墓……427

II 铭文图版

图版 1 小佛湾第 1 号第一级塔身北面大圆龛内左右偈语 …………430
图版 2 小佛湾第 1 号第一级塔身北面额枋题刻 ……………………430
图版 3 小佛湾第 1 号第一级塔身北面经目 …………………………431
图版 4 小佛湾第 1 号第一级塔身北面塔檐题刻 ……………………432
图版 5 小佛湾第 1 号第一级塔身东面经目 …………………………432
图版 6 小佛湾第 1 号第一级塔身东面塔檐题刻 ……………………434
图版 7 小佛湾第 1 号第一级塔身南面经目 …………………………436
图版 8 小佛湾第 1 号第一级塔身南面塔檐题刻 ……………………438
图版 9 小佛湾第 1 号第一级塔身西面经目 …………………………440
图版 10 小佛湾第 1 号第一级塔身西面塔檐题刻 ……………………442
图版 11 小佛湾第 1 号第二级塔身北面颂词、经目 …………………444
图版 12 小佛湾第 1 号第二级塔身北面塔檐题刻 ……………………444
图版 13 小佛湾第 1 号第二级塔身东面偈语、经目 …………………446
图版 14 小佛湾第 1 号第二级塔身东面塔檐题刻 ……………………446
图版 15 小佛湾第 1 号第二级塔身南面经目、偈语 …………………448
图版 16 小佛湾第 1 号第二级塔身南面塔檐题刻 ……………………448
图版 17 小佛湾第 1 号第二级塔身西面经目、偈语 …………………450
图版 18 小佛湾第 1 号第二级塔身西面塔檐题刻 ……………………450
图版 19 小佛湾第 1 号第三级塔身北面经目 …………………………452
图版 20 小佛湾第 1 号第三级塔身东面左经目 ………………………453
图版 21 小佛湾第 1 号第三级塔身南面经目 …………………………454
图版 22 小佛湾第 1 号第三级塔身西面经目 …………………………455
图版 23 小佛湾第 1 号第一重塔檐南面下部铭文 ……………………456
图版 24 小佛湾第 2 号正壁《席存著撰〈赵智凤事实〉》残文 ……457
图版 25 小佛湾第 2 号左隔断墙北面“佛偈戒” ……………………457
图版 26 小佛湾第 2 号右隔断墙西壁“恒沙佛说大藏灌顶法轮经” ……………………………………458
图版 27 小佛湾第 2 号右隔断墙西壁“南无金幢宝胜佛教诫”……459
图版 28 小佛湾第 2 号右隔断墙西壁下部“祖师传偈”……………460
图版 29 小佛湾第 3 号窟口上沿铭文 …………………………………461
图版 30 小佛湾第 3 号窟口左右沿铭文 ………………………………461
图版 31 小佛湾第 3 号窟外左门柱外侧条石铭文 ……………………462
图版 32 小佛湾第 4 号窟正壁外挑石材底部“毗卢庵”题名 ………462
图版 33 小佛湾第 4 号窟主尊佛像头部左外侧颂词 …………………463
图版 34 小佛湾第 4 号窟主尊佛像头部右外侧颂词 …………………463
图版 35 小佛湾第 4 号窟主尊佛像肩部左外侧偈语 …………………464
图版 36 小佛湾第 4 号窟主尊佛像肩部右外侧偈语 …………………464
图版 37 小佛湾第 6 号正壁下部第一幅罪报名题刻 …………………465
图版 38 小佛湾第 6 号正壁下部第一幅第 1 组左上题刻 ……………465
图版 39 小佛湾第 6 号正壁下部第一幅第 2 组右侧题刻 ……………466
图版 40 小佛湾第 6 号正壁下部第二幅罪报名题刻 …………………466
图版 41 小佛湾第 6 号正壁下部第二幅第 1 组上方题刻 ……………467
图版 42 小佛湾第 6 号正壁下部第二幅第 2 组上方题刻 ……………467
图版 43 小佛湾第 6 号正壁下部第三幅罪报名题刻 …………………467
图版 44 小佛湾第 6 号正壁下部第三幅第 1 组上方题刻 ……………468
图版 45 小佛湾第 6 号正壁下部第三幅第 4 组上方题刻 ……………468
图版 46 小佛湾第 6 号正壁下部第四幅罪报名题刻 …………………469
图版 47 小佛湾第 6 号正壁下部第四幅第 1 组上方题刻 ……………469
图版 48 小佛湾第 6 号正壁下部第四幅第 2 组上方题刻 ……………470
图版 49 小佛湾第 6 号正壁下部第五幅罪报名题刻 …………………470
图版 50 小佛湾第 6 号正壁下部第五幅鬼卒像右前侧“地狱”题刻 ……………………………………471
图版 51 小佛湾第 6 号正壁下部第五幅第 1 组上方题刻 ……………471
图版 52 小佛湾第 6 号正壁下部第五幅第 2 组上方题刻 ……………471
图版 53 小佛湾第 6 号正壁下部第五幅第 4 组右上方题刻 …………471
图版 54 小佛湾第 6 号正壁下部第六幅罪报名题刻 …………………472
图版 55 小佛湾第 6 号正壁下部第六幅第 2 组中部题刻 ……………472
图版 56 小佛湾第 6 号正壁下部第七幅罪报名题刻 …………………473
图版 57 小佛湾第 6 号正壁下部第七幅第 3 组题刻 …………………473
图版 58 小佛湾第 6 号正壁下部第八幅罪报名题刻 …………………474
图版 59 小佛湾第 6 号正壁下部第八幅第 2 组上方题刻 ……………474
图版 60 小佛湾第 6 号正壁下部第九幅第 1 组左下方题刻 …………474
图版 61 小佛湾第 6 号正壁下部第十幅罪报名题刻 …………………475
图版 62 小佛湾第 6 号右壁下部左起第 4 大圆龛外“歌利王”题刻 ……………………………………476
图版 63 小佛湾第 6 号左壁第五排方碑 ………………………………477
图版 64 小佛湾第 7 号左碑碑阳《唐柳本尊传》碑 …………………478
图版 64-1 小佛湾第 7 号左碑碑阳《唐柳本尊传》碑 A 组碑文 …480
图版 64-2 小佛湾第 7 号左碑碑阳《唐柳本尊传》碑 B 组碑文 …482
图版 64-3 小佛湾第 7 号左碑碑阳《唐柳本尊传》碑 C 组碑文 …484
图版 64-4 小佛湾第 7 号左碑碑阳《唐柳本尊传》碑 D 组碑文 …486
图版 65 小佛湾第 7 号左碑碑阴《宝顶常住田产》碑 ………………488
图版 66 小佛湾第 7 号右碑《恩荣圣寿寺记》碑 ……………………490
图版 67 小佛湾第 8 号窟窟外西壁“罗玉溯题七律诗” ……………492
图版 68 小佛湾第 8 号窟窟外西壁“若虚庄主人杨昙原韵” ………493
图版 69 小佛湾第 8 号窟窟外西壁“李枕宇和杨昙原韵” …………494
图版 70 小佛湾第 8 号窟窟外西壁《西竺仙景》题刻 ………………495
图版 71 小佛湾第 8 号窟窟外西壁“杨昙题七律诗”………………496
图版 72 小佛湾第 8 号窟窟外西壁“赵紫光和杨昙原韵”…………497
图版 73 小佛湾第 8 号窟窟外西壁“王烈和杨昙原韵”……………498
图版 74 小佛湾第 9 号窟窟门柱题刻 …………………………………499
图版 75 小佛湾第 9 号窟门楣“毗卢庵”题刻 ………………………499
图版 76 小佛湾第 9 号窟门楣上方左右条石题刻 ……………………500
图版 77 小佛湾第 9 号窟窟门额枋左右端头题刻 ……………………500

图版 78　小佛湾第 9 号窟窟门额枋左右内侧偈语 ……………………501
图版 79　小佛湾第 9 号窟内正壁主尊头部左右题刻 …………………502
图版 80　小佛湾第 9 号窟内正壁佛像龛外左右偈语 …………………503
图版 81　小佛湾第 9 号窟内左壁右端铭文 ……………………………504
图版 82　小佛湾第 9 号窟内右壁左端铭文 ……………………………505
图版 83　小佛湾第 9 号窟外南壁“释迦舍利宝塔禁中应现之图碑” ………………………………………………………………506
图版 84　龙头山摩崖造像第 1 号龛佛像身前方台经文 ………………508
图版 85　龙头山摩崖造像第 6 号龛龛外题刻 …………………………508
图版 86　龙头山摩崖造像第 8 号龛外上方佛名题刻铭文 ……………509
图版 87　大佛坡摩崖造像第 1 号龛龛内偈语 …………………………509
图版 88　三块碑摩崖造像主尊头部左侧偈语 …………………………510
图版 89　三块碑摩崖造像主尊头部右侧偈语 …………………………510
图版 90　松林坡摩崖造像主尊左侧偈语 ………………………………511
图版 91　松林坡摩崖造像主尊右侧偈语 ………………………………511
图版 92　松林坡摩崖造像龛左右壁颂词 ………………………………512
图版 93　维摩顶西崖摩崖造像龛第 2 组铭文 …………………………513
图版 94　维摩顶西崖摩崖造像龛第 3 组铭文 …………………………513
图版 95　菩萨屋摩崖造像龛中佛像左侧偈语 …………………………514
图版 96　菩萨堡摩崖造像龛下层右侧山神众题刻 ……………………514
图版 97　菩萨堡摩崖造像龛下层左侧树神众题刻 ……………………515
图版 98　菩萨堡摩崖造像龛中佛肩部左、右偈语 ……………………515
图版 99　菩萨堡摩崖造像龛左外侧经目题刻 …………………………516
图版 100　杨家坡摩崖造像龛右侧壁偈语 ……………………………517
图版 101　佛祖岩摩崖造像前侧单层塔塔基正面颂词 ………………517
图版 102　佛祖岩摩崖造像前侧单层塔塔身佛名题刻 ………………518
图版 103　佛祖岩摩崖造像主尊佛像左肩外侧偈语 …………………520
图版 104　佛祖岩摩崖造像主尊佛像右肩外侧偈语 …………………520
图版 105　佛祖岩摩崖造像左菩萨左肩外侧偈语 ……………………521
图版 106　佛祖岩摩崖造像右菩萨右肩外侧偈语 ……………………521
图版 107　佛祖岩摩崖造像左、右侧壁中部偈语 ……………………522
图版 108　佛祖岩摩崖造像右壁外端“守护大千国土经”经文 ……523
图版 109　佛祖岩摩崖造像前侧案台正面右侧铭文 …………………524
图版 110　佛祖岩摩崖造像龛顶“古迹佛祖岩”题刻 ………………524
图版 111　佛祖岩摩崖造像龛顶左右颂词 ……………………………524
图版 112　佛祖岩摩崖造像《佛宇重新》碑 …………………………524
图版 113　广大山摩崖造像低坛正面左侧铭文 ………………………525
图版 114　广大山摩崖造像低坛正面右侧铭文 ………………………525
图版 115　广大山摩崖造像龛顶左右侧颂词 …………………………525
图版 116　广大山摩崖造像龛外右侧摩崖碑文 ………………………526
图版 117　龙潭摩崖造像主尊左上方经目题刻 ………………………526
图版 118　龙潭摩崖造像主尊上方偈语 ………………………………527
图版 119　龙潭摩崖造像龛外左前石堡题刻 …………………………527
图版 120　对面佛摩崖造像主尊左右偈语 ……………………………528
图版 121　对面佛摩崖造像黄清元装彩佛像金身记 …………………529
图版 122　对面佛摩崖造像指路碑记 …………………………………529
图版 123　对面佛摩崖造像“古迹无忧石”题刻 ……………………530
图版 124　对面佛摩崖造像“天理良心”题刻 ………………………530
图版 125　转法轮塔第一级塔身下部东北面菩萨题名 ………………530
图版 126　转法轮塔第一级塔身下部北面菩萨题名 …………………530
图版 127　转法轮塔第一级塔身下部西北面菩萨题名 ………………530
图版 128　转法轮塔第一级塔身下部西面菩萨题名 …………………531
图版 129　转法轮塔第一级塔身下部西南面菩萨题名 ………………531
图版 130　转法轮塔第一级塔身下部南面菩萨题名 …………………531
图版 131　转法轮塔第一级塔身下部东南面菩萨题名 ………………531
图版 132　转法轮塔第一级塔身下部东面菩萨题名 …………………531
图版 133　转法轮塔第一级东北面、北面、西北面、西面塔身下部颂词 ………………………………………………………………532
图版 134　转法轮塔第一级西南面、南面、东南面、东面塔身下部颂词 ………………………………………………………………533
图版 135　释迦真如舍利宝塔塔名题刻 ………………………………534
图版 136　释迦真如舍利宝塔第二级塔身北面方龛上部佛名题刻 …534
图版 137　释迦真如舍利宝塔第二级塔身北面、西面相接处佛名题刻 ………………………………………………………………535
图版 138　释迦真如舍利宝塔第二级塔身南面、西面相接处佛名题刻 ………………………………………………………………535
图版 139　小佛湾第 2 身圆雕观音像座台正面偈语 …………………536
图版 140　小佛湾第 6 号正壁前侧香炉造炉镌记 ……………………536
图版 141　大足石刻博物馆藏明成化七年香炉造炉镌记 ……………537
图版 142　小佛湾《临济正宗记》碑 …………………………………538
图版 143　小佛湾《临济正宗记碑》碑阴《宝顶山颂》……………539
图版 144　小佛湾《实录碑记》…………………………………………540
图版 145　小佛湾《实录碑记》碑阴《皇恩》碑 ……………………542
图版 146　小佛湾《善由人作》碑 ……………………………………544
图版 147　圣寿寺山门殿明间中柱抱鼓石题刻 ………………………545
图版 148　圣寿寺灌顶井窟正壁浅龛左外侧铭文 ……………………546
图版 149　圣寿寺灌顶井窟正壁左、右侧石材外侧铭文 ……………547
图版 150　圣寿寺灌顶井窟左右壁最外石材外侧铭文 ………………548
图版 151　圣寿寺灌顶井窟正壁左右造像石上部圆龛上方铭文 ……550
图版 152　圣寿寺灌顶井窟顶部残存铭文 ……………………………551
图版 153　圣寿寺维摩殿外石塔塔基东面题刻 ………………………552
图版 154　圣寿寺维摩殿外石塔塔基西面题刻 ………………………552
图版 155　圣寿寺维摩殿外石塔第一级塔身东南面题刻 ……………552
图版 156　圣寿寺维摩殿外石塔第一级塔身西南面题刻 ……………552
图版 157　圣寿寺维摩殿外石塔第二级塔身下部题刻 ………………553
图版 158　圣寿寺维摩殿维摩卧像身后坐佛手持经函题刻 …………553
图版 159　圣寿寺维摩殿佛坛东壁下部铭文 …………………………554
图版 160　圣寿寺维摩殿佛坛南壁下部铭文 …………………………554

图版 161　圣寿寺维摩殿佛坛西壁下部铭文 ……………………………554
图版 162　圣迹池玄极重开石池镌记 ……………………………………555
图版 163　圣迹池僧秀然装彩古佛记 …………………………………556
图版 164　圣寿寺牖壁南面壁身东侧下部铭文 ………………………557
图版 165　圣寿寺山门殿明间右侧《重修山门内石坝碑记》…………558
图版 166　圣寿寺帝释殿明间右侧《恩荣圣寿寺记》碑 ……………560
图版 167　圣寿寺帝释殿明间右侧《恩荣圣寿寺记》碑碑阴“袁衍和郭通府韵”……………………………………………………………562
图版 168　圣寿寺帝释殿明间右侧《正堂示禁》碑 …………………563
图版 169　圣寿寺帝释殿明间右侧《关圣碑记》……………………564
图版 170　圣寿寺帝释殿后檐下左板壁外侧《饶玉成书诗》…………566
图版 171　圣寿寺帝释殿后檐下左板壁内侧《柳涯居士书诗》………567
图版 172　圣寿寺帝释殿后檐下右板壁外侧《饶玉成书诗》…………568
图版 173　圣寿寺帝释殿后檐下右板壁内侧《鹤寿书诗》……………569
图版 174　圣寿寺大雄宝殿后檐下右侧《亘古昭然》碑 ……………570
图版 175　圣寿寺大雄殿后檐下右侧《亘古昭然》碑碑阴《万岁阁题名记》碑 ……………………………………………………572
图版 176　圣寿寺大雄宝殿后檐下右侧《正堂示禁》碑 ……………573
图版 177　圣寿寺大雄宝殿后檐下右侧《善果流芳》碑 ……………574
图版 178　圣寿寺大雄宝殿前檐下右侧《县正堂示》碑 ……………575
图版 179　圣寿寺大雄宝殿次间左隔断墙《重修宝顶山圣寿寺记》碑 ……………………………………………………………………576
图版 180　圣寿寺大雄宝殿坛台左侧《重修大佛碑记》………………577
图版 181　圣寿寺三世佛殿左外侧《清正廉明》碑 …………………578
图版 182　圣寿寺三世佛殿内王德嘉书张澍《前游宝顶山记》碑 …579
图版 182-1　圣寿寺三世佛殿内王德嘉书张澍《前游宝顶山记》碑A组碑文 ……………………………………………………………580
图版 182-2　圣寿寺三世佛殿内王德嘉书张澍《前游宝顶山记》碑B组碑文 ……………………………………………………………582
图版 183　圣寿寺三世佛殿内陈宗昭等立《释迦佛碑》 ……………584
图版 184　圣寿寺三世佛殿内《重修宝顶山圣寿寺等处庙宇并诸佛像总碑》…………………………………………………………………585
图版 185　圣寿寺三世佛殿内右后角僧德芳捐银重修圣寿寺碑 ……586
图版 186　圣寿寺维摩殿维摩卧像上方坐佛背屏张龙飞装修大佛湾、圣寿寺像记 ……………………………………………………………587
图版 187　圣寿寺维摩殿外左前侧《创修□宇大殿碑记》上部碑额 ……………………………………………………………………587
图版 188　圣寿寺维摩殿外左前侧《创修□宇大殿碑记》北面碑文 ……………………………………………………………………588
图版 189　圣寿寺维摩殿右前侧亭内《圣旨》碑 ……………………589
图版 190　广大寺大雄宝殿左侧《重创碑》…………………………590
图版 191　广大寺正殿左侧《永垂万古碑记》………………………592
图版 192　广大寺大雄宝殿右侧《重修小宝顶广大寺观音殿普陀岩碑志铭》…………………………………………………………………594
图版 193　广大寺大雄宝殿右侧佚名立《无量□□》碑 ……………596
图版 194　广大寺大雄宝殿右侧僧弘参立《万古不朽》碑 …………597
图版 195　惜字塔第二级塔身东面“惜字阁”题刻 …………………598
图版 196　惜字塔第二级塔身东面楹联 ………………………………599
图版 197　惜字塔第二级塔身南面铭文 ………………………………600
图版 198　惜字塔第二级塔身西面楹联 ………………………………601
图版 199　惜字塔第二级塔身西面中部铭文 …………………………602
图版 200　惜字塔第二级塔身北面左右立柱铭文 ……………………603
图版 201　惜字塔第二级塔身北面中部铭文 …………………………604
图版 202　惜字塔第三级塔身东面右楹联 ……………………………605
图版 203　惜字塔第三级塔身南面铭文 ………………………………606
图版 204　惜字塔第四级塔身南面铭文 ………………………………607
图版 205　惜字塔第四级塔身北面铭文 ………………………………608
图版 206　惜字塔第五级塔身四面题字 ………………………………609
图版 207　勾愿菩萨残存经文 …………………………………………609
图版 208　勾愿菩萨左起第 2 像背屏功德主题名 ……………………610
图版 209　高观音摩崖造像龛造像镌记 ………………………………610
图版 210　装彩高观音金身记 …………………………………………611
图版 211　李学刚彩绚高观音像五尊题记 ……………………………612
图版 212　袁化吉等装绘高观音金身记 ………………………………613
图版 213　高观音观音庙摩崖造像龛牌坊楹联 ………………………614
图版 214　宝顶山倒塔坡清墓群 M5 墓塔第二级塔身西面铭文 ……615
图版 215　宝顶山倒塔坡清墓群 M5 墓塔第二级塔身西北面铭文 …616
图版 216　宝顶山倒塔坡清墓群 M5 墓塔第二级塔身东北面铭文 …617
图版 217　宝顶山倒塔坡清墓群 M5 墓塔第二级塔身东面铭文 ……618
图版 218　宝顶山倒塔坡清墓群 M5 墓塔第二级塔身东南面铭文 …619
图版 219　宝顶山倒塔坡清墓群 M5 墓塔第二级塔身西南面铭文 …620

Ⅰ 摄影图版

图版1　小佛湾、圣寿寺、转法轮塔航拍图

图版2　宝顶山小佛湾石窟航拍图

图版 3　转法轮塔远景

图版 4　释迦真如舍利宝塔远景

图版 5　小佛湾门厅

图版 6　小佛湾门厅内侧仿古建筑

图版 7　小佛湾近景

图版 8　小佛湾及圣寿寺（由东向西）

图版 9　小佛湾及圣寿寺（由西向东）

图版10　小佛湾方塔及圣寿寺

图版 11　小佛湾坛台外立面

图版 12　小佛湾坛台南侧

图版13　小佛湾坛台东侧

图版 14　小佛湾坛台西侧

图版 15　小佛湾第 1 号方塔外立面

图版 16　小佛湾第 1 号方塔塔刹

图版 17　小佛湾第 1 号方塔第一级塔身北面

图版 18　小佛湾第 1 号方塔第一级塔身东面

图版 19　小佛湾第 1 号方塔第一级塔身南面

图版 20　小佛湾第 1 号方塔第一级塔身西面

图版 21　小佛湾第 1 号方塔第二级塔身北面

图版 22　小佛湾第 1 号方塔第二级塔身东面

图版 23　小佛湾第 1 号方塔第二级塔身南面

图版 24　小佛湾第 1 号方塔第二级塔身西面

图版 25　小佛湾第 1 号方塔第三级塔身北面

图版 26　小佛湾第 1 号方塔第三级塔身东面

图版 27　小佛湾第 1 号方塔第三级塔身南面

图版 28　小佛湾第 1 号方塔第三级塔身西面

图版 29　小佛湾第 2 号龛外立面

图版 30　小佛湾第 2 号龛背面立面

图版 31　小佛湾第 2 号龛正壁左起第 1 佛像

图版 32　小佛湾第 2 号龛正壁左起第 2 佛像

图版 33　小佛湾第 2 号龛正壁左起第 3 佛像

图版 34　小佛湾第 2 号龛正壁左起第 4 佛像

图版 35　小佛湾第 2 号龛正壁左起第 5 佛像

图版 36　小佛湾第 2 号龛正壁左起第 6 佛像

图版 37　小佛湾第 2 号龛正壁左起第 7 佛像

图版 38　小佛湾第 2 号龛左端隔断墙额枋北面造像

图版 39　小佛湾第 2 号龛左端隔断墙额枋东面造像

图版 40　小佛湾第 2 号龛左端隔断墙北面造像

图版 41　小佛湾第 2 号龛左端隔断墙东面造像

图版 42　小佛湾第 3 号、第 9 号

图版 43　小佛湾第 3 号窟外立面

图版 44　小佛湾第 3 号窟窟口

图版 45　小佛湾第 3 号窟窟顶

图版 46　小佛湾第 3 号窟窟外右侧立像

图版 47　小佛湾第 3 号窟窟外左门柱外侧石材造像

图版 48　小佛湾第 3 号窟正壁

图版 49　小佛湾第 3 号窟正壁第 1 组造像

图版 50　小佛湾第 3 号窟正壁第 2 组造像

图版 51　小佛湾第 3 号窟正壁第 3 组造像

图版 52　小佛湾第 3 号窟正壁第 4 组造像

图版 53　小佛湾第 3 号窟左壁

图版 54　小佛湾第 3 号窟左壁内侧第 1 组造像

图版 55　小佛湾第 3 号窟左壁内侧第 2 组造像

图版 56　小佛湾第 3 号窟左壁内侧第 3 组造像

图版 57　小佛湾第 3 号窟左壁内侧第 4 组造像

图版 58　小佛湾第 3 号窟左壁内侧第 5 组造像

图版 59　小佛湾第 3 号窟左壁内侧第 6 组造像

图版 60　小佛湾第 3 号窟左壁外侧上层佛像

图版 61　小佛湾第 3 号窟左壁外侧第 1 组造像

图版 62　小佛湾第 3 号窟左壁外侧第 2 组造像

图版 63　小佛湾第 3 号窟左壁外侧第 3 组造像

图版 64　小佛湾第 3 号窟左壁外侧第 4 组造像

图版 65　小佛湾第 3 号窟左壁外侧第 5 组造像

图版 66　小佛湾第 3 号窟右壁

图版 67　小佛湾第 3 号窟右壁内侧第 1 组造像

图版 68　小佛湾第 3 号窟右壁内侧第 2 组造像

图版 69　小佛湾第 3 号窟右壁内侧第 3 组造像

图版 70　小佛湾第 3 号窟右壁内侧第 4 组造像

图版 71　小佛湾第 3 号窟右壁内侧第 5 组造像

图版 72　小佛湾第 3 号窟右壁内侧第 6 组造像

图版 73　小佛湾第 3 号窟右壁外侧上层佛像

图版 74 小佛湾第 3 号窟右壁外侧第 1 组造像

图版 75　小佛湾第 3 号窟右壁外侧第 2 组造像

图版 76　小佛湾第 3 号窟右壁外侧第 3 组造像

图版 77　小佛湾第 3 号窟右壁外侧第 4 组造像

图版 78　小佛湾第 3 号窟右壁外侧第 5 组造像

图版 79　小佛湾第 3 号窟右壁外侧第 6 组造像

图版 80　小佛湾第 4 号窟外立面

图版 81　小佛湾第 4 号窟窟室

图版 82　小佛湾第 4 号窟正壁

图版 83　小佛湾第 4 号窟正壁中层造像

图版 84　小佛湾第 4 号窟正壁下层造像

图版 85　小佛湾第 4 号窟正壁下层左侧护法神像

图版 86　小佛湾第 4 号窟正壁下层右侧护法神像

图版 87　小佛湾第 4 号窟左壁

图版 88　小佛湾第 4 号窟左壁第 3 门洞上方圆龛造像

图版 89　小佛湾第 4 号窟左壁第 3 门洞右侧圆龛造像

图版 90　小佛湾第 4 号窟左壁第 3 门洞左侧圆龛造像

图版 91　小佛湾第 4 号窟左壁第 3 门洞下方砌石圆龛造像

图版 92　小佛湾第 4 号窟左壁第 1 门洞左上方圆龛造像

图版 93　小佛湾第 4 号窟左壁第 3 门洞左内侧圆龛造像

图版 94　小佛湾第 4 号窟左壁第 3 门洞右内侧圆龛造像

图版 95　小佛湾第 4 号窟左壁第 2 门洞右内侧造像

图版 96　小佛湾第 4 号窟左壁外侧北端造像

图版 97　小佛湾第 4 号窟右壁

图版 98　小佛湾第 4 号窟右壁第四排左起第 2 圆龛佛像

图版 99　小佛湾第 4 号窟右壁第五排左起第 6 圆龛佛像

图版 100　小佛湾第 4 号窟右壁第六排左起第 6 圆龛佛像

图版 101　小佛湾第 4 号窟横梁内侧造像

图版 102　小佛湾第 4 号窟横梁外侧造像

图版 103　小佛湾第 5 号窟外立面

图版 104　小佛湾第 5 号窟窟顶

图版 105　小佛湾第 5 号窟正壁

图版 106　小佛湾第 5 号窟左壁

图版 107　小佛湾第 5 号窟右壁

图版 108　小佛湾第 6 号外立面

大寶樓

图版 109　小佛湾第 6 号正壁及左右壁

图版 110　小佛湾第 6 号正壁及左壁（由东北向西南）

图版 111　小佛湾第 6 号正壁及右壁（由西北向东南）

图版 112　小佛湾第 6 号正壁

图版 113　小佛湾第 6 号正壁上部第二排左起第 18 圆龛像

图版 114　小佛湾第 6 号正壁上部第三排左起第 5 圆龛像

图版 115　小佛湾第 6 号正壁上部第三排左起第 14 圆龛像

图版 116　小佛湾第 6 号正壁上部第四排左起第 13 圆龛像

图版 117　小佛湾第 6 号正壁上部第五排左起第 6 圆龛像

图版 118　小佛湾第 6 号正壁上部第五排左起第 16 圆龛像

图版 119　小佛湾第 6 号正壁上部第五排左起第 17 圆龛像

图版 120　小佛湾第 6 号正壁上部第五排左起第 18 圆龛像

图版 121　小佛湾第 6 号正壁上部第五排左起第 22 圆龛像

图版 122　小佛湾第 6 号正壁上部第六排左起第 17 圆龛像

图版 123　小佛湾第 6 号正壁左起第 1 梁头造像

图版 124　小佛湾第 6 号正壁左起第 2 梁头造像

图版 125　小佛湾第 6 号正壁左起第 3 梁头造像

图版 126　小佛湾第 6 号正壁左起第 4 梁头造像

图版 127　小佛湾第 6 号正壁下部第一幅造像

图版 128　小佛湾第 6 号正壁下部第二幅造像

图版 129　小佛湾第 6 号正壁下部第三幅造像

图版 130　小佛湾第 6 号正壁下部第四幅造像

图版 131　小佛湾第 6 号正壁下部第五幅造像

图版 132　小佛湾第 6 号正壁下部第六幅造像

图版 133　小佛湾第 6 号正壁下部第七幅造像

图版 134　小佛湾第 6 号正壁下部第八幅造像

图版 135　小佛湾第 6 号正壁下部第九幅造像

图版 136　小佛湾第 6 号正壁下部第十幅造像

图版 137　小佛湾第 6 号左壁

图版 138　小佛湾第 6 号左壁第二排左起第 2 圆龛像

图版 139　小佛湾第 6 号左壁第二排左起第 3 圆龛像

图版 140　小佛湾第 6 号左壁第二排左起第 4 圆龛像

图版 141　小佛湾第 6 号左壁第二排左起第 5 圆龛像

图版 142　小佛湾第 6 号左壁第二排左起第 6 圆龛像

图版 143　小佛湾第 6 号左壁第二排左起第 8 圆龛像

图版 144　小佛湾第 6 号右壁

图版 145　小佛湾第 6 号右壁第三排左起第 3 圆龛像

图版 146　小佛湾第 6 号右壁第三排左起第 4 圆龛像

图版 147　小佛湾第 6 号右壁第 4 门洞左侧左起第 2 列居中圆龛像

图版 148　小佛湾第 6 号右壁第 3、4 门洞间左起第 1 列上方圆龛像

图版149　小佛湾第6号右壁第3、4门洞间左起第2列上方圆龛像

图版150　小佛湾第6号右壁第1梁头正面造像

图版 151　小佛湾第 6 号右壁第 2 梁头右侧面造像

图版 152　小佛湾第 6 号右壁第 2 梁头正面造像

图版 153　小佛湾第 6 号右壁第 2 梁头左侧面造像

图版 154　小佛湾第 6 号右壁第 4 梁头正面造像

图版 155　小佛湾第 6 号右壁第 4 梁头左侧面造像

图版 156　小佛湾第 6 号右壁下部左起第 1 大圆龛造像

图版 157　小佛湾第 6 号右壁下部左起第 2 大圆龛造像

图版 158　小佛湾第 6 号右壁下部左起第 3 大圆龛造像

图版 159 小佛湾第 6 号右壁下部左起第 4 大圆龛造像

图版 160　小佛湾第 6 号右壁下部左起第 5 大圆龛造像

图版 161　小佛湾第 6 号右壁下部左起第 6 大圆龛造像

图版 162　小佛湾第 7 号左碑

图版 163　小佛湾第 7 号右碑

图版 164　小佛湾第 8 号窟外立面

图版 165　小佛湾第 8 号窟窟顶

图版 166　小佛湾第 8 号窟正壁

图版 167　小佛湾第 8 号窟左壁

图版 168　小佛湾第 8 号窟左壁第五排左起第 2 圆龛像

图版 169　小佛湾第 8 号窟左壁第五排左起第 4 圆龛像

图版 170　小佛湾第 8 号窟右壁

图版 171　小佛湾第 8 号窟右壁第五排左起第 1 圆龛像

图版 172　小佛湾第 8 号窟右壁第五排左起第 4 圆龛像

图版 173　小佛湾第 8 号窟前壁

图版 174　小佛湾第 8 号窟窟外西壁圆龛造像

图版 175　小佛湾第 9 号窟外立面

图版 176　小佛湾第 9 号窟窟顶

图版 177　小佛湾第 9 号窟窟内正壁

图版 178　小佛湾第 9 号窟窟内左壁

图版 179　小佛湾第 9 号窟窟内左壁上部内侧造像

图版 180　小佛湾第 9 号窟窟内左壁上部外侧造像

图版 181　小佛湾第 9 号窟窟内左壁上部外侧第 1 组造像

图版 182　小佛湾第 9 号窟窟内左壁上部外侧第 2 组造像

图版 183　小佛湾第 9 号窟窟内左壁上部外侧第 3 组造像

图版 184　小佛湾第 9 号窟窟内左壁上部外侧第 4 组造像

图版 185　小佛湾第 9 号窟窟内左壁上部外侧第 5 组造像

图版 186　小佛湾第 9 号窟窟内左壁下部明王像

图版 187　小佛湾第 9 号窟窟内左壁下部内起第 1 身明王像

图版 188　小佛湾第 9 号窟窟内左壁下部内起第 2 身明王像

图版 189　小佛湾第 9 号窟窟内左壁下部内起第 3 身明王像

图版 190　小佛湾第 9 号窟窟内左壁下部内起第 4 身明王像

图版 191　小佛湾第 9 号窟窟内右壁

图版 192　小佛湾第 9 号窟窟内右壁上部内侧造像

图版 193　小佛湾第 9 号窟窟内右壁上部外侧造像

图版 194　小佛湾第 9 号窟窟内右壁上部外侧第 1 组造像

图版 195　小佛湾第 9 号窟窟内右壁上部外侧第 2 组造像

图版 196　小佛湾第 9 号窟窟内右壁上部外侧第 3 组造像

图版 197　小佛湾第 9 号窟窟内右壁上部外侧第 4 组造像

图版 198　小佛湾第 9 号窟窟内右壁上部外侧第 5 组造像

图版 199　小佛湾第 9 号窟窟内右壁下部明王像

图版 200　小佛湾第 9 号窟窟内右壁下部内起第 1 身明王像

图版 201　小佛湾第 9 号窟窟内右壁下部内起第 2 身明王像

图版 202　小佛湾第 9 号窟窟内右壁下部内起第 3 身明王像

图版 203　小佛湾第 9 号窟窟内右壁下部内起第 4 身明王像

图版 204　小佛湾第 9 号窟后室脊檩左侧造像

图版 205　小佛湾第 9 号窟后室脊檩右侧造像

图版 206　小佛湾第 9 号窟前室脊檩左侧造像

图版 207　小佛湾第 9 号窟前室脊檩右侧造像

图版 208　小佛湾第 9 号窟窟内过梁后侧造像

图版 209　小佛湾第 9 号窟窟内过梁前侧造像

图版 210　小佛湾第 9 号窟窟内过梁上方左侧造像

图版 211　小佛湾第 9 号窟窟内过梁上方右侧造像

图版 212　小佛湾第 9 号窟窟内门楣内侧及上方造像

图版 213　小佛湾第 9 号窟窟外南壁

图版 214　小佛湾第 9 号窟窟外南壁中部方碑

图版 215　小佛湾第 9 号窟窟外南壁下部左侧天王像

图版 216　小佛湾第 9 号窟窟外南壁下部右侧天王像

图版 217　小佛湾第 9 号窟窟外南壁脊檩圆龛像

图版 218　小佛湾第 9 号窟窟外南壁左额枋内侧圆龛像

图版 219　小佛湾第 9 号窟窟外南壁右额枋内侧圆龛像

图版 220　小佛湾第 9 号窟窟外西壁

图版 221　小佛湾第 9 号窟窟外西壁上部第二排左起第 7 圆龛像

图版 222　小佛湾第 9 号窟窟外西壁上部第四排左起第 4 圆龛像

图版 223　小佛湾第 9 号窟窟外西壁上部第四排左起第 6 圆龛像

图版 224　小佛湾第 9 号窟窟外西壁梁头造像

图版 225　小佛湾第 9 号窟窟外西壁下部造像

图版 226　小佛湾第 9 号窟窟外西壁下部左起第 1 身护法神像

图版 227　小佛湾第 9 号窟窟外西壁下部左起第 2 身护法神像

图版 228　小佛湾第 9 号窟窟外西壁下部左起第 3 身护法神像

图版 229　小佛湾第 9 号窟窟外西壁下部左起第 4 身护法神像

图版 230　小佛湾第 9 号窟窟外西壁下部左起第 5 身护法神像

图版 231　小佛湾第 9 号窟窟外西壁下部左起第 6 身护法神像

图版 232　小佛湾第 9 号窟窟外西壁下部受刑者

图版 233　小佛湾第 9 号窟窟外东壁

图版 234　小佛湾第 9 号窟窟外东壁上部第二排左起第 2 圆龛像

图版 235　小佛湾第 9 号窟窟外东壁上部第二排左起第 4 圆龛像

图版 236　小佛湾第 9 号窟窟外东壁上部第二排左起第 9 圆龛像

图版 237　小佛湾第 9 号窟窟外东壁上部第二排左起第 10 圆龛像

图版 238　小佛湾第 9 号窟窟外东壁下部造像

图版 239　小佛湾第 9 号窟窟外东壁下部左起第 1 身护法神像

图版 240　小佛湾第 9 号窟窟外东壁下部左起第 2 身护法神像

图版 241　小佛湾第 9 号窟窟外东壁下部左起第 3 身护法神像

图版 242　小佛湾第 9 号窟窟外东壁下部左起第 4 身护法神像

图版 243　小佛湾第 9 号窟窟外东壁下部左起第 5 身护法神像

图版 244　小佛湾第 9 号窟窟外东壁下部左起第 6 身护法神像

图版 245　小佛湾第 9 号窟窟外东壁下部受刑者

图版 246　龙头山摩崖造像航拍图

图版 247　龙头山摩崖造像第 1 号龛外立面

图版 248　龙头山摩崖造像第 2 号龛外立面

图版 249　龙头山摩崖造像第 2 号龛主尊像

图版 250　龙头山摩崖造像第 2 号龛左侧造像

图版 251　龙头山摩崖造像第 2 号龛右侧造像

图版 252　龙头山摩崖造像第 3 号龛外立面

图版 253　龙头山摩崖造像第 4 号龛外立面

图版 254　龙头山摩崖造像第 5 号龛外立面

图版 255　龙头山摩崖造像第 6 号龛外立面

图版 256　龙头山摩崖造像第 7 号龛外立面

图版 257　龙头山摩崖造像第 8 号龛外立面

图版 258　三元洞摩崖造像航拍图

图版 259　三元洞摩崖造像外立面

图版 260　大佛坡摩崖造像航拍图

图版 261　大佛坡摩崖造像第 1 号龛外立面

图版 262　大佛坡摩崖造像第 2 号龛近景

图版 263　大佛坡摩崖造像第 2 号龛北面造像

图版 264　大佛坡摩崖造像第 2 号龛东面造像

图版 265　大佛坡摩崖造像第 2 号龛南面造像

图版 266　大佛坡摩崖造像第 2 号龛西面造像

图版 267　三块碑摩崖造像外景

图版 268　三块碑摩崖造像外立面

图版 269　松林坡摩崖造像远景

图版 270　松林坡摩崖造像外立面

图版 271　维摩顶西崖摩崖造像外立面

图版 272　菩萨屋摩崖造像外立面

图版 273　菩萨屋摩崖造像上层造像

图版 274　菩萨屋摩崖造像下层造像

图版 275　菩萨堡摩崖造像外立面

图版 276　菩萨堡摩崖造像上部造像

图版 277　菩萨堡摩崖造像下部造像

图版 278　杨家坡摩崖造像外立面

图版 279　杨家坡摩崖造像中像、左像

图版 280　杨家坡摩崖造像右像

图版 281　佛祖岩摩崖造像外立面

图版 282　佛祖岩摩崖造像主尊佛像

图版 283　佛祖岩摩崖造像前侧单层塔

图版 284　佛祖岩摩崖造像左主尊菩萨像

图版 285　佛祖岩摩崖造像右主尊菩萨像

图版 286　佛祖岩摩崖造像前侧香炉

图版 287　广大山摩崖造像近景

图版 288　广大山摩崖造像外立面

图版289　广大山摩崖造像主尊佛像

图版 290　广大山摩崖造像左主尊菩萨像

图版 291　广大山摩崖造像右主尊菩萨像

图版 292　广大山摩崖造像龛顶

图版 293　龙潭摩崖造像外立面

图版 294　岩湾摩崖造像外立面

图版 295　古佛寺摩崖造像外景

图版 296　古佛寺摩崖造像外立面

图版 297　对面佛摩崖造像外景

图版 298　对面佛摩崖造像外立面

图版 299　仁功山摩崖造像近景

图版 300　仁功山摩崖造像第 1 号龛外立面

图版 301　仁功山摩崖造像第 2 号龛外立面

图版 302　仁功山摩崖造像第 3 号龛外立面

图版 303　珠始山摩崖造像外立面

图版 304　珠始山摩崖造像主尊佛像

图版 305　珠始山摩崖造像左侧护法神像

图版 306　珠始山摩崖造像右侧护法神像

图版 307　珠始山摩崖造像龛顶

图版 308　转法轮塔航拍图

图版 309　转法轮塔近景

图版 310　转法轮塔外立面

图版 311　转法轮塔塔基东北角力士像

图版 312　转法轮塔第一级塔身东北面

图版 313　转法轮塔第一级塔身北面

图版 314　转法轮塔第一级塔身西北面

图版 315　转法轮塔第一级塔身西面

图版 316　转法轮塔第一级塔身西南面

图版 317　转法轮塔第一级塔身南面

图版 318　转法轮塔第一级塔身东南面

图版 319　转法轮塔第一级塔身东面

图版 320　转法轮塔第一级塔身东北面下部菩萨像

图版 321　转法轮塔第一级塔身北面下部菩萨像

图版 322　转法轮塔第一级塔身西北面下部菩萨像

图版 323　转法轮塔第一级塔身西面下部菩萨像

图版 324　转法轮塔第一级塔身西南面下部菩萨像

图版 325　转法轮塔第一级塔身南面下部菩萨像

图版 326　转法轮塔第一级塔身东南面下部菩萨像

图版 327　转法轮塔第一级塔身东面下部菩萨像

图版 328　转法轮塔第一级塔身东北面上部坐像

图版 329　转法轮塔第一级塔身北面上部坐像

图版 330　转法轮塔第一级塔身西北面上部坐像

图版 331　转法轮塔第一级塔身西面上部坐像

图版 332　转法轮塔第一级塔身西南面上部坐像

图版 333　转法轮塔第一级塔身南面上部坐像

图版 334　转法轮塔第一级塔身东南面上部坐像

图版 335　转法轮塔第一级塔身东面上部坐像

图版 336　转法轮塔第一级塔身东北面额枋造像

图版 337　转法轮塔第一级塔身北面额枋造像

图版 338　转法轮塔第一级塔身西北面额枋造像

图版 339 转法轮塔第一级塔身西面额枋造像

图版 340　转法轮塔第一级塔身西南面额枋造像

图版 341　转法轮塔第一级塔身南面额枋造像

图版 342　转法轮塔第一级塔身东南面额枋造像

图版 343　转法轮塔第一级塔身东面额枋造像

图版 344　转法轮塔第二级塔身东北面

图版 345　转法轮塔第二级塔身北面

图版 346　转法轮塔第二级塔身西北面

图版 347　转法轮塔第二级塔身西面

图版 348　转法轮塔第二级塔身西南面

图版 349　转法轮塔第二级塔身南面

图版 350　转法轮塔第二级塔身东南面

图版 351　转法轮塔第二级塔身东面

图版 352　转法轮塔第二级塔身东北面平座

图版 353　转法轮塔第二级塔身北面平座

图版 354　转法轮塔第二级塔身西北面平座

图版 355　转法轮塔第二级塔身西面平座

图版 356　转法轮塔第二级塔身西南面平座

图版 357　转法轮塔第二级塔身南面平座

图版 358　转法轮塔第二级塔身东南面平座

图版 359　转法轮塔第二级塔身东面平座

图版 360　转法轮塔第二级塔身东北面佛像

图版 361　转法轮塔第二级塔身北面佛像

图版 362　转法轮塔第二级塔身西北面佛像

图版 363　转法轮塔第二级塔身西面佛像

图版 364　转法轮塔第二级塔身西南面佛像

图版 365　转法轮塔第二级塔身南面佛像

图版 366　转法轮塔第二级塔身东南面佛像

图版 367　转法轮塔第二级塔身东面佛像

图版 368　转法轮塔第二级塔身东北面额枋造像

图版 369　转法轮塔第二级塔身北面额枋造像

图版 370　转法轮塔第二级塔身西北面额枋造像

图版 371　转法轮塔第二级塔身西面额枋造像

图版 372　转法轮塔第二级塔身西南面额枋造像

图版 373　转法轮塔第二级塔身南面额枋造像

图版 374　转法轮塔第二级塔身东南面额枋造像

图版 375　转法轮塔第二级塔身东面额枋造像

图版 376　转法轮塔第三级塔身东北面造像

图版 377　转法轮塔第三级塔身北面造像

图版 378　转法轮塔第三级塔身西北面造像

图版 379　转法轮塔第三级塔身西面造像

图版 330　转法轮塔第三级塔身东北面额枋造像

图版 381　转法轮塔第三级塔身北面额枋造像

图版 382　释迦真如舍利宝塔北面

图版 383　释迦真如舍利宝塔东面

图版 384　释迦真如舍利宝塔南面

图版 385　释迦真如舍利宝塔西面

图版 386　释迦真如舍利宝塔第一级塔身北面佛像

图版 387　释迦真如舍利宝塔第一级塔身东面佛像

图版 388　释迦真如舍利宝塔第一级塔身南面佛像

图版 389　释迦真如舍利宝塔第一级塔身西面佛像

图版 390　释迦真如舍利宝塔第二级塔身北面浅龛佛像

图版 391　释迦真如舍利宝塔第二级塔身东面浅龛佛像

图版 392　释迦真如舍利宝塔第二级塔身南面浅龛佛像

图版 393　释迦真如舍利宝塔第二级塔身西面浅龛佛像

图版 394　释迦真如舍利宝塔第三级塔身北侧立佛

图版 395　释迦真如舍利宝塔第三级塔身南侧立佛

图版 396　大足石刻博物馆藏释迦牟尼佛像

图版 397　大足石刻博物馆藏第 1 身圆雕观音坐像

图版 398　大足石刻博物馆藏第 2 身圆雕观音坐像

图版 399　大足石刻博物馆藏柳本尊坐像

图版 400　小佛湾第 3 号窟窟前左侧护法神像

图版 401　小佛湾第 3 号窟窟前右侧护法神像

图版 402　大足石刻博物馆藏第 1 件圆龛佛像

图版 403　大足石刻博物馆藏第 2 件圆龛佛像

图版 404　大足石刻博物馆藏第 3 件圆龛佛像

图版 405　大足石刻博物馆藏第 4 件圆龛佛像

图版 406　小佛湾第 6 号正壁前侧香炉

图版 407　大足石刻博物馆藏明成化七年香炉

图版 408　圣寿寺航拍图

图版 409　圣寿寺山门

图版 410　圣寿寺帝释殿

图版 411　圣寿寺帝释殿檐柱撑弓一

图版 412　圣寿寺帝释殿檐柱撑弓二

图版 413　圣寿寺大雄宝殿

图版 414　圣寿寺三世佛殿

图版 415　圣寿寺灌顶井窟外立面

图版 416　圣寿寺灌顶井窟正壁

图版 417　圣寿寺灌顶井窟左壁内侧石材造像

图版 418　圣寿寺灌顶井窟左壁外侧石材正面造像

图版 419　圣寿寺灌顶井窟左壁外侧石材侧面造像

图版 420　圣寿寺灌顶井窟右壁内侧石材造像

图版 421　圣寿寺灌顶井窟右壁外侧石材正面造像

图版 422　圣寿寺灌顶井窟右壁外侧石材侧面造像

图版 423　圣寿寺圆通殿

图版 424　圣寿寺维摩殿

图版 425　圣寿寺维摩殿外右前侧石塔

图版 426　维摩殿佛坛北壁

图版 427　维摩殿佛坛北壁左起第 1 圆龛坐像

图版 428　维摩殿佛坛北壁左起第 3 圆龛坐像

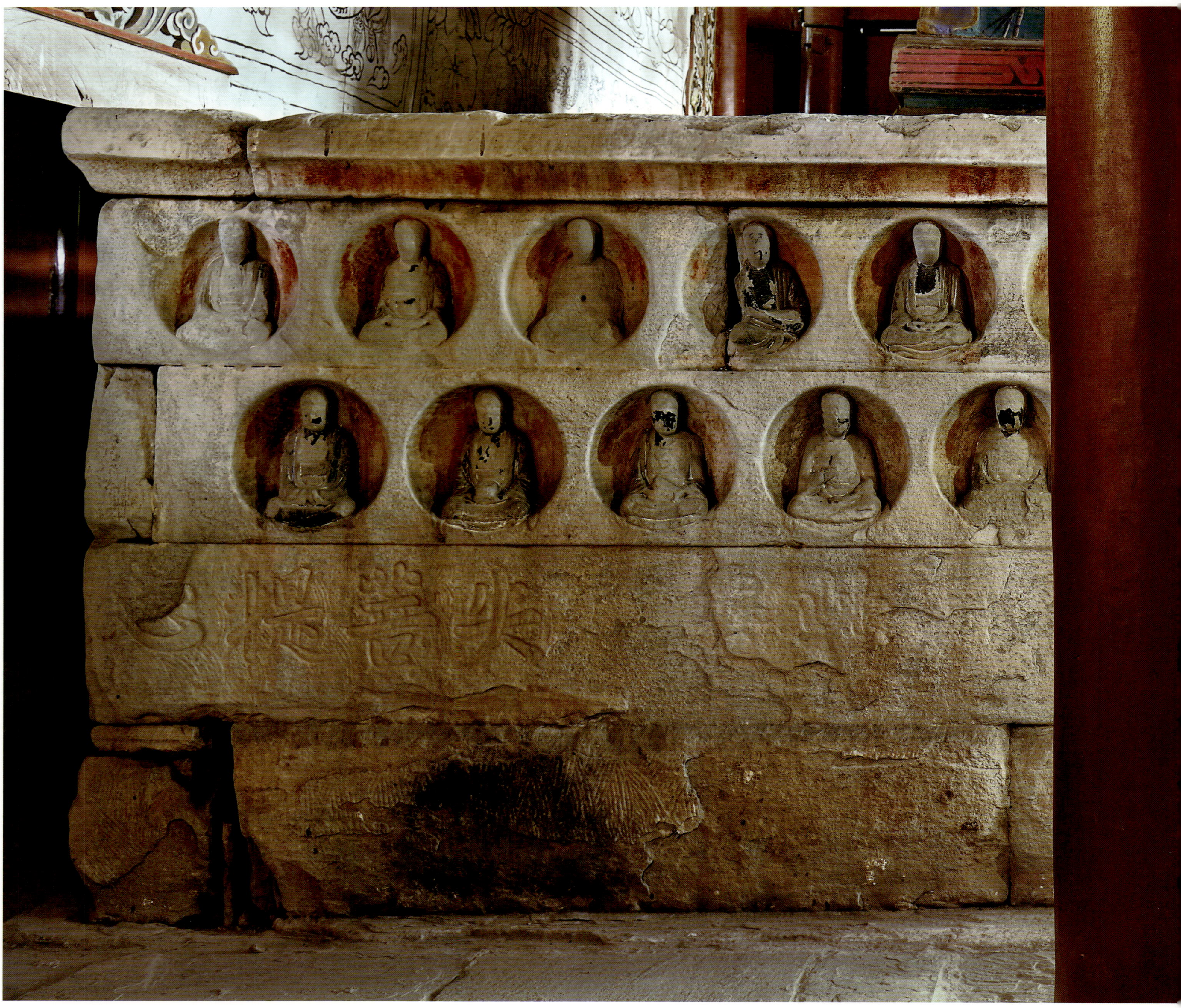

图版 429　维摩殿佛坛东壁（由东向西）

图版 430　维摩殿佛坛东壁（由东北向西南）

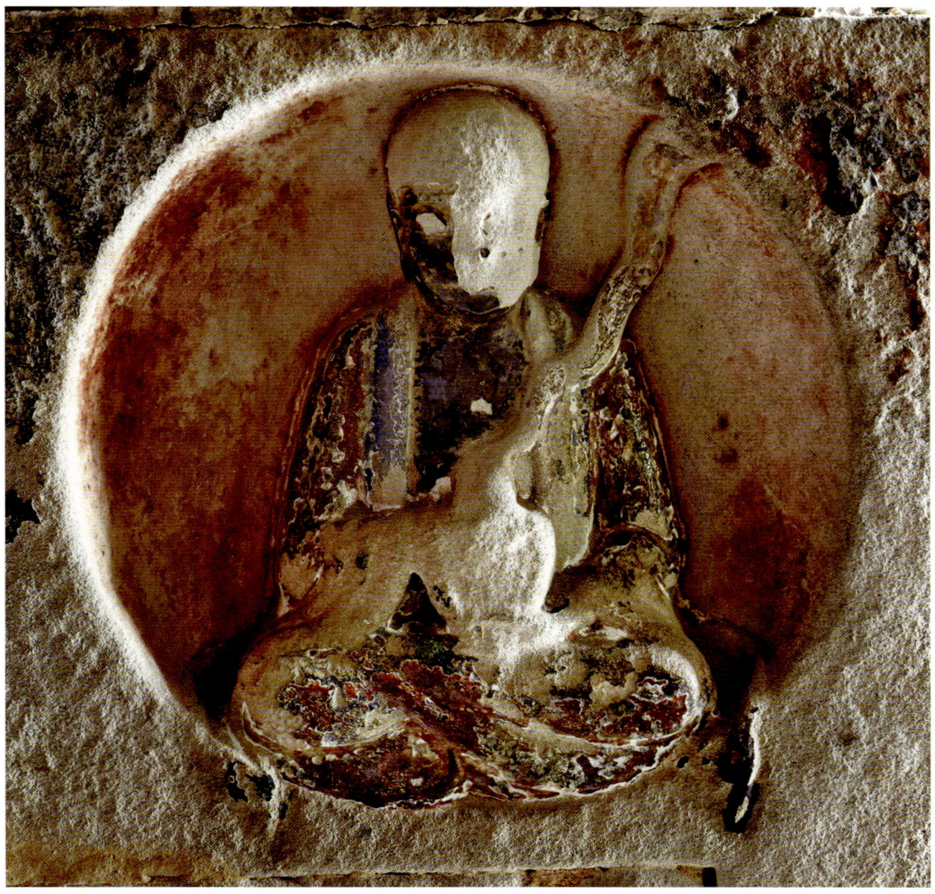

图版 431　维摩殿佛坛东壁上排左起第 1 圆龛佛像

图版 432　维摩殿佛坛东壁上排左起第 3 圆龛佛像

图版 433　维摩殿佛坛东壁上排左起第 5 圆龛佛像

图版 434　维摩殿佛坛东壁上排左起第 10 圆龛佛像

图版 435　维摩殿佛坛南壁

图版 436　维摩殿佛坛南壁上排左起第 4 圆龛佛像

图版 437　维摩殿佛坛南壁下排左起第 10 圆龛佛像

图版 438　维摩殿佛坛南壁下排左起第 11 圆龛佛像

图版 439　维摩殿佛坛南壁下排左起第 12 圆龛佛像

图版 440　维摩殿佛坛西壁（由西向东）

图版 441　维摩殿佛坛西壁（由西北向东南）

图版 442　维摩殿佛坛南壁上排左起第 2 圆龛佛像

图版 443　维摩殿佛坛南壁上排左起第 4 圆龛佛像

图版 444　维摩殿佛坛南壁下排左起第 11 圆龛佛像

图版 445　维摩殿佛坛南壁下排左起第 12 圆龛佛像

图版 446　圣寿寺圣迹池航拍图

图版 447　圣寿寺圣迹池东侧石堡足印及立佛

图版 448　圣寿寺圣迹池东侧石堡神龛外立面

图版 449　圣寿寺牖壁（由南向北）

图版 450　广大寺航拍图

图版 451　广大寺山门

图版 452　广大寺大雄宝殿

殿

图版 453　广大寺大雄宝殿前侧香炉

图版 454　广大寺大雄宝殿前侧九龙碑

图版 455　广大寺观音殿

图版 456　广大寺观音殿外左侧明月屏

图版 457　宝顶山万岁楼航拍图

图版 458　万岁楼近景（由东南向西北）

图版 459　万岁楼近景（由西南向东北）

图版 460　宝顶山灵官殿

图版 461　宝顶山惜字塔东面

图版 462　宝顶山惜字塔南面

图版 463　宝顶山惜字塔西面

图版 464　宝顶山惜字塔北面

图版 465　宝顶山惜字塔第三级塔身东面造像

图版 466　宝顶山惜字塔第三级塔身西面造像

图版 467　宝顶山惜字塔第四级塔身东面造像

图版 468　宝顶山惜字塔第四级塔身西面造像

图版 469　宝顶山匂愿菩萨洞外立面

图版 470　宝顶山匂愿菩萨洞正壁圆雕像

图版 471　高观音摩崖造像外立面

图版 472　高观音地藏龛外立面

图版 473　高观音观音庙造像外立面

图版 474　高观音观音庙主尊观音像

图版 475　宝顶山老游客中心明墓群（局部）

图版 476　宝顶山倒塔坡清墓群 M1 墓

图版 477　宝顶山倒塔坡清墓群 M2 墓

图版 478　宝顶山倒塔坡清墓群 M3 墓

图版 479　宝顶山倒塔坡清墓群 M4 墓

图版 480　宝顶山倒塔坡清墓群 M5 墓

图版 481　宝顶山倒塔坡清墓群 M6 墓

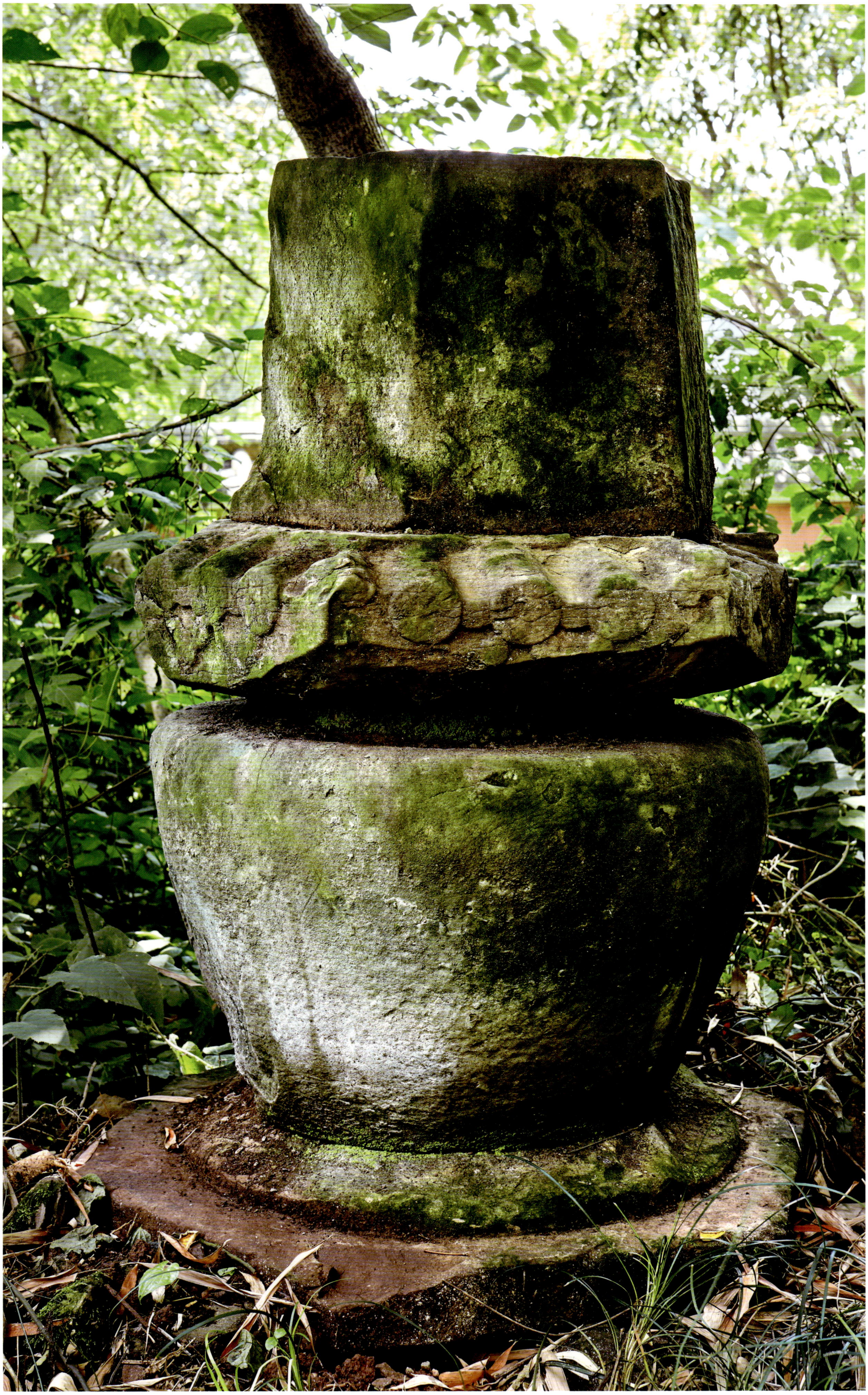

图版 482　宝顶山倒塔坡清墓群 M7 墓

II 铭文图版

02　　01　　02　　01

图版 1　小佛湾第 1 号第一级塔身北面大圆龛内左右偈语

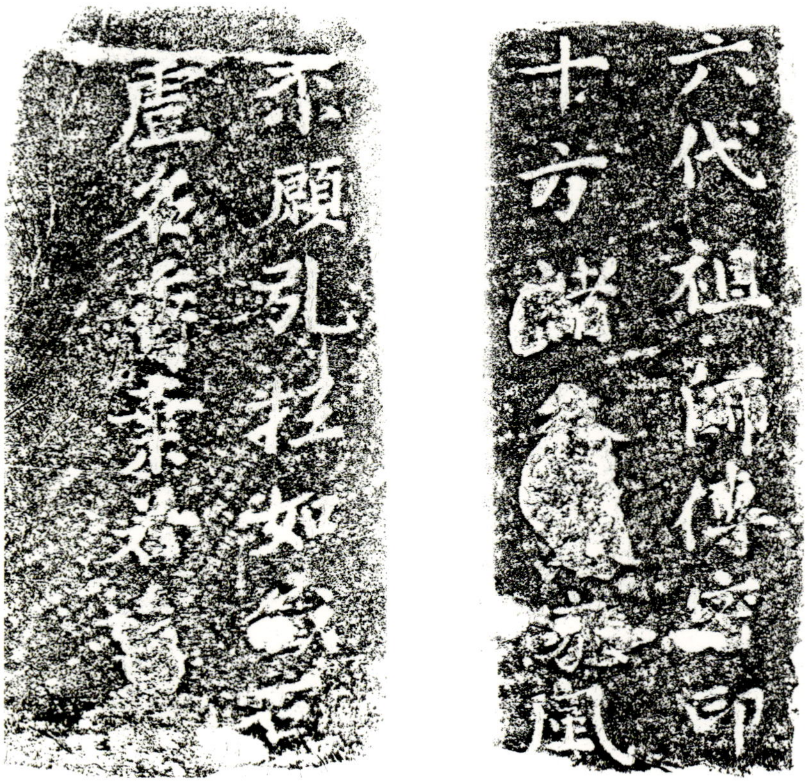

02　　01　　02　　01

图版 1　小佛湾第 1 号第一级塔身北面大圆龛内左右偈语

图版 2　小佛湾第 1 号第一级塔身北面额枋题刻

09 08 07 06 05 04 03 02 01　　09 08 07 06 05 04 03 02 01

图版 3　小佛湾第 1 号第一级塔身北面经目

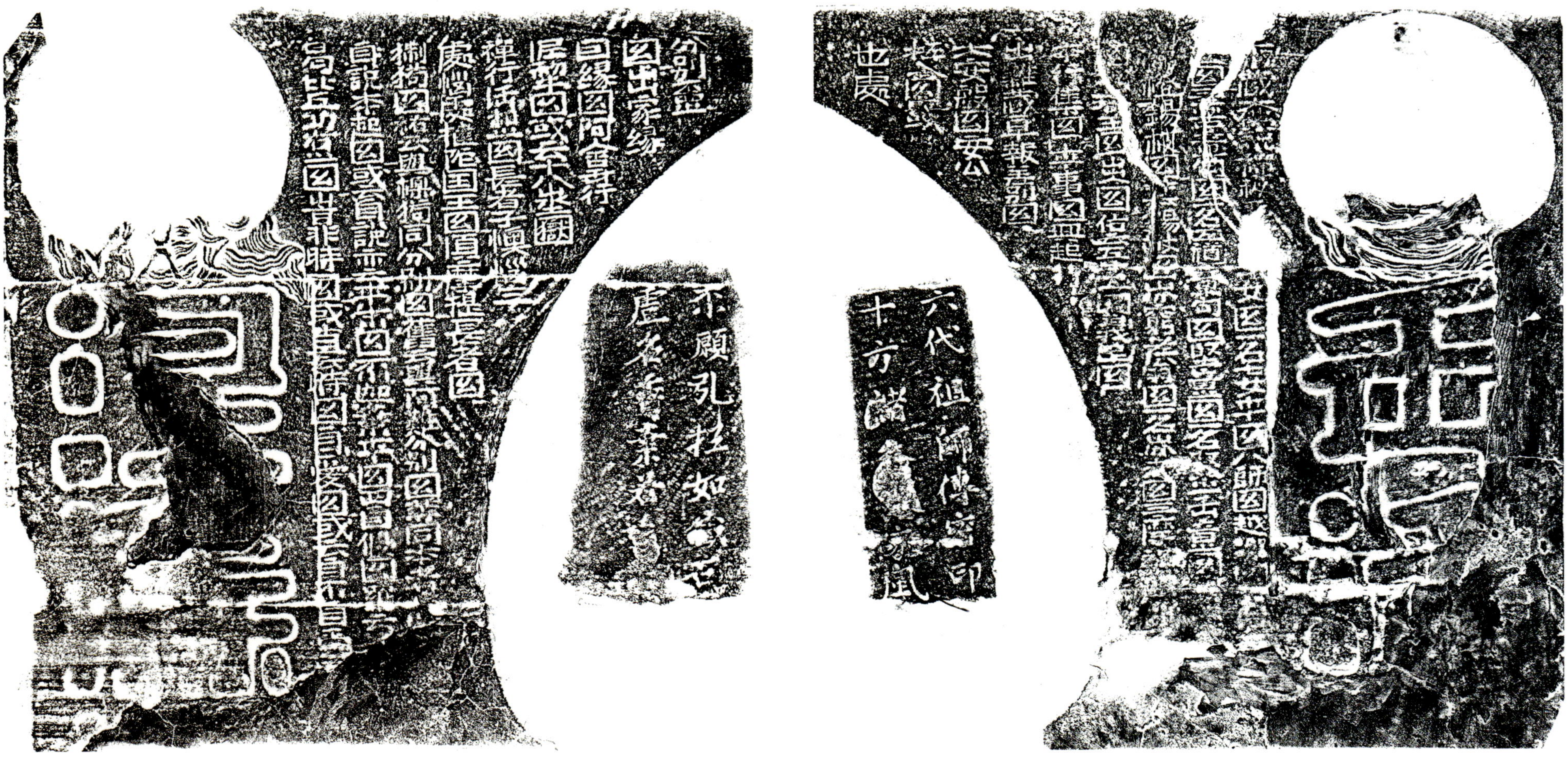

09 08 07 06 05 04 03 02 01　　09 08 07 06 05 04 03 02 01

图版 3　小佛湾第 1 号第一级塔身北面经目

图版 4　小佛湾第 1 号第一级塔身北面塔檐题刻

42　41　40　39　38　37　36　35　34　33　32　31　30　29　28　27　26　25　24　23　2

图版 5　小佛湾第 1 号第一级塔身东面经目

图版 4　小佛湾第 1 号第一级塔身北面塔檐题刻

20 19 18 17 16 15 14 13 12 11 10 09 08 07 06 05 04 03 02 01

42 41 40 39 38 37 36 35 34 33 32 31 30 29 28 27 26 25 24 23

图版5　小佛湾第 1 号第一级塔身东面经目

图版6　小佛湾第 1 号第一级塔身东面塔檐题刻

20 19 18 17 16 15 14 13 12 11 10 09 08 07 06 05 04 03 02 01

图版 6　小佛湾第 1 号第一级塔身东面塔檐题刻

42 41 40 39 38 37 36 35 34 33 32 31 30 29 28 27 26 25 24 23

图版 7　小佛湾第 1 号第一级塔身南面经目

21 20 19 18 17 16 15 14 13 12 11 10 09 08 07 06 05 04 03 02 01

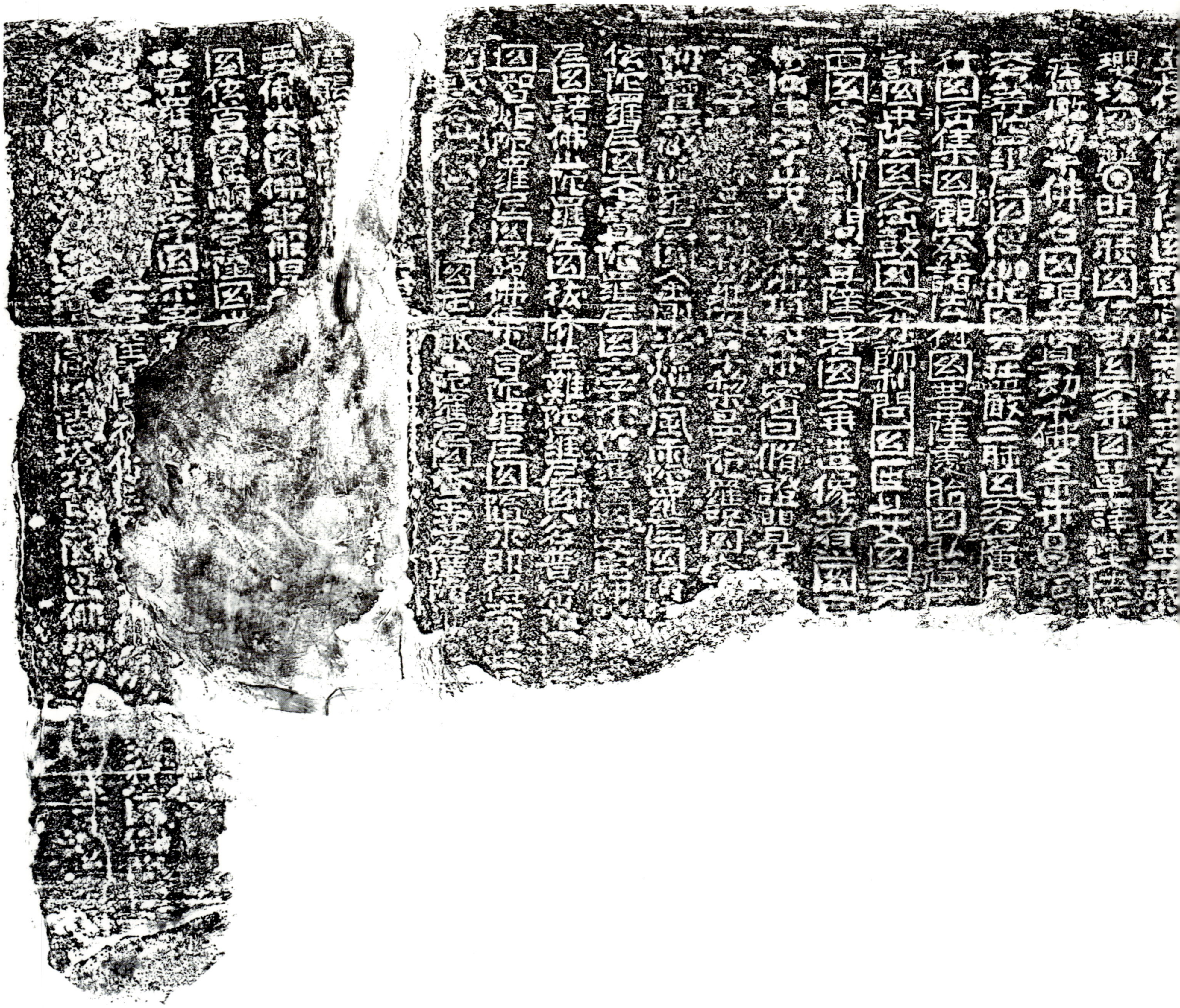

图版 7 小佛湾第 1 号第一级塔身南面经目

图版 8 小佛湾第 1 号第一级塔身南面塔檐题刻

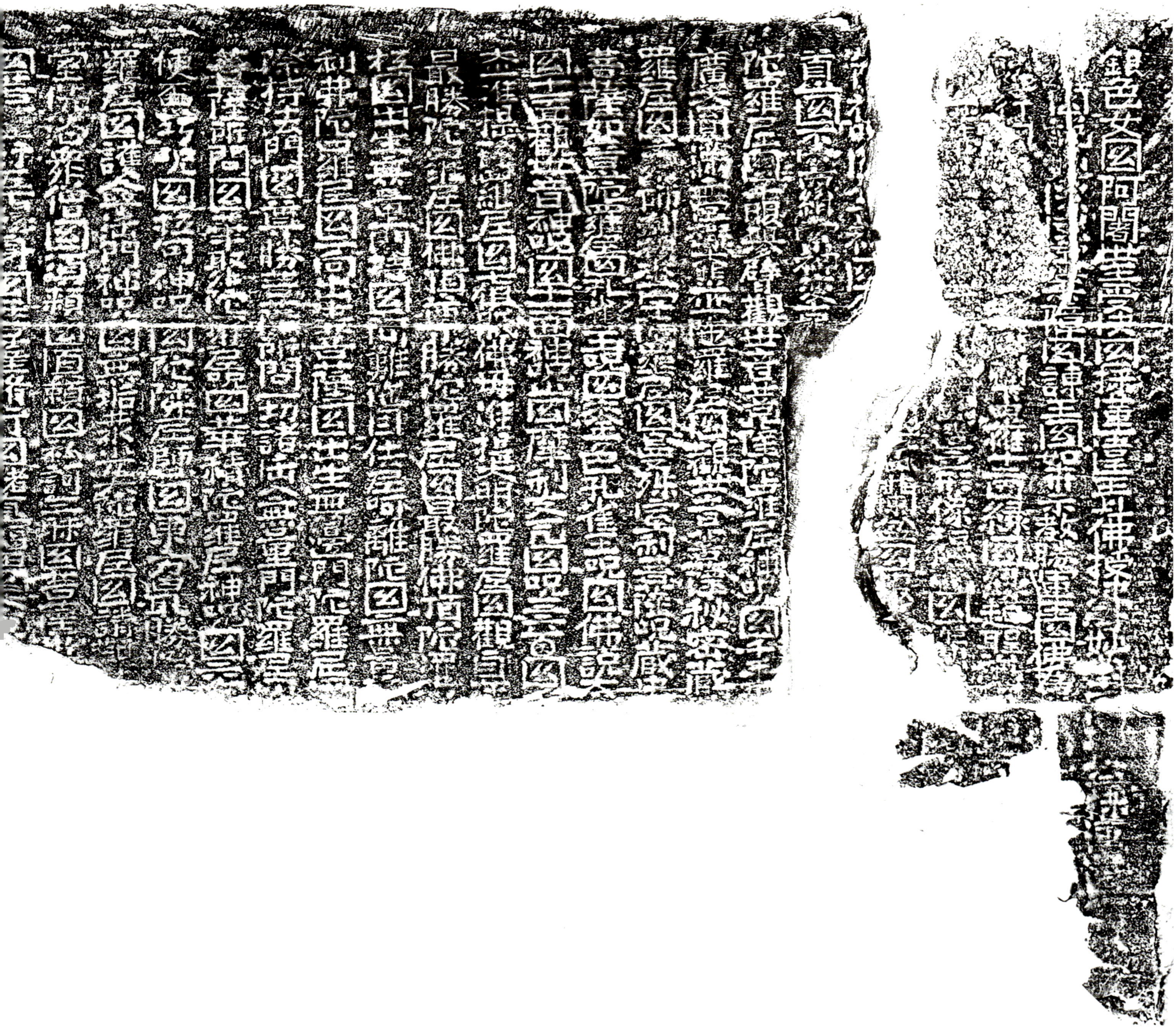

21 20 19 18 17 16 15 14 13 12 11 10 09 08 07 06 05 04 03 02 01

图版 8　小佛湾第 1 号第一级塔身南面塔檐题刻

42 41 40 39 38 37 36 35 34 33 32 31 30 29 28 27 26 25 24 23 22

图版 9　小佛湾第 1 号第一级塔身西面经目

20 19 18 17 16 15 14 13 12 11 10 09 08 07 06 05 04 03 02 01

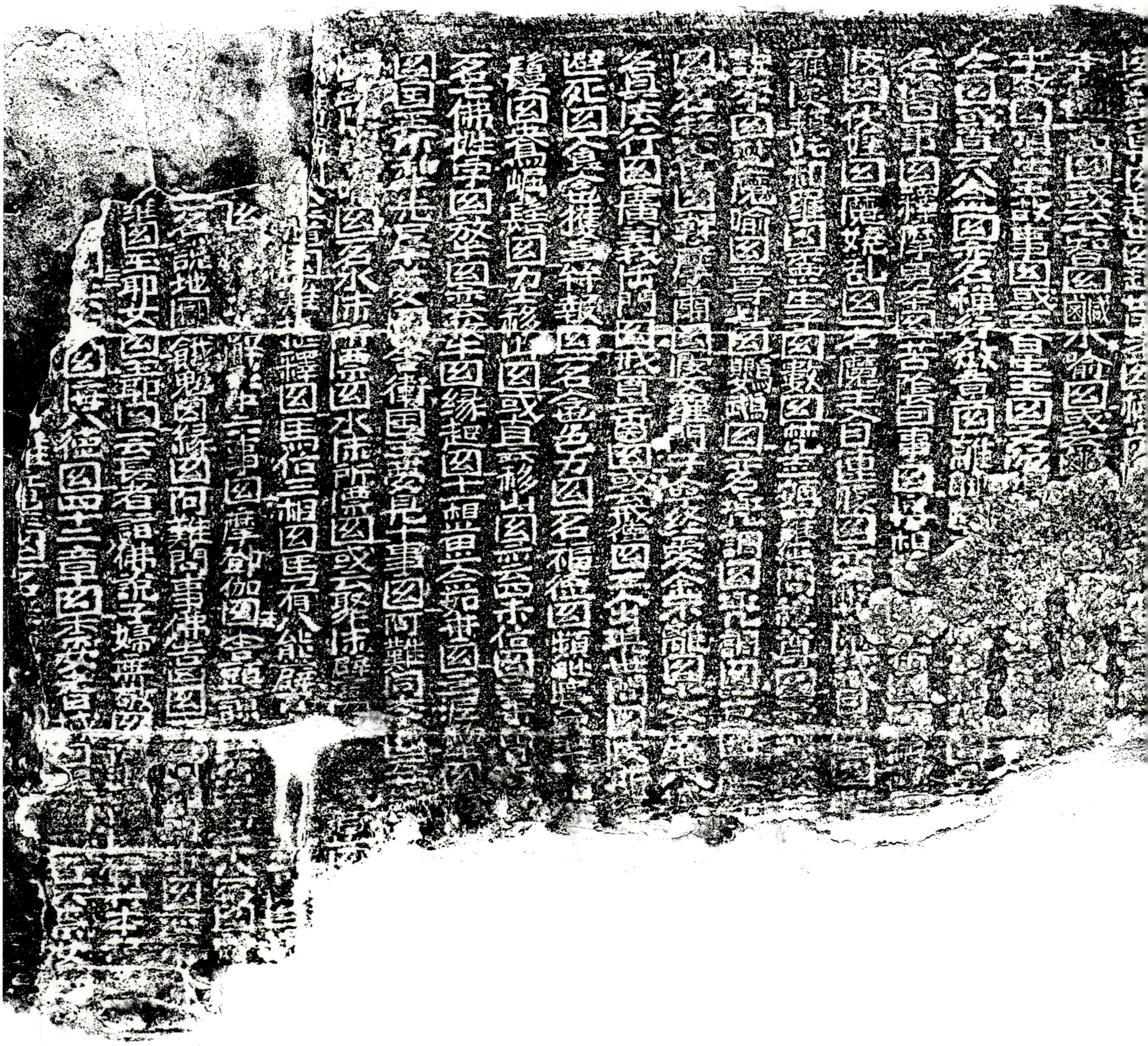

42 41 40 39 38 37 36 35 34 33 32 31 30 29 28 27 26 25 24 23 22

图版 9　小佛湾第 1 号第一级塔身西面经目

图版 10　小佛湾第 1 号第一级塔身西面塔檐题刻

20 19 18 17 16 15 14 13 12 11 10 09 08 07 06 05 04 03 02 01

图版 10　小佛湾第 1 号第一级塔身西面塔檐题刻

05 04 03 02 01 08 07 06 05 04 03 02 01

图版 11　小佛湾第 1 号第二级塔身北面颂词、经目

图版 12　小佛湾第 1 号第二级塔身北面塔檐题刻

图版 12　小佛湾第 1 号第二级塔身北面塔檐题刻

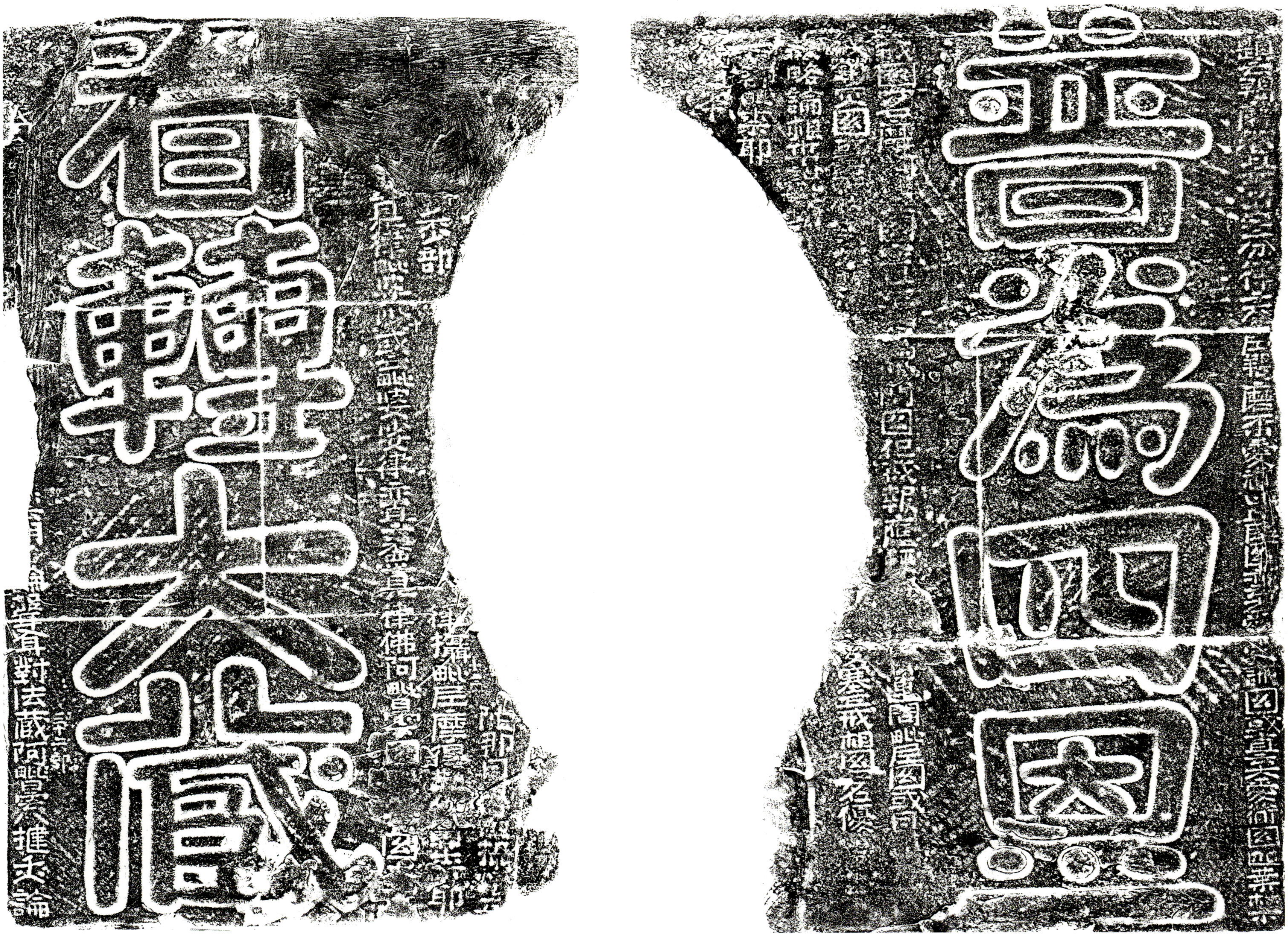

图版 11　小佛湾第 1 号第二级塔身北面颂词、经目

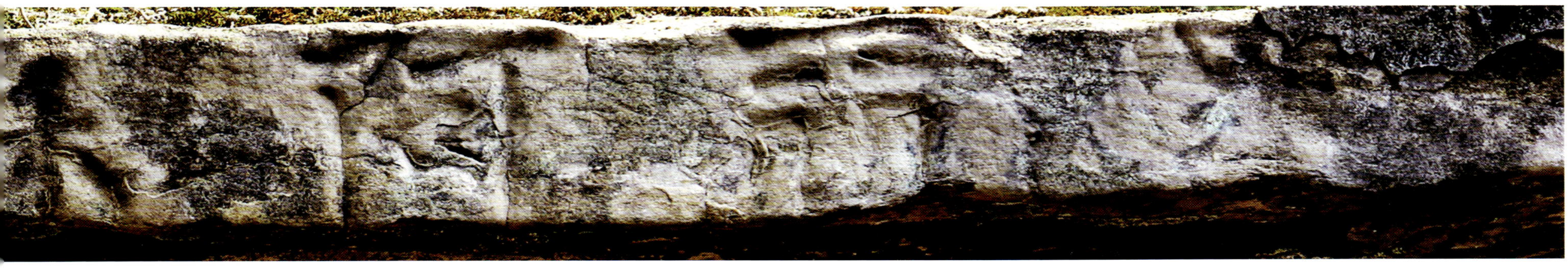

11 10 09 08 07 06 05 04 03 02 01 13 12 11 10 09 08 07 06 05 04 03 02 01

图版 13　小佛湾第 1 号第二级塔身东面偈语、经目

图版 14　小佛湾第 1 号第二级塔身东面塔檐题刻

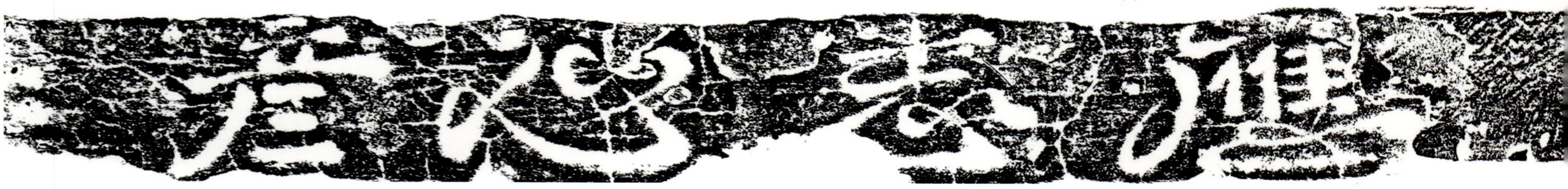

图版 14　小佛湾第 1 号第二级塔身东面塔檐题刻

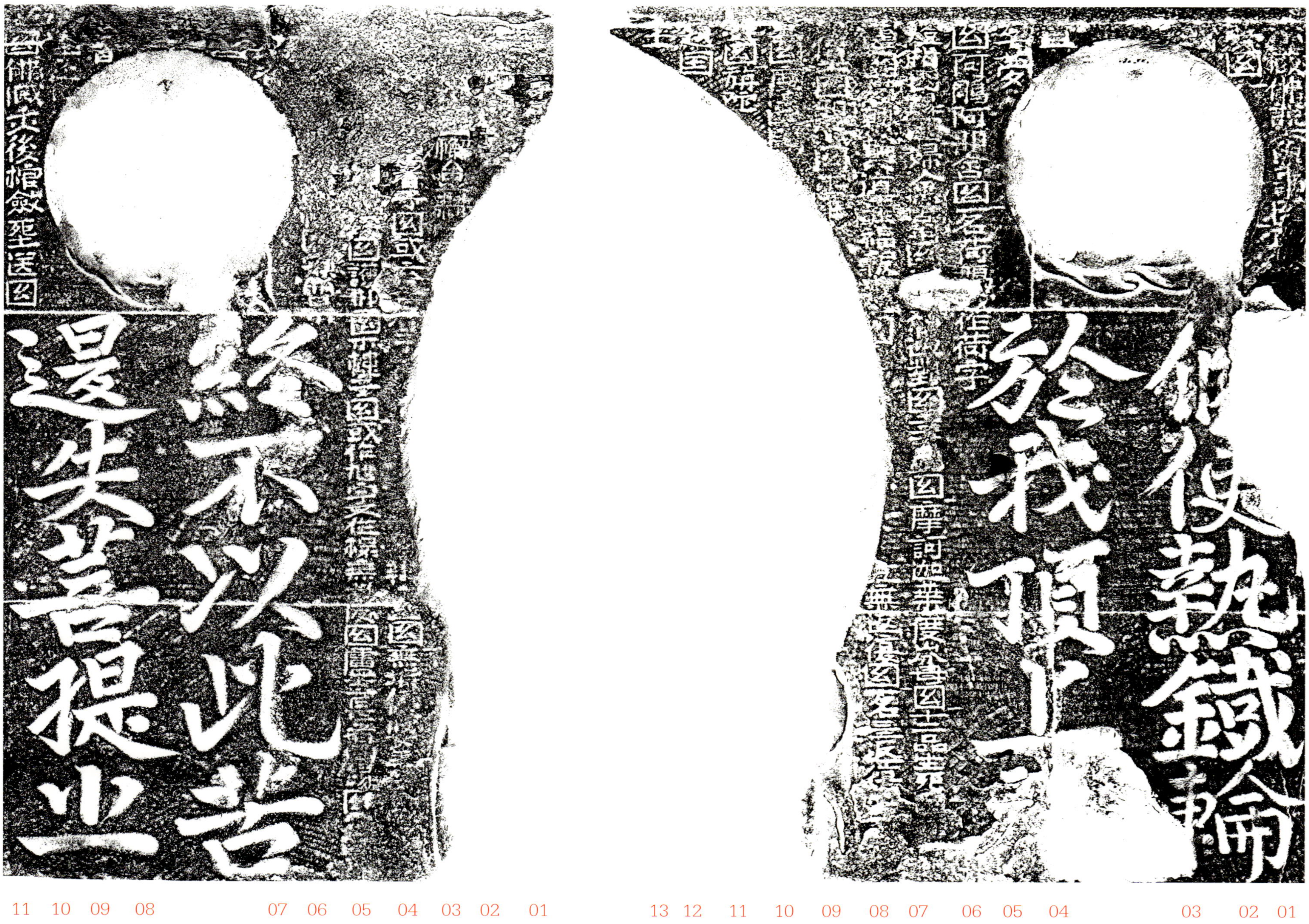

图版13　小佛湾第1号第二级塔身东面偈语、经目

08 07 06 05 04 03 02 01 07 06 05 04 03 02 01

图版 15 小佛湾第 1 号第二级塔身南面经目、偈语

图版 16 小佛湾第 1 号第二级塔身南面塔檐题刻

08 07 06 05 04 03 02 01　　07 06 05 04 03 02 01

图版 15　小佛湾第 1 号第二级塔身南面经目、偈语

14 13 12 11 10 09 08 07 06 05 04 03 02 01

15 14 13 12 11 10 09 08 07 06 05 04 03 02 01

图版 17 小佛湾第 1 号第二级塔身西面经目、偈语

图版 18 小佛湾第 1 号第二级塔身西面塔檐题刻

图版 18 小佛湾第 1 号第二级塔身西面塔檐题刻

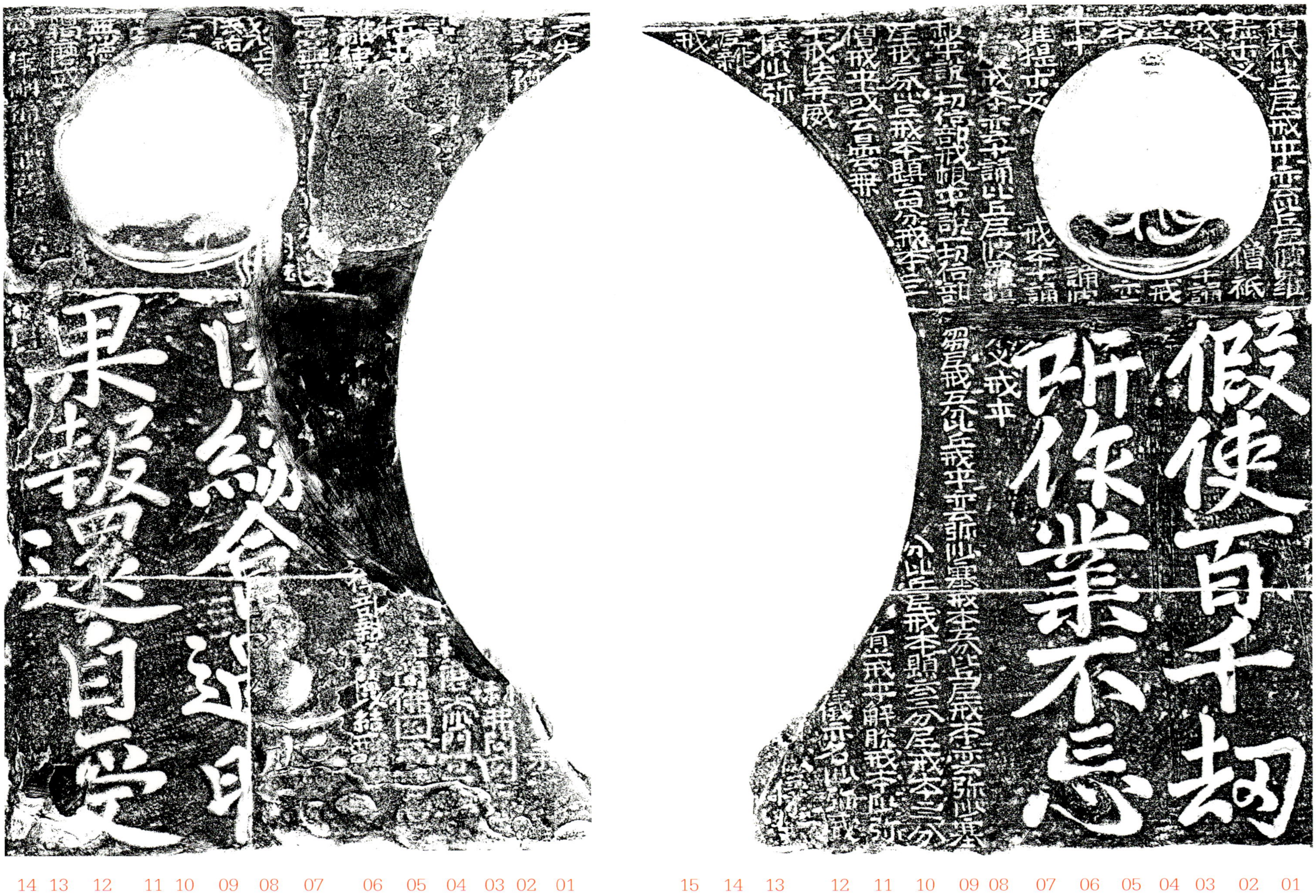

图版 17　小佛湾第 1 号第二级塔身西面经目、偈语

05 04 03 02 01 10 09 08 07 06 05 04 03 02 01

图版 19　小佛湾第 1 号第三级塔身北面经目

05 04 03 02 01 10 09 08 07 06 05 04 03 02 01

图版 19　小佛湾第 1 号第三级塔身北面经目

10 09 08 07 06 05 04 03 02 01

图版 20　小佛湾第 1 号第三级塔身东面左经目

10 09 08 07 06 05 04 03 02 01

图版 20　小佛湾第 1 号第三级塔身东面左经目

10 09 08 07 06 05 04 03 02 01　　10 09 08 07 06 05 04 03 02 01

图版 21　小佛湾第 1 号第三级塔身南面经目

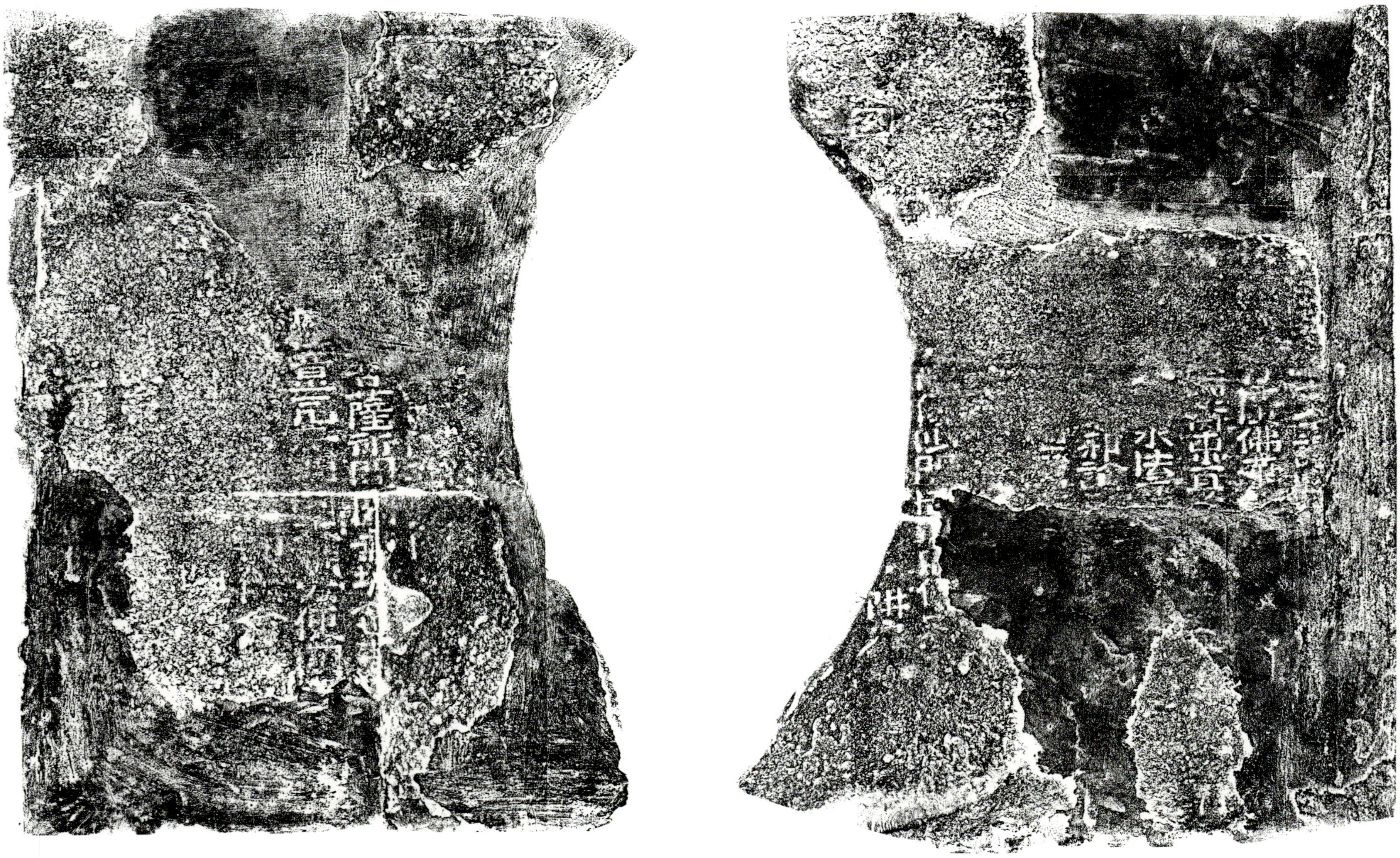

10 09 08 07 06 05 04 03 02 01　　10 09 08 07 06 05 04 03 02 01

图版 21　小佛湾第 1 号第三级塔身南面经目

图版 22　小佛湾第 1 号第三级塔身西面经目

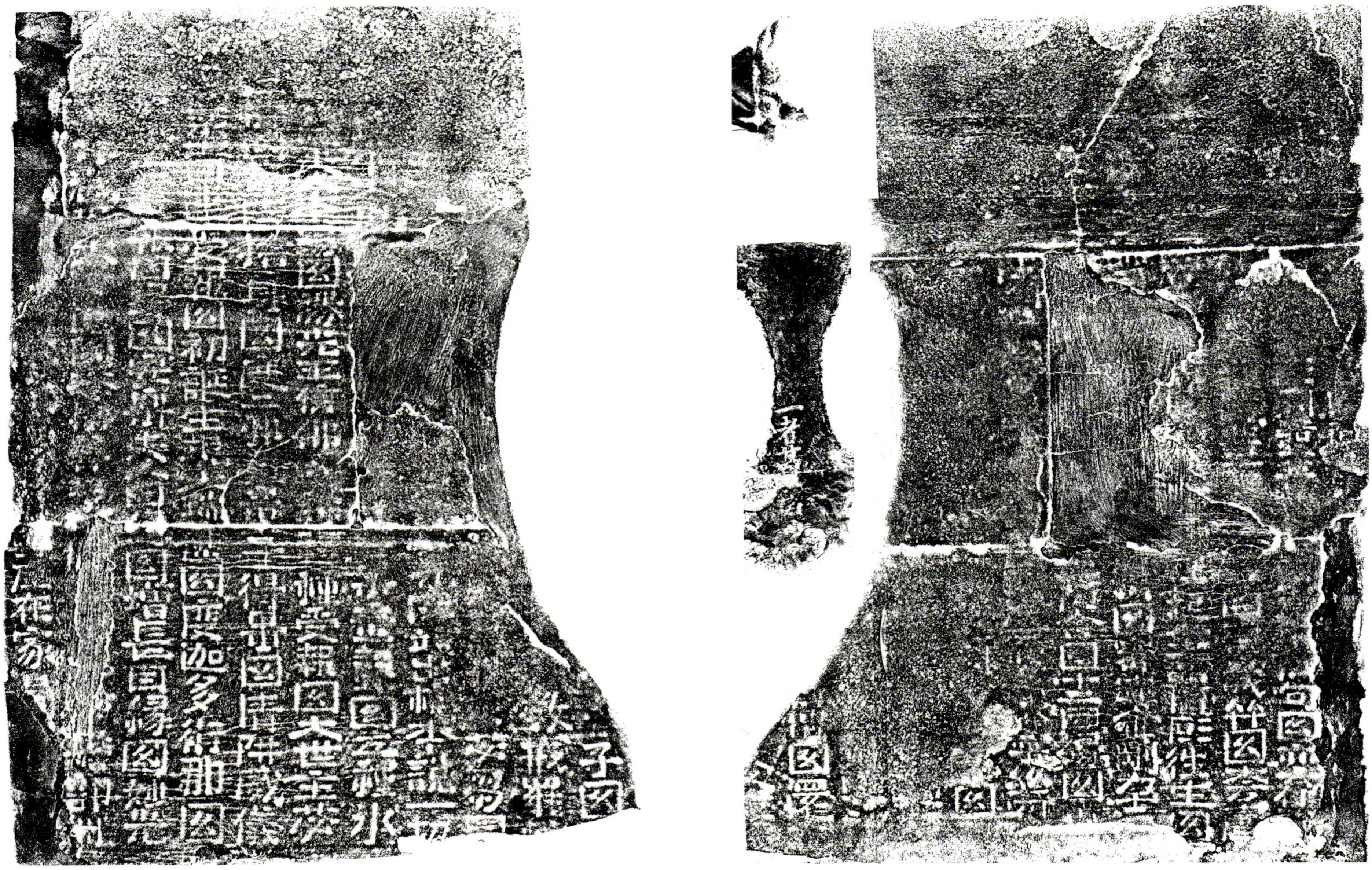

图版 22　小佛湾第 1 号第三级塔身西面经目

10 09 08 07 06 05 04 03 02 01

图版 23　小佛湾第 1 号第一重塔檐南面下部铭文

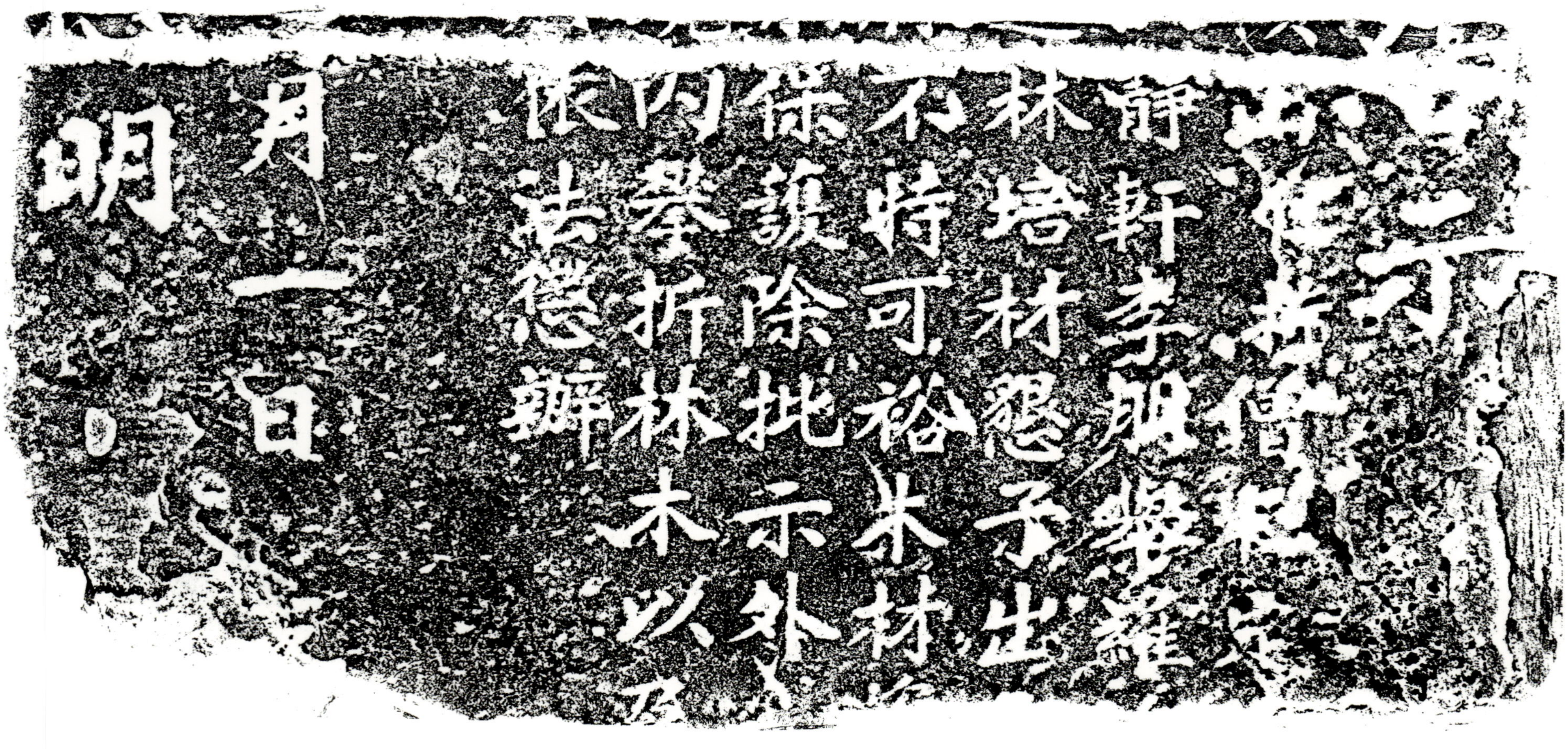

10 09 08 07 06 05 04 03 02 01

图版 23　小佛湾第 1 号第一重塔檐南面下部铭文

图版 24　小佛湾第 2 号正壁《席存著撰〈赵智凤事实〉》残文

图版 24　小佛湾第 2 号正壁《席存著撰〈赵智凤事实〉》残文

03　02　01

图版 25　小佛湾第 2 号左隔断墙北面“佛偈戒”

03　02　01

图版 25　小佛湾第 2 号左隔断墙北面“佛偈戒”

图版 26　小佛湾第 2 号右隔断墙西壁“恒沙佛说大藏灌顶法轮经”

图版 26　小佛湾第 2 号右隔断墙西壁“恒沙佛说大藏灌顶法轮经”

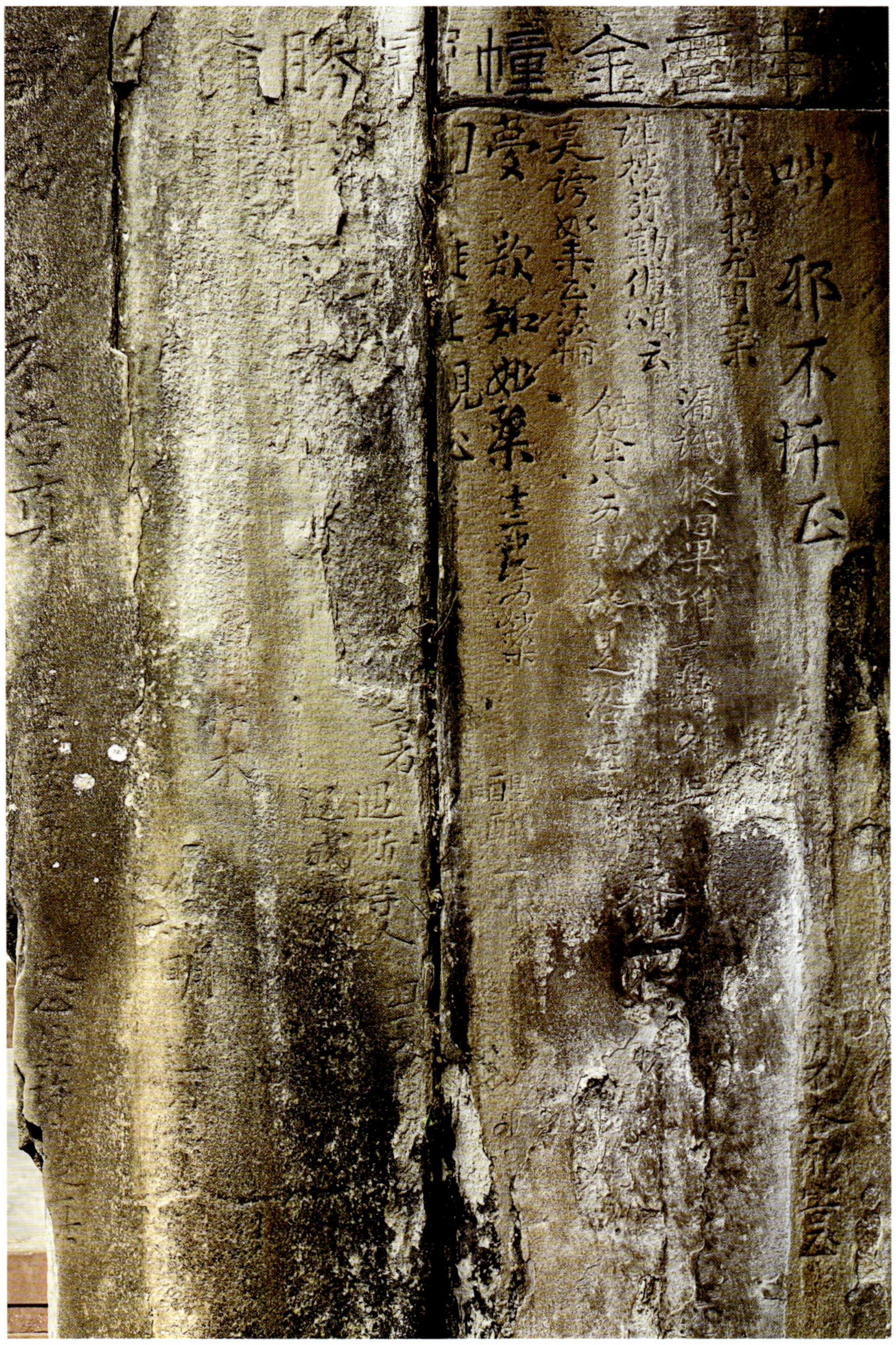

图版 27　小佛湾第 2 号右隔断墙西壁“南无金幢宝胜佛教诫”

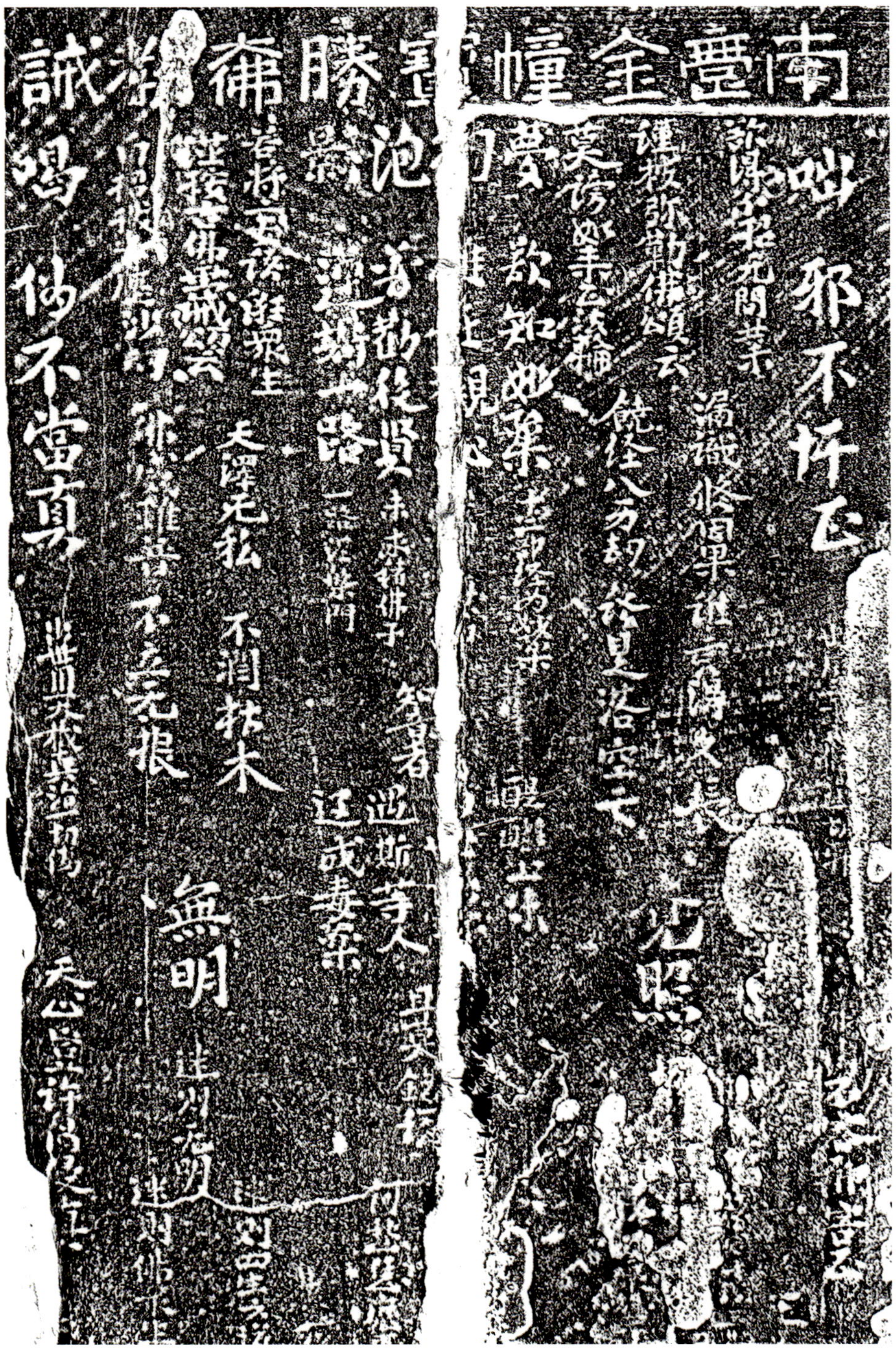

图版 27　小佛湾第 2 号右隔断墙西壁“南无金幢宝胜佛教诫”

图版 28　小佛湾第 2 号右隔断墙西壁下部“祖师传偈”

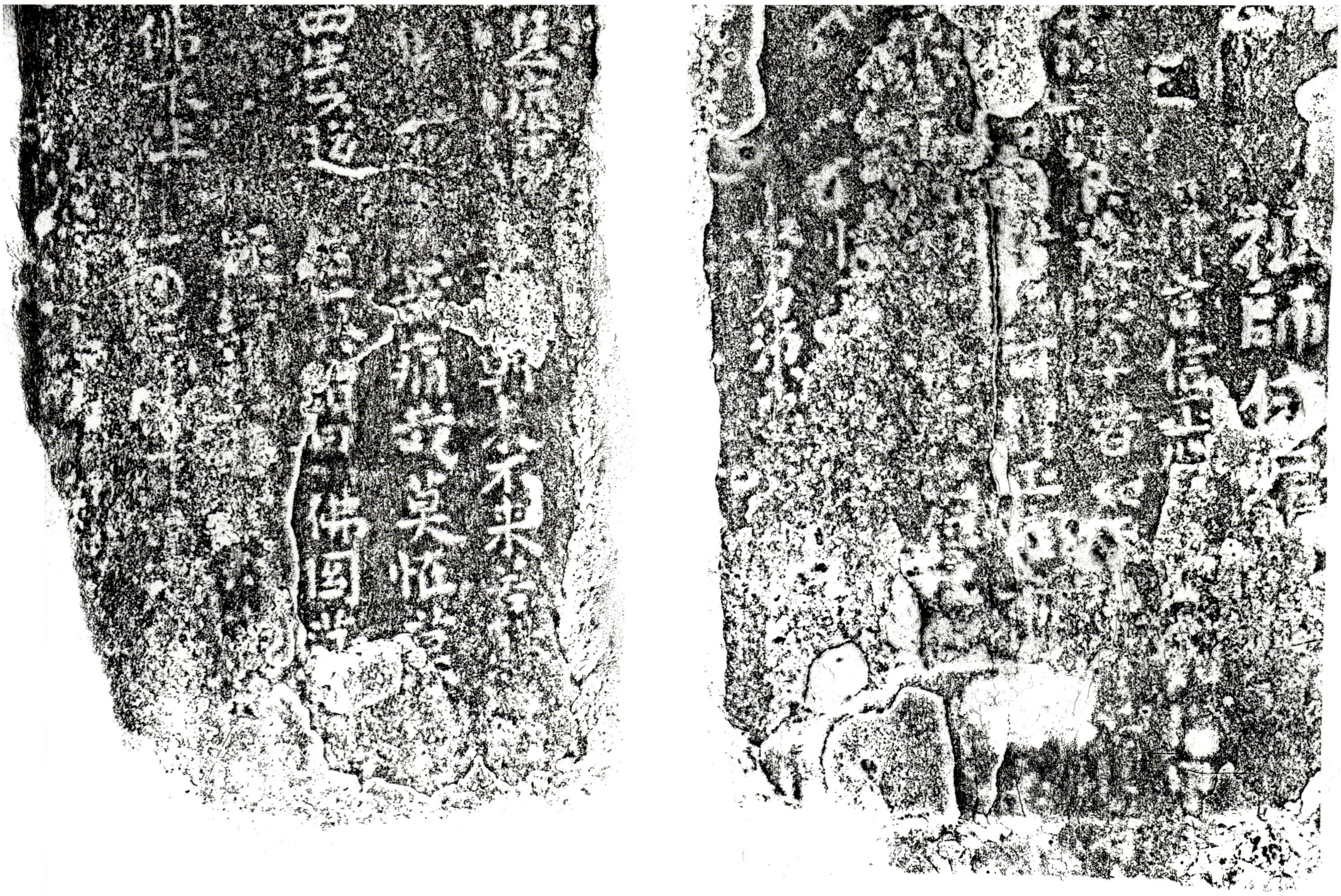

图版 28　小佛湾第 2 号右隔断墙西壁下部“祖师传偈”

图版 29　小佛湾第 3 号窟口上沿铭文

图版 29　小佛湾第 3 号窟口上沿铭文

图版 30　小佛湾第 3 号窟口左右沿铭文

图版 30　小佛湾第 3 号窟口左右沿铭文

图版 31　小佛湾第 3 号窟外左门柱外侧条石铭文

图版 31　小佛湾第 3 号窟外左门柱外侧条石铭文

图版 32　小佛湾第 4 号窟正壁外挑石材底部“毗卢庵”题名

图版 32　小佛湾第 4 号窟正壁外挑石材底部“毗卢庵”题名

02　　01

图版 33　小佛湾第 4 号窟主尊佛像头部左外侧颂词

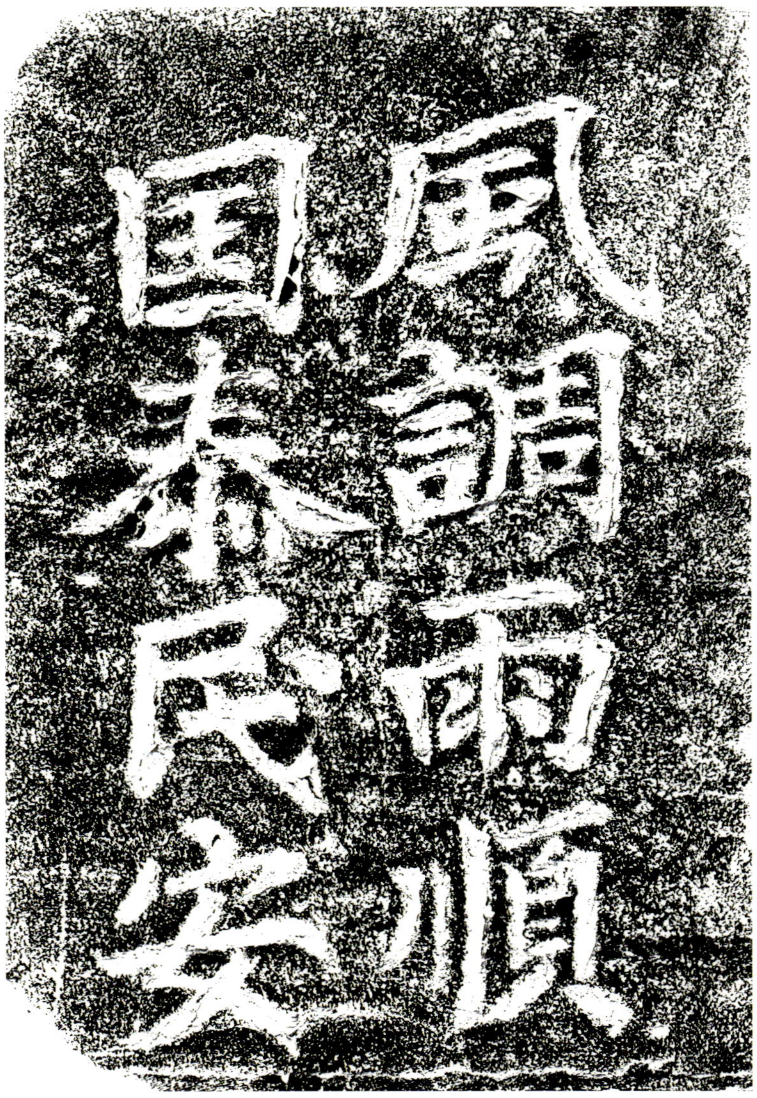

02　　01

图版 33　小佛湾第 4 号窟主尊佛像头部左外侧颂词

02　　01

图版 34　小佛湾第 4 号窟主尊佛像头部右外侧颂词

02　　01

图版 34　小佛湾第 4 号窟主尊佛像头部右外侧颂词

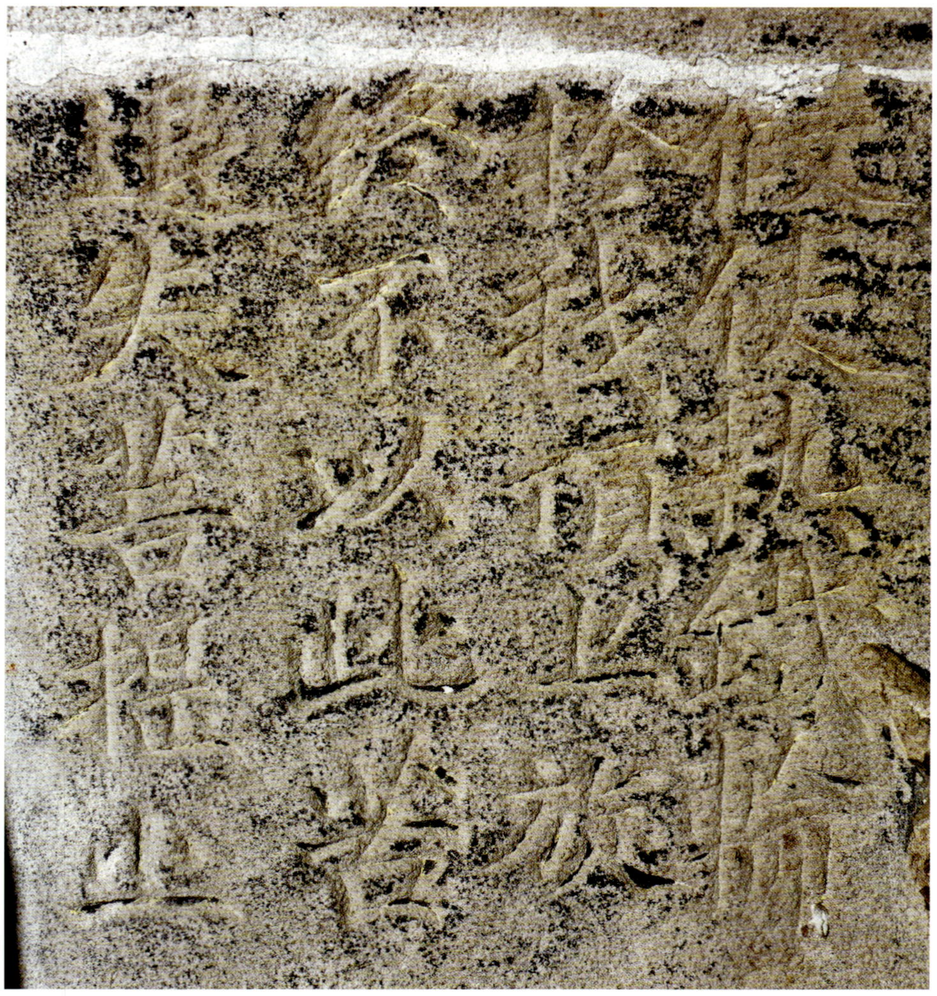

04 03 02 01

图版 35　小佛湾第 4 号窟主尊佛像肩部左外侧偈语

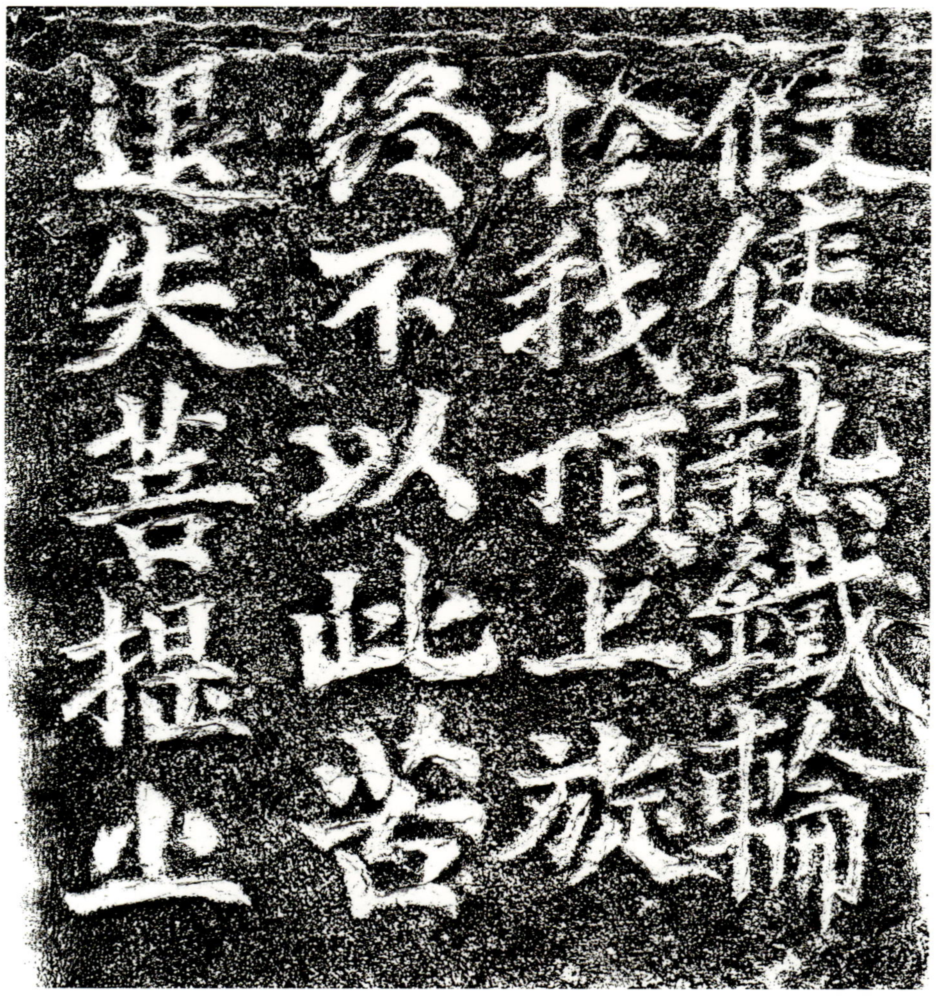

04 03 02 01

图版 35　小佛湾第 4 号窟主尊佛像肩部左外侧偈语

04 03 02 01

图版 36　小佛湾第 4 号窟主尊佛像肩部右外侧偈语

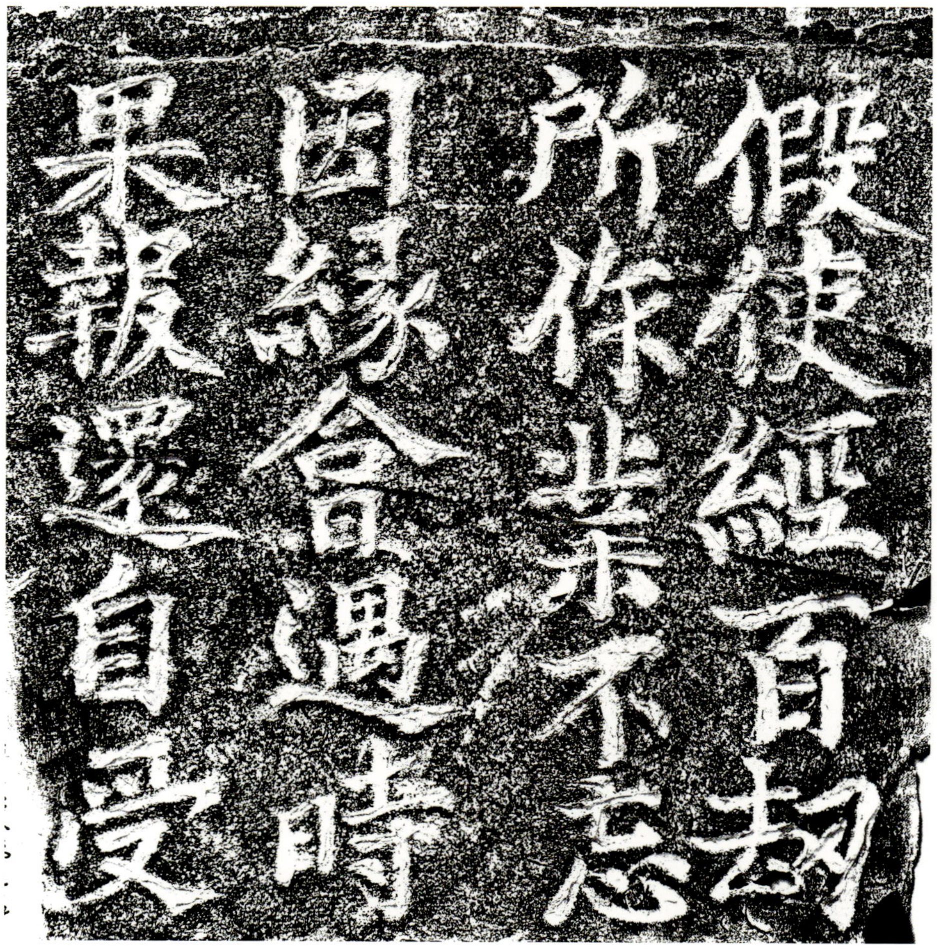

04 03 02 01

图版 36　小佛湾第 4 号窟主尊佛像肩部右外侧偈语

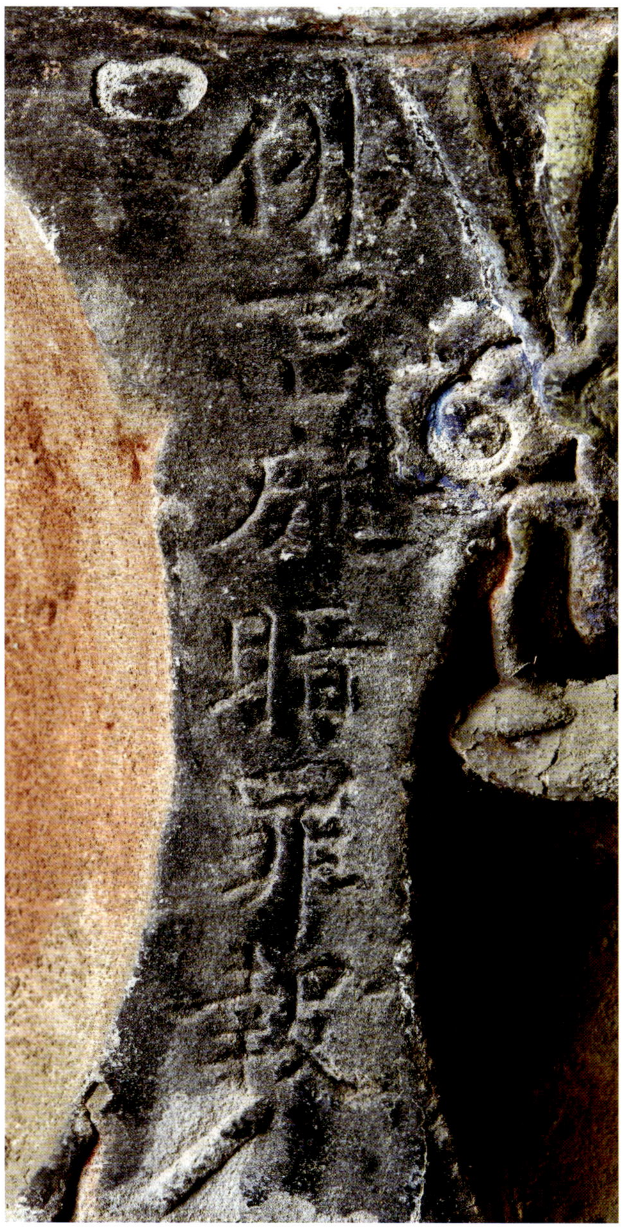

图版 37　小佛湾第 6 号正壁下部第一幅罪报名题刻

图版 37　小佛湾第 6 号正壁下部第一幅罪报名题刻

图版 38　小佛湾第 6 号正壁下部第一幅第 1 组左上题刻

图版 38　小佛湾第 6 号正壁下部第一幅第 1 组左上题刻

图版 39　小佛湾第 6 号正壁下部第一幅第 2 组右侧题刻

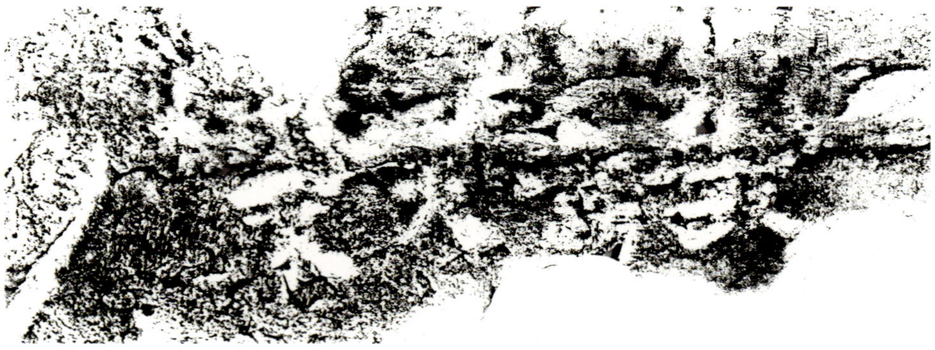

图版 39　小佛湾第 6 号正壁下部第一幅第 2 组右侧题刻

图版 40　小佛湾第 6 号正壁下部第二幅罪报名题刻

图版 40　小佛湾第 6 号正壁下部第二幅罪报名题刻

图版 41　小佛湾第 6 号正壁下部第二幅第 1 组上方题刻

图版 42　小佛湾第 6 号正壁下部第二幅第 2 组上方题刻

图版 41　小佛湾第 6 号正壁下部第二幅第 1 组上方题刻

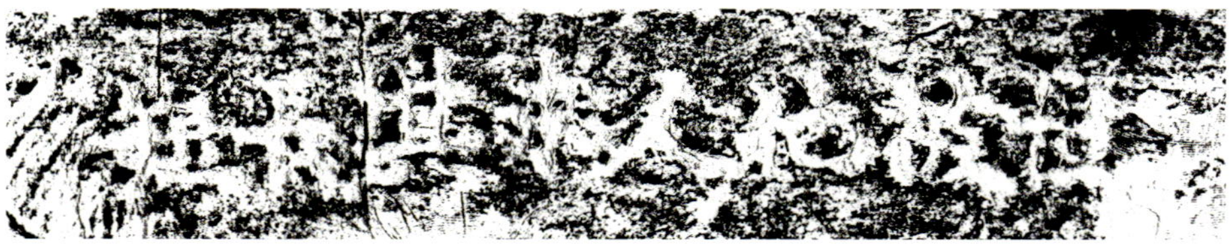

图版 42　小佛湾第 6 号正壁下部第二幅第 2 组上方题刻

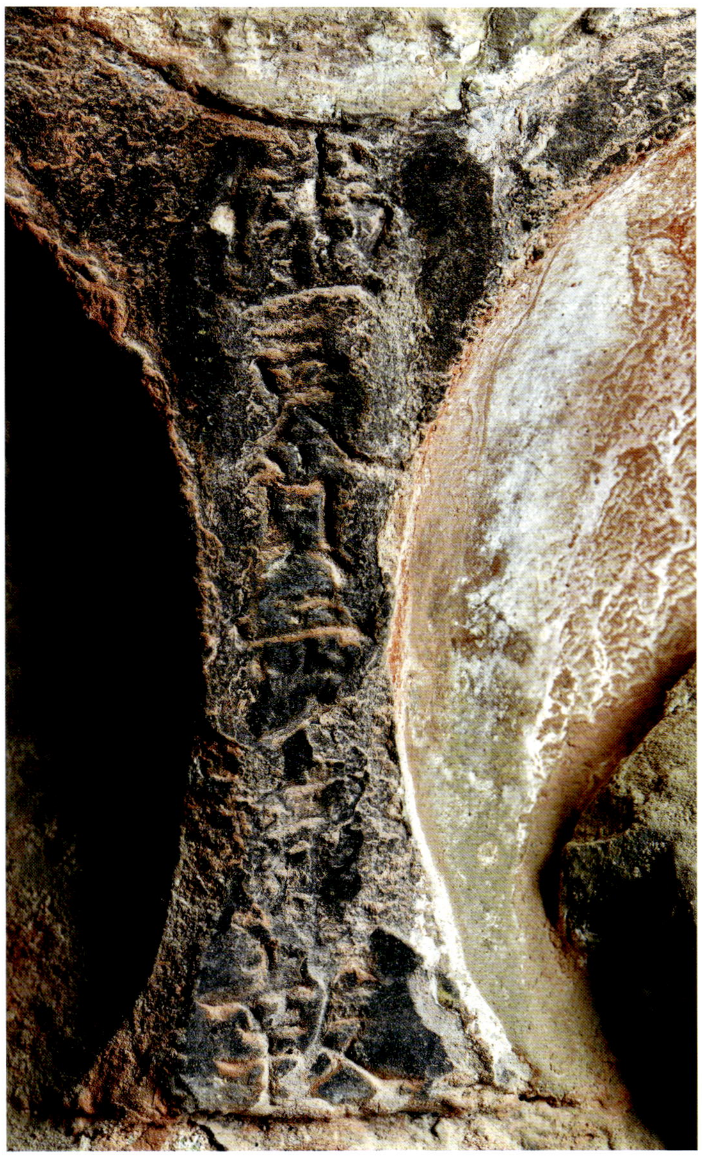

图版 43　小佛湾第 6 号正壁下部第三幅罪报名题刻

图版 43　小佛湾第 6 号正壁下部第三幅罪报名题刻

图版 44　小佛湾第 6 号正壁下部第三幅第 1 组上方题刻

图版 44　小佛湾第 6 号正壁下部第三幅第 1 组上方题刻

图版 45　小佛湾第 6 号正壁下部第三幅第 4 组上方题刻

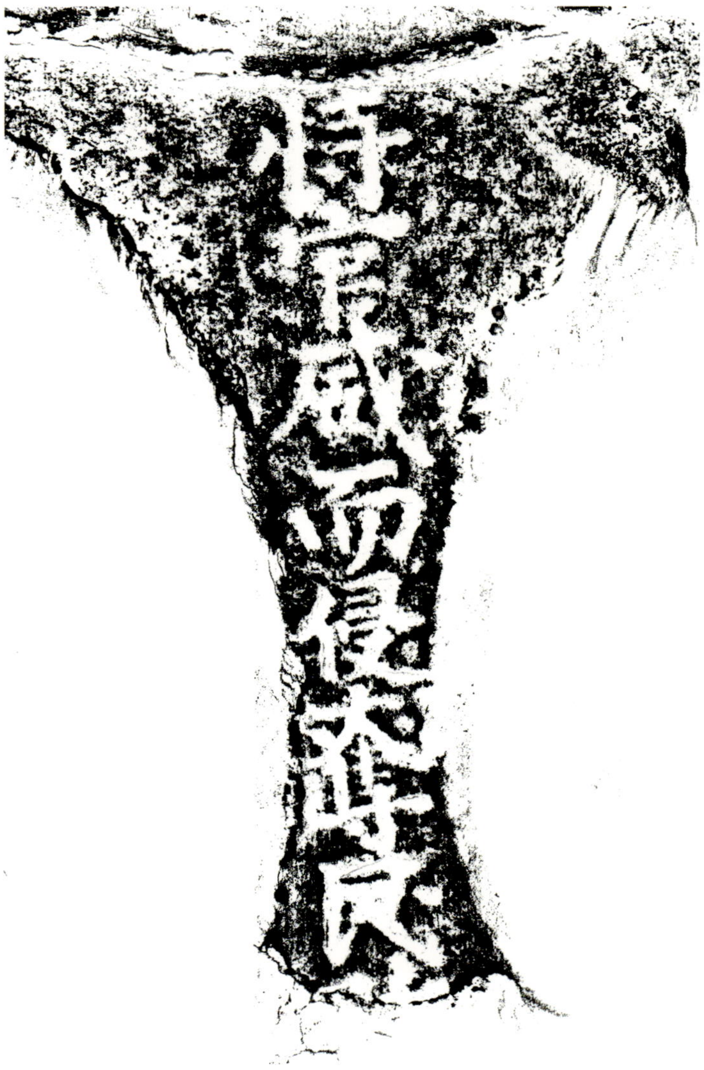

图版 45　小佛湾第 6 号正壁下部第三幅第 4 组上方题刻

图版 46　小佛湾第 6 号正壁下部第四幅罪报名题刻

图版 46　小佛湾第 6 号正壁下部第四幅罪报名题刻

图版 47　小佛湾第 6 号正壁下部第四幅第 1 组上方题刻

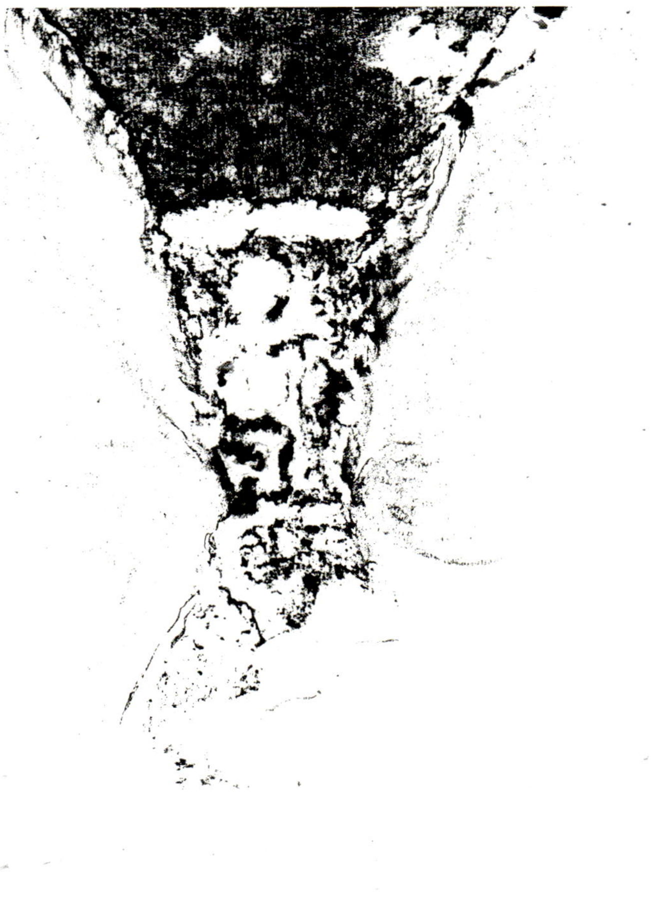

图版 47　小佛湾第 6 号正壁下部第四幅第 1 组上方题刻

图版 48　小佛湾第 6 号正壁下部第四幅第 2 组上方题刻

图版 48　小佛湾第 6 号正壁下部第四幅第 2 组上方题刻

图版 49　小佛湾第 6 号正壁下部第五幅罪报名题刻

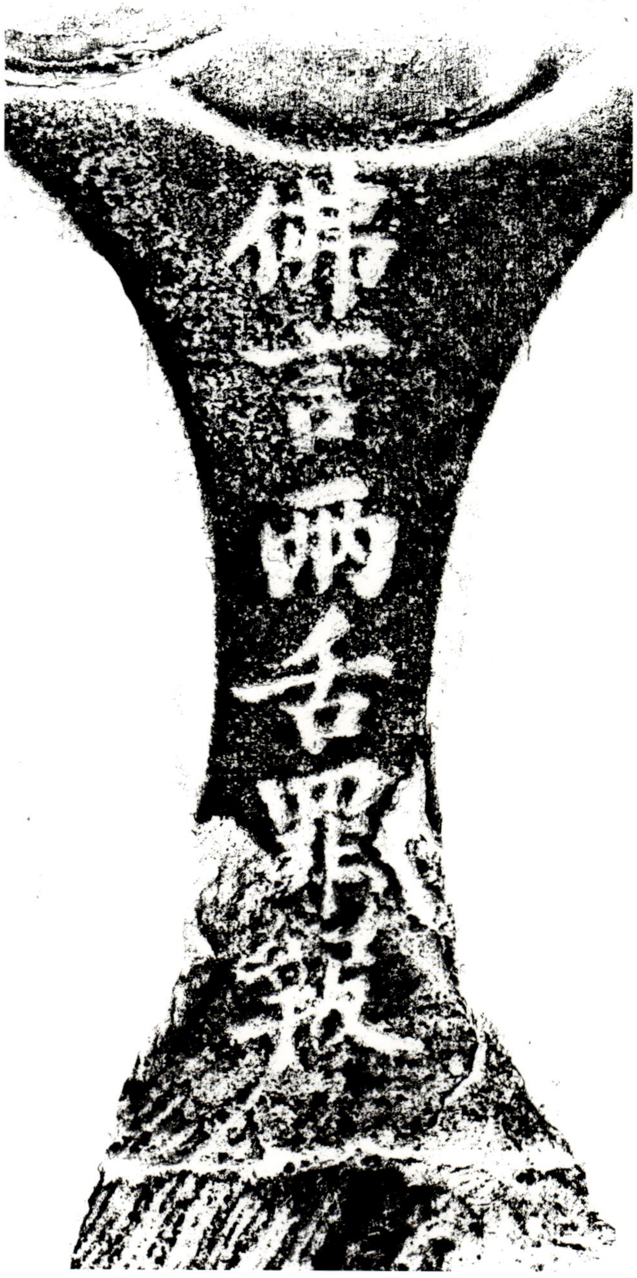

图版 49　小佛湾第 6 号正壁下部第五幅罪报名题刻

图版 51　小佛湾第 6 号正壁下部第五幅第 1 组上方题刻

图版 51　小佛湾第 6 号正壁下部第五幅第 1 组上方题刻

图版 50　小佛湾第 6 号正壁下部第五幅鬼卒像右前侧“地狱”题刻

图版 52　小佛湾第 6 号正壁下部第五幅第 2 组上方题刻

图版 53　小佛湾第 6 号正壁下部第五幅第 4 组右上方题刻

图版 54　小佛湾第 6 号正壁下部第六幅罪报名题刻

图版 54　小佛湾第 6 号正壁下部第六幅罪报名题刻

图版 55　小佛湾第 6 号正壁下部第六幅第 2 组中部题刻

图版 56　小佛湾第 6 号正壁下部第七幅罪报名题刻

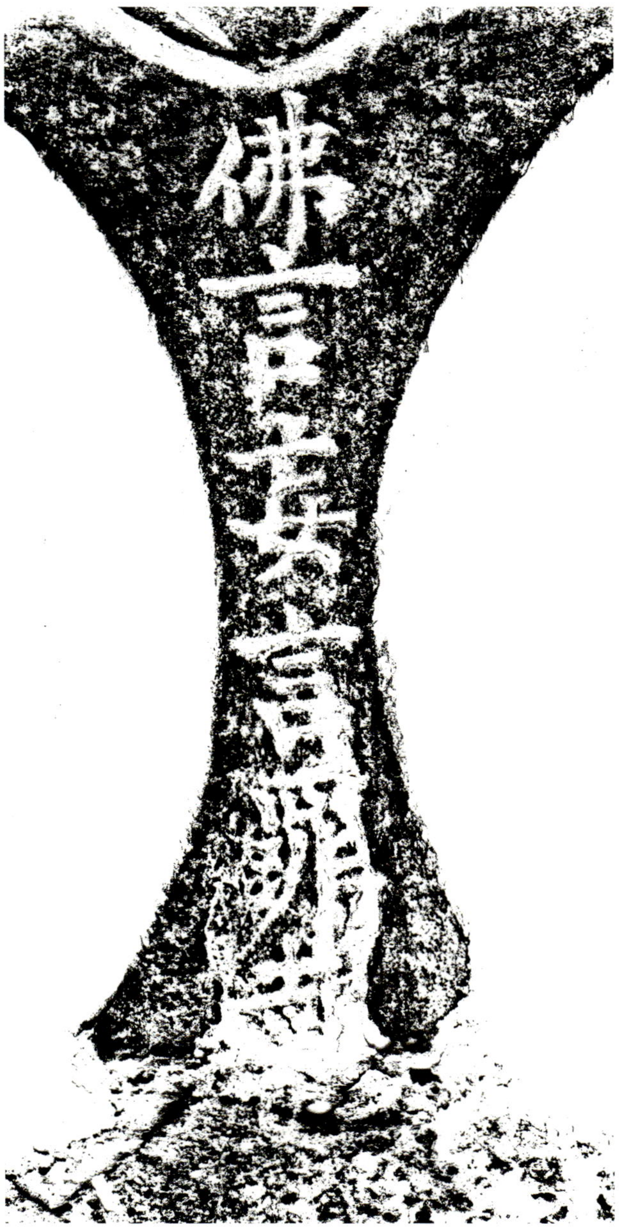

图版 56　小佛湾第 6 号正壁下部第七幅罪报名题刻

图版 57　小佛湾第 6 号正壁下部第七幅第 3 组题刻

图版 58　小佛湾第 6 号正壁下部第八幅罪报名题刻

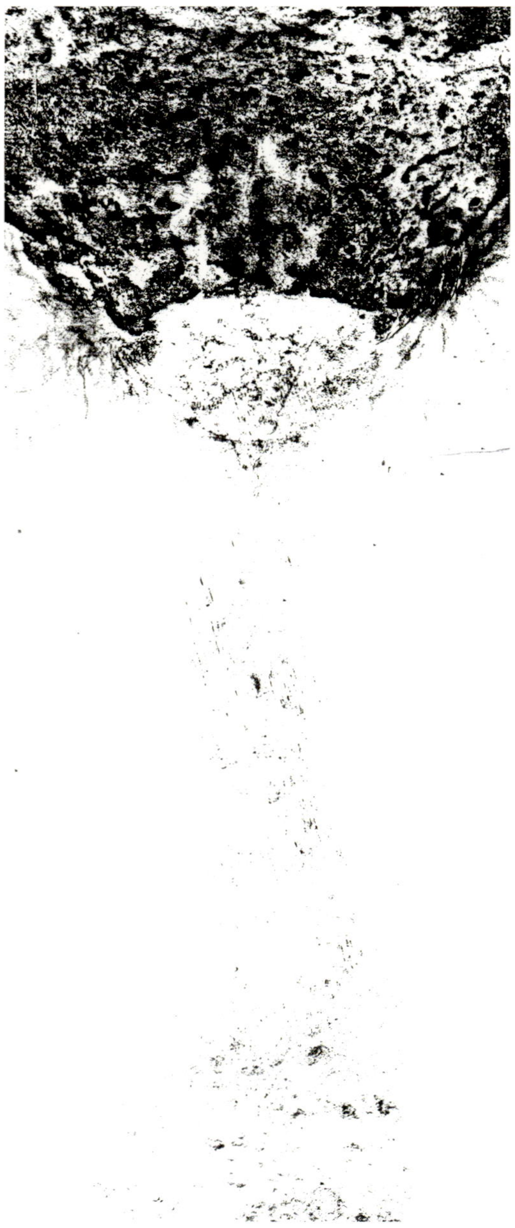

图版 58　小佛湾第 6 号正壁下部第八幅罪报名题刻

图版 59　小佛湾第 6 号正壁下部第八幅第 2 组上方题刻

图版 60　小佛湾第 6 号正壁下部第九幅第 1 组左下方题刻

图版 61　小佛湾第 6 号正壁下部第十幅罪报名题刻

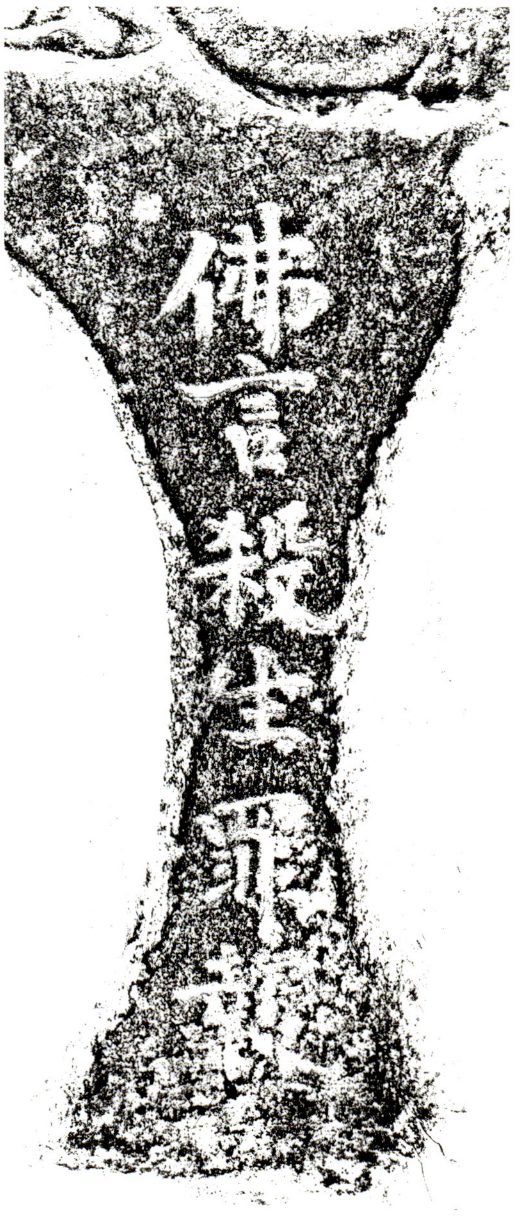

图版 61　小佛湾第 6 号正壁下部第十幅罪报名题刻

图版 62　小佛湾第 6 号右壁下部左起第 4 大圆龛外“歌利王”题刻

图版 62　小佛湾第 6 号右壁下部左起第 4 大圆龛外“歌利王”题刻

图版 63　小佛湾第 6 号左壁第五排方碑

图版 63　小佛湾第 6 号左壁第五排方碑

图版 64　小佛湾第 7 号左碑碑阳《唐柳本尊传》碑

图版 64　小佛湾第 7 号左碑碑阳《唐柳本尊传》碑（傅斯年图书馆藏拓片）

25 24 23 22 21 20 19 18 17 16 15 14 13 12 11 10 09 08 07 06 05 04 03 02 01

图版 64-1　小佛湾第 7 号左碑碑阳《唐柳本尊传》碑 A 组碑文

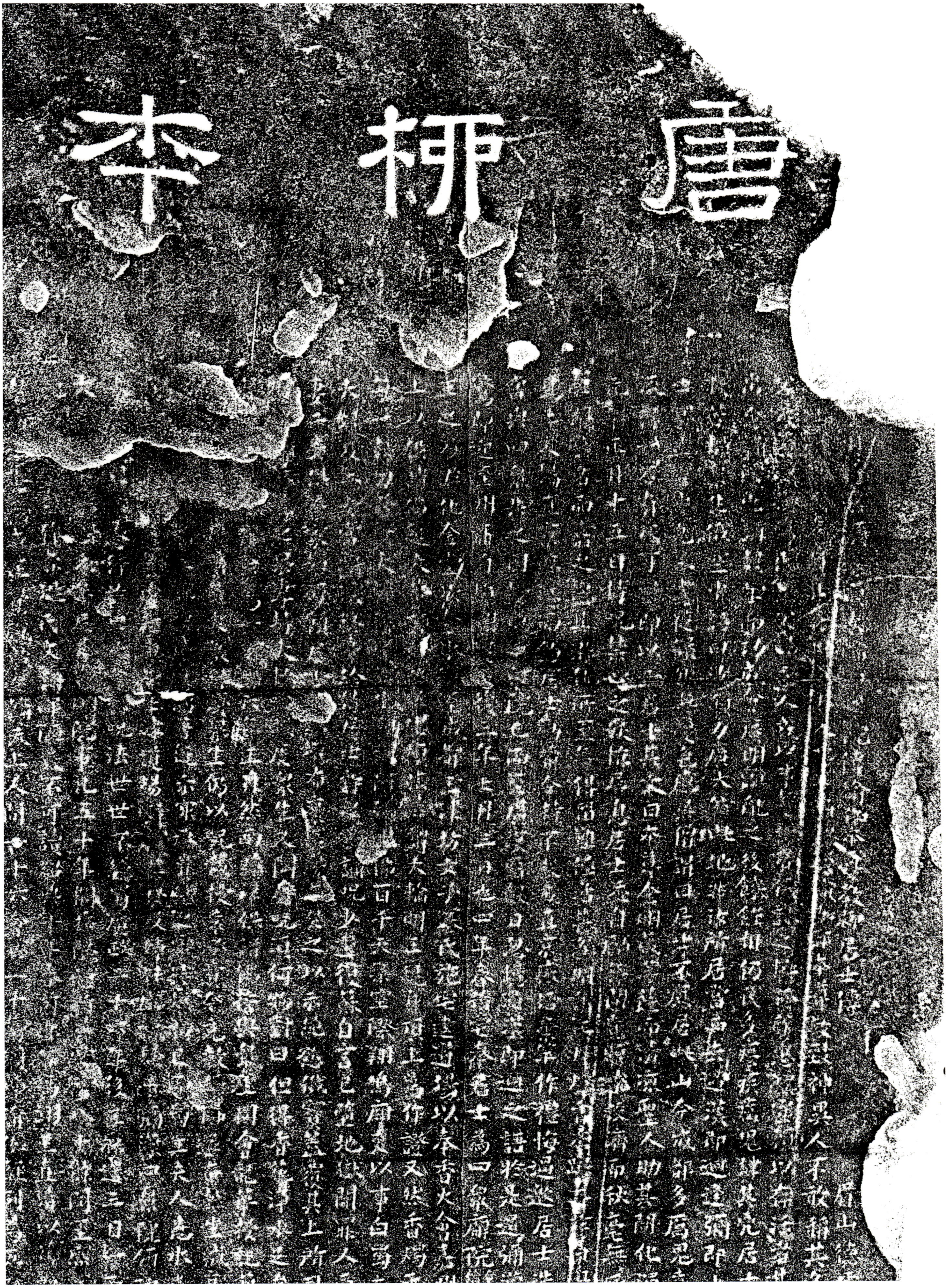

25 24 23 22 21 20 19 18 17 16 15 14 13 12 11 10 09 08 07 06 05 04 03 02 01

图版 64-1　小佛湾第 7 号左碑碑阳《唐柳本尊传》碑 A 组碑文

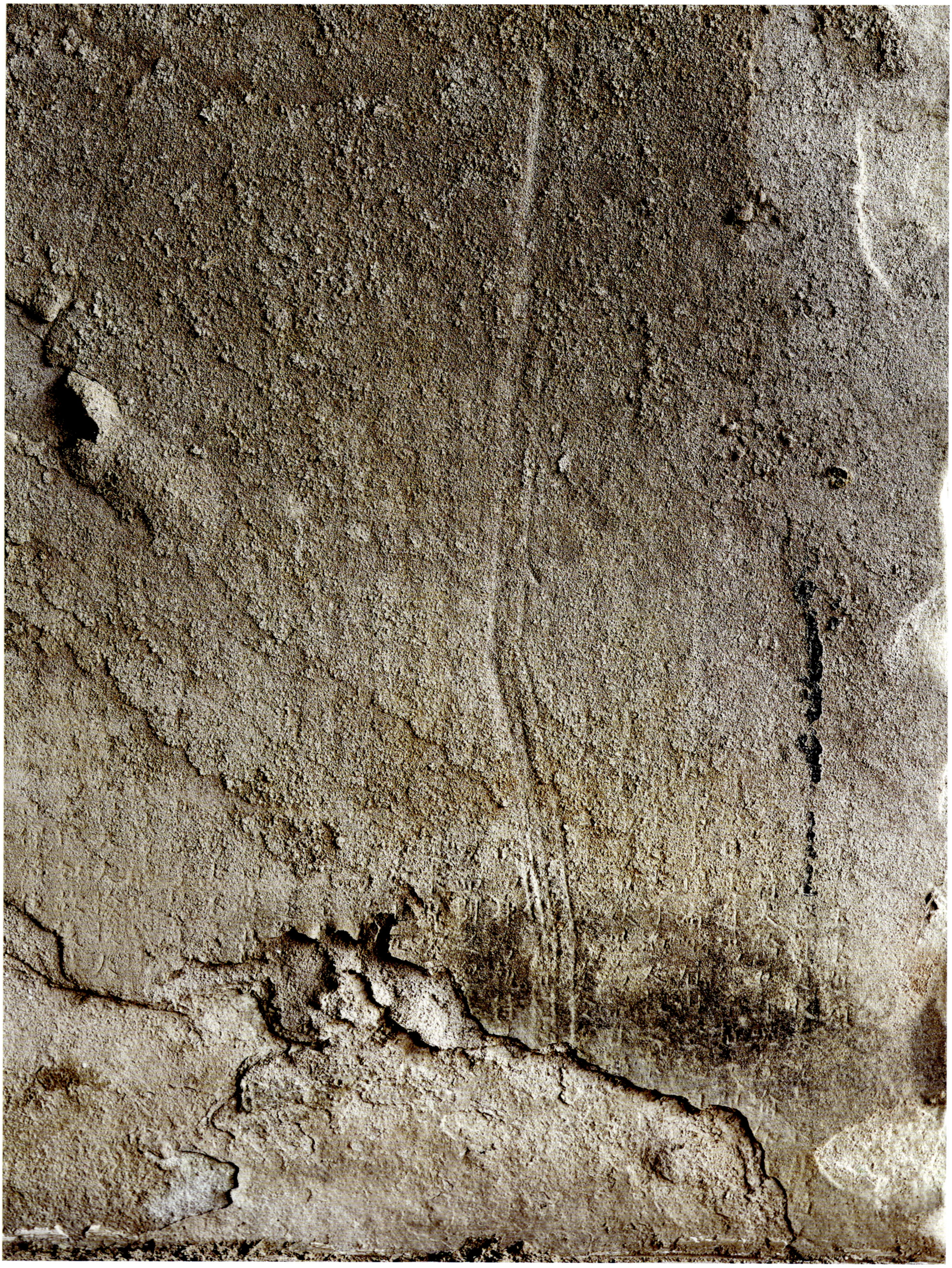

图版 64-2 小佛湾第 7 号左碑碑阳《唐柳本尊传》碑 B 组碑文

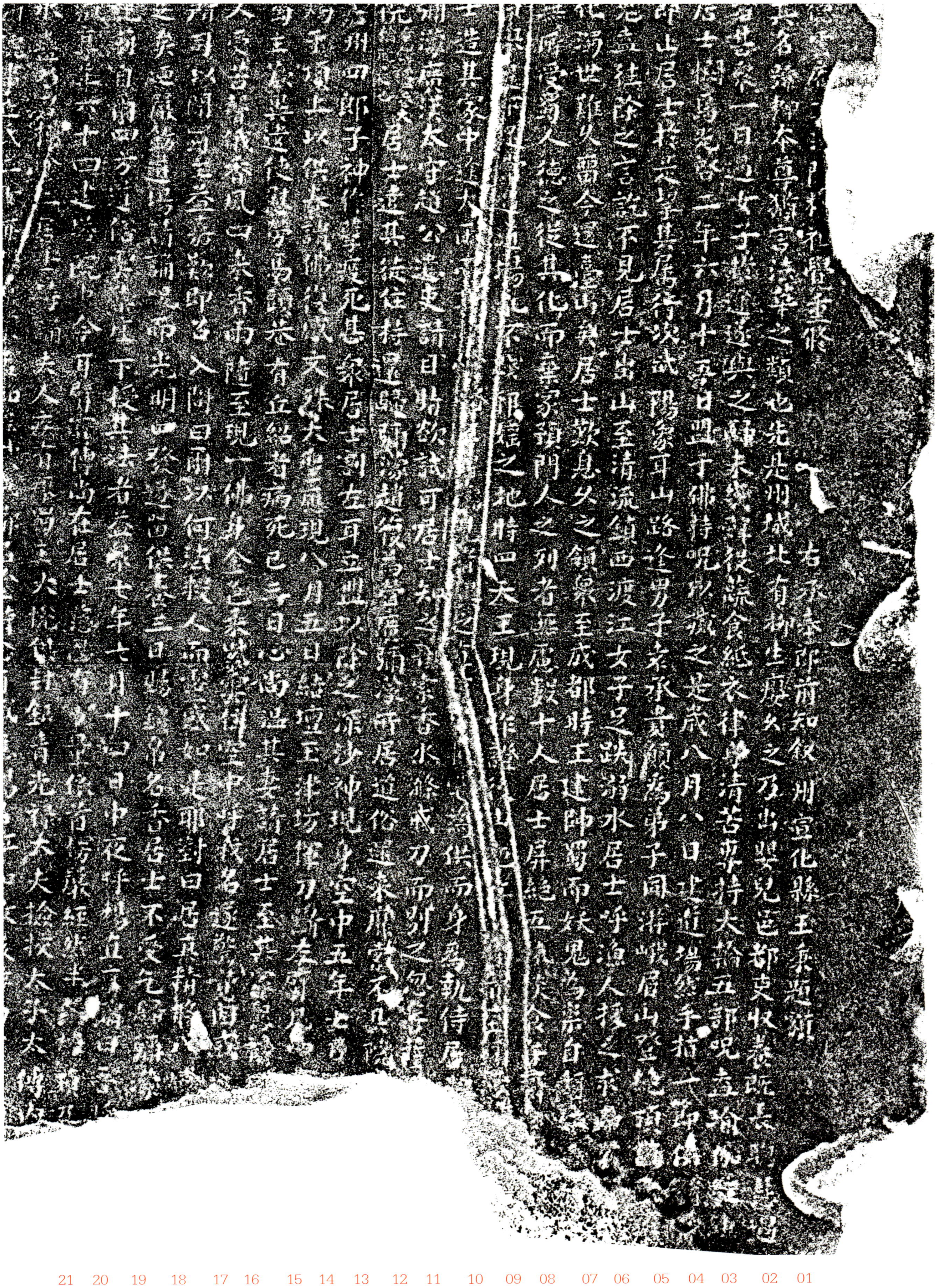

图版 64-2 小佛湾第 7 号左碑碑阳《唐柳本尊传》碑 B 组碑文

图版 64-3　小佛湾第 7 号左碑碑阳《唐柳本尊传》碑 C 组碑文

42 41 40 39 38 37 36 35 34 33 32 31 30 29 28 27 26 25 24 23 22

图版 64-3　小佛湾第 7 号左碑碑阳《唐柳本尊传》碑 C 组碑文

42 41 40 39 38 37 36 35 34 33 32 31 30 29 28 27 26 25 24 23 22

图版 64-4　小佛湾第 7 号左碑碑阳《唐柳本尊传》碑 D 组碑文

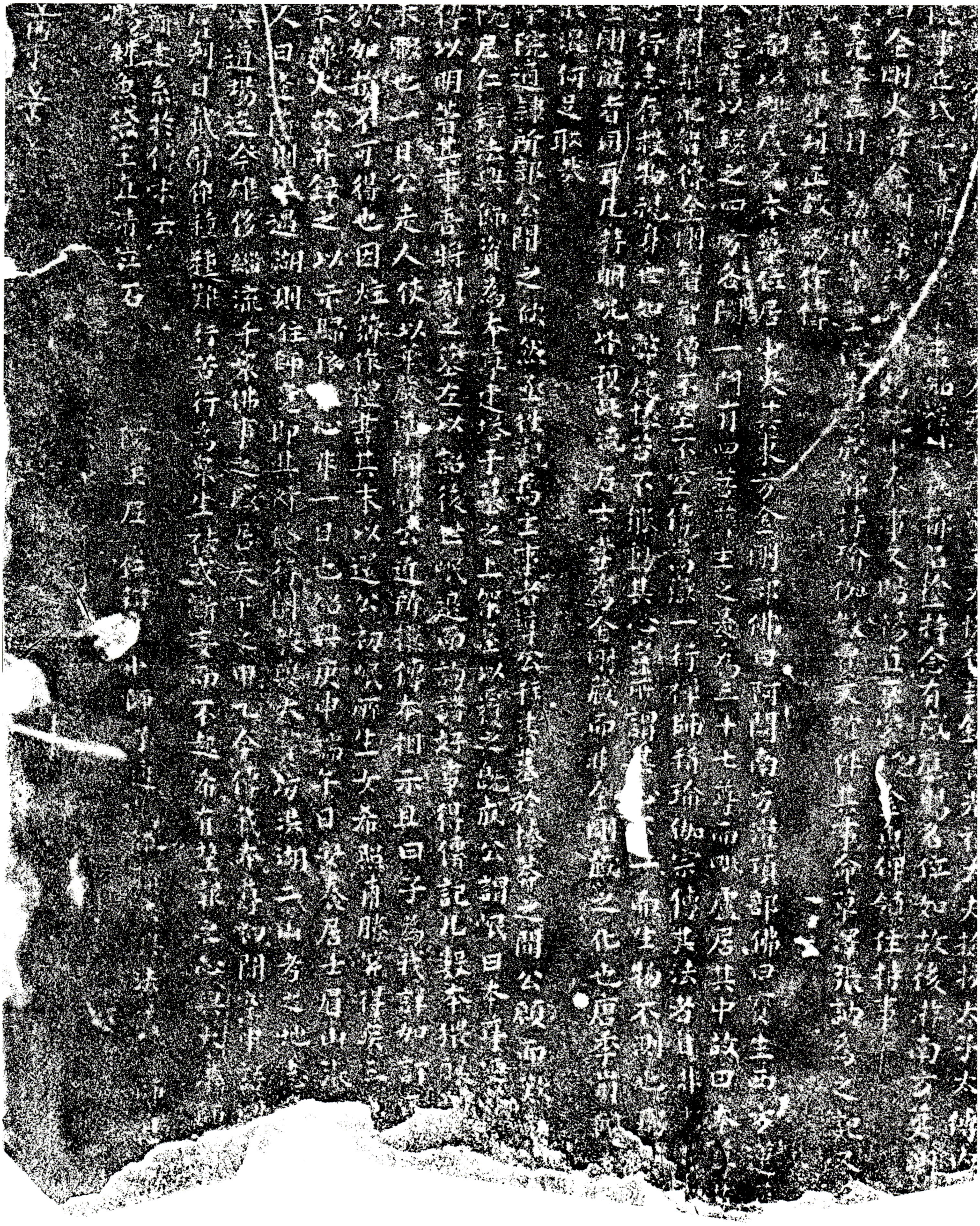

42 41 40 39 38 37 36 35 34 33 32 31 30 29 28 27 26 25 24 23 22

图版 64-4　小佛湾第 7 号左碑碑阳《唐柳本尊传》碑 D 组碑文

图版 65　小佛湾第 7 号左碑碑阴《宝顶常住田产》碑

图版 65　小佛湾第 7 号左碑碑阴《宝顶常住田产》碑

27 26 25 24 23 22 21 20 19 18 17 16 15 14 13 12 11 10 09 08 07 06 05 04 03 02 01

图版 66　小佛湾第 7 号石碑《恩荣圣寿寺记》碑

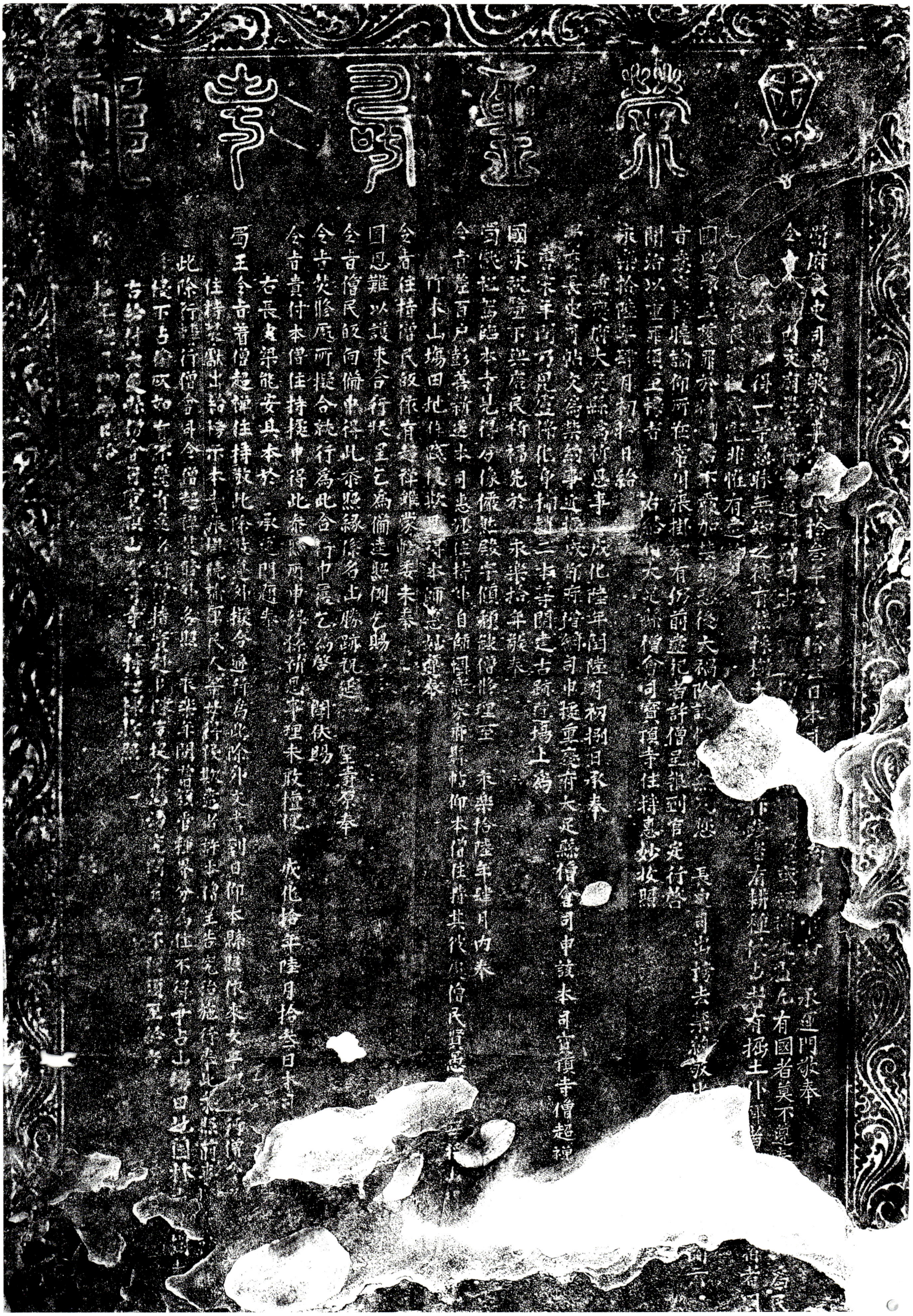

27 26 25 24 23 22 21 20 19 18 17 16 15 14 13 12 11 10 09 08 07 06 05 04 03 02 01

图版 66 小佛湾第 7 号右碑《恩荣圣寿寺记》碑

05 04 03 02 01

图版 67　小佛湾第 8 号窟窟外西壁“罗玉删题七律诗”

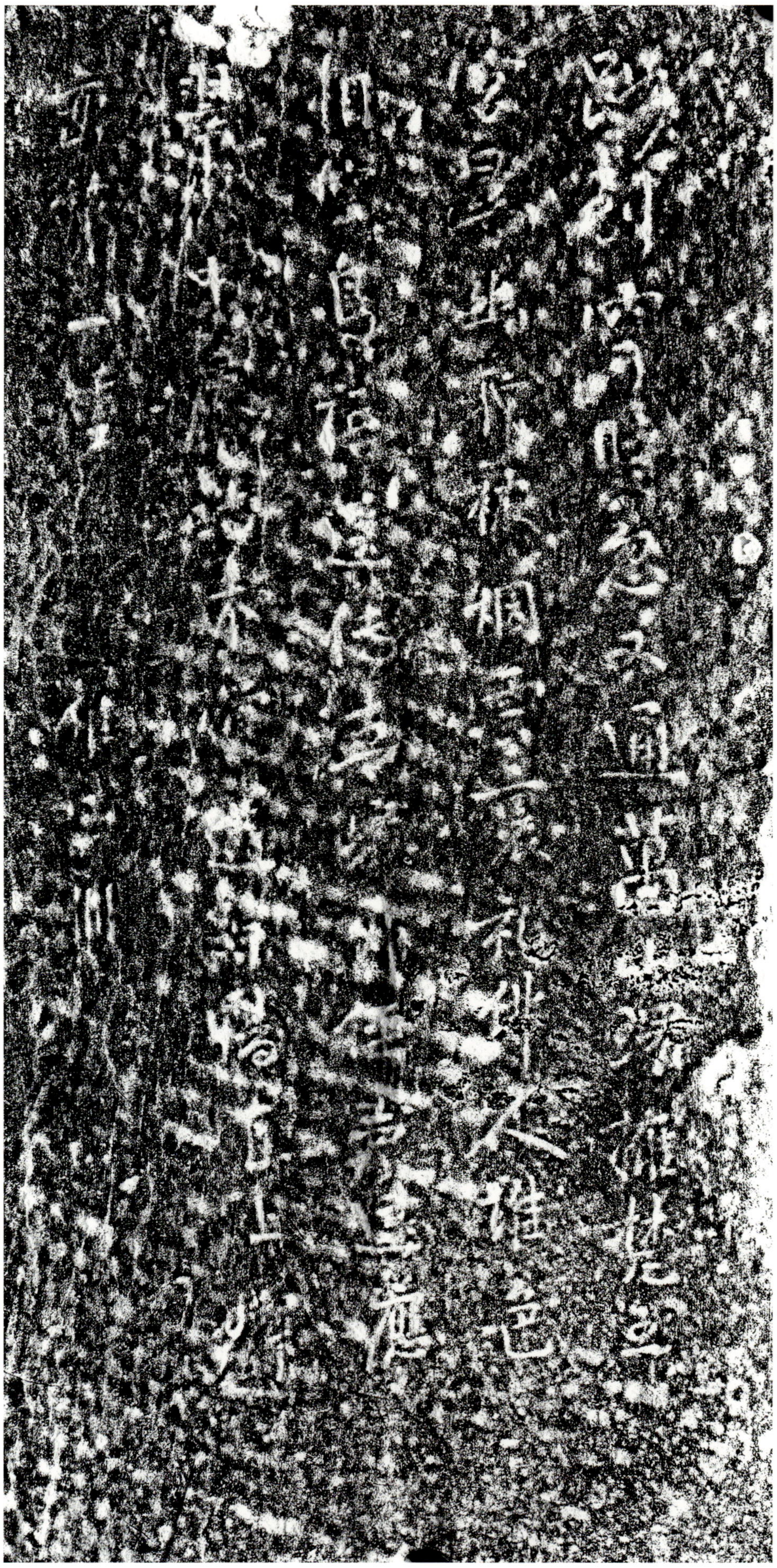

05 04 03 02 01

图版 67　小佛湾第 8 号窟窟外西壁“罗玉删题七律诗”

10 09 08 07 06 05 04 03 02 01

图版 68　小佛湾第 8 号窟窟外西壁“若虚庄主人杨昙原韵”

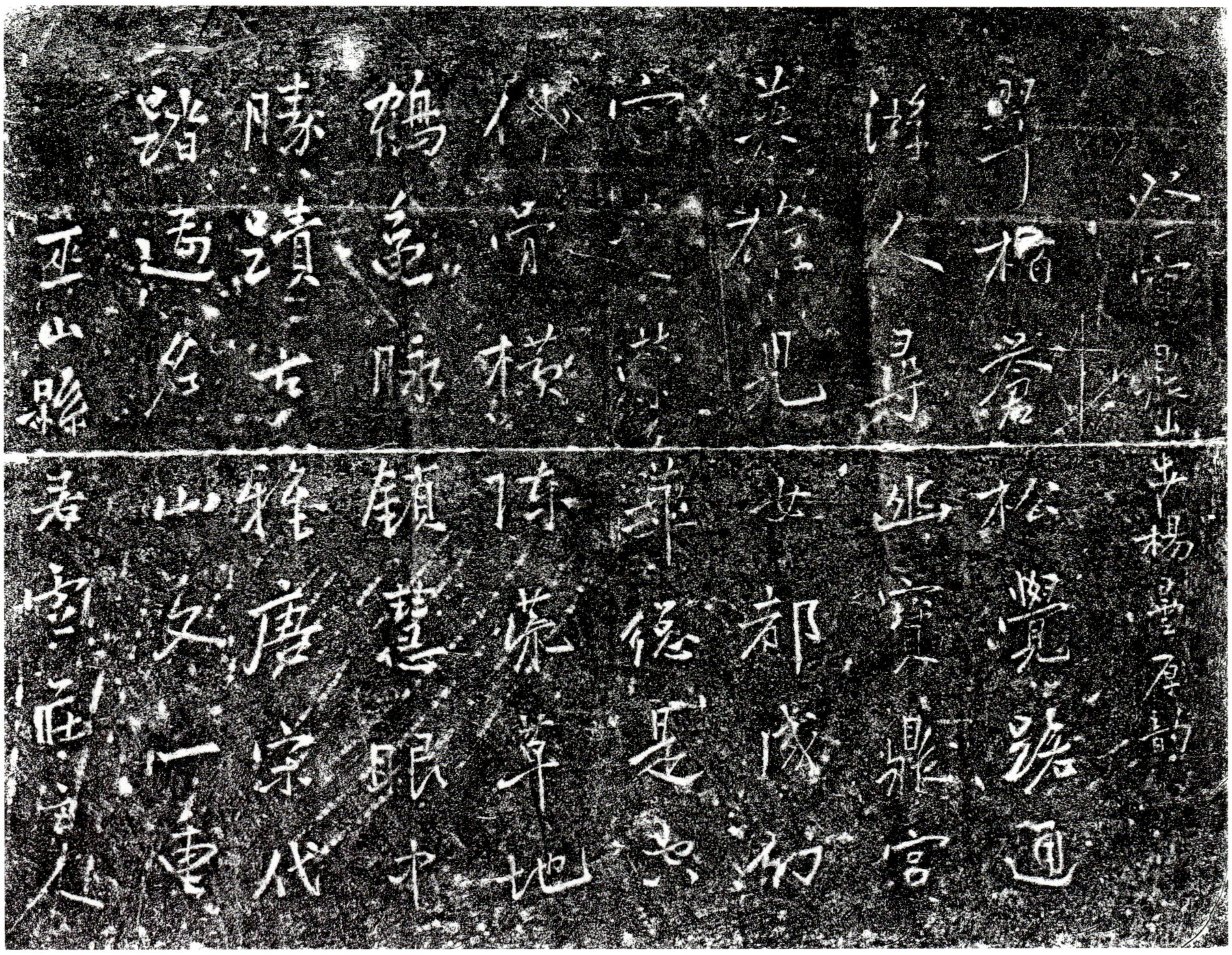

10 09 08 07 06 05 04 03 02 01

图版 68　小佛湾第 8 号窟窟外西壁“若虚庄主人杨昙原韵”

11 10 09 08 07 06 05 04 03 02 01

图版 69　小佛湾第 8 号窟窟外西壁“李枕宇和杨昙原韵”

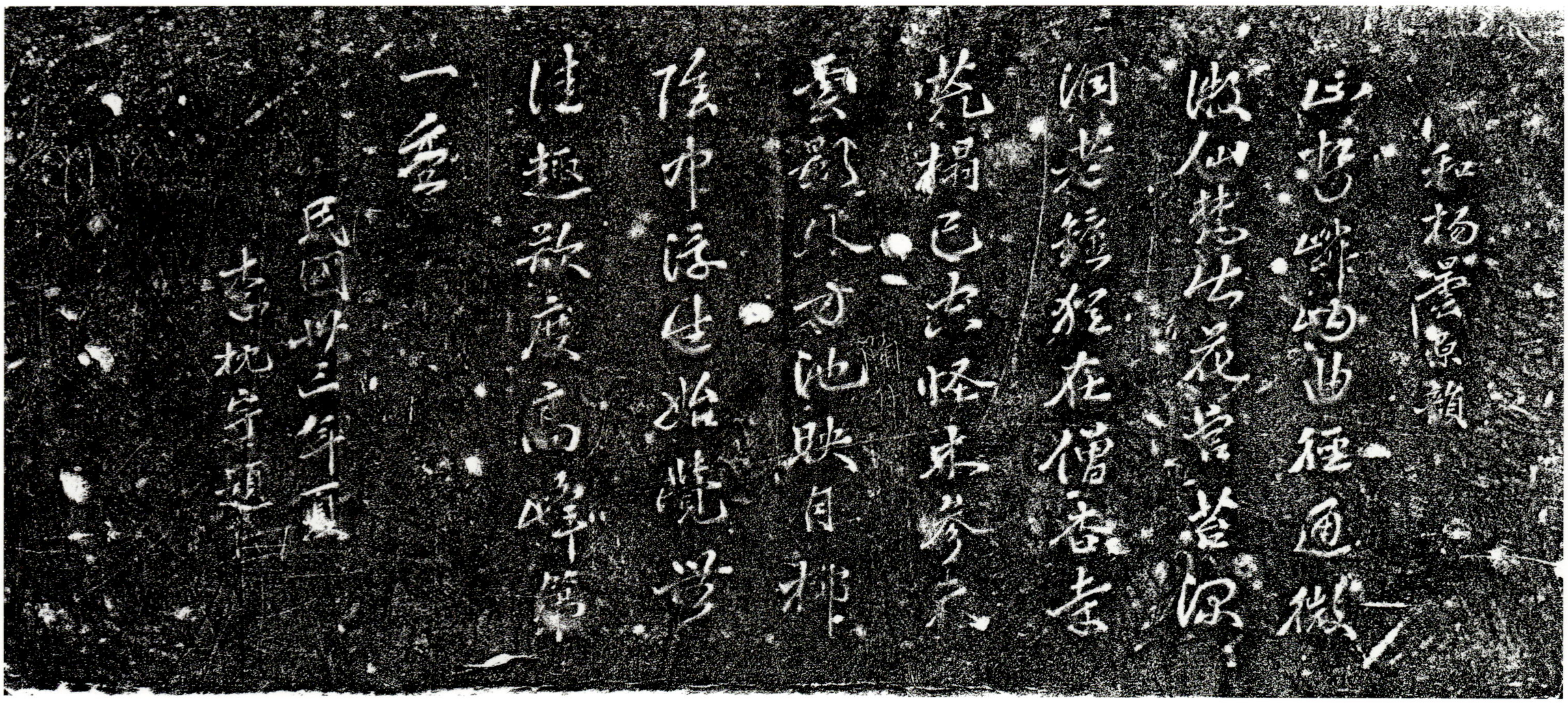

11 10 09 08 07 06 05 04 03 02 01

图版 69　小佛湾第 8 号窟窟外西壁“李枕宇和杨昙原韵”

图版 70　小佛湾第 8 号窟窟外西壁《西竺仙景》题刻

图版 70　小佛湾第 8 号窟窟外西壁《西竺仙景》题刻

17 16 15 14 13 12 11 10 09 08 07 06 05 04 03 02 01

图版 71　小佛湾第 8 号窟窟外西壁“杨昙题七律诗”

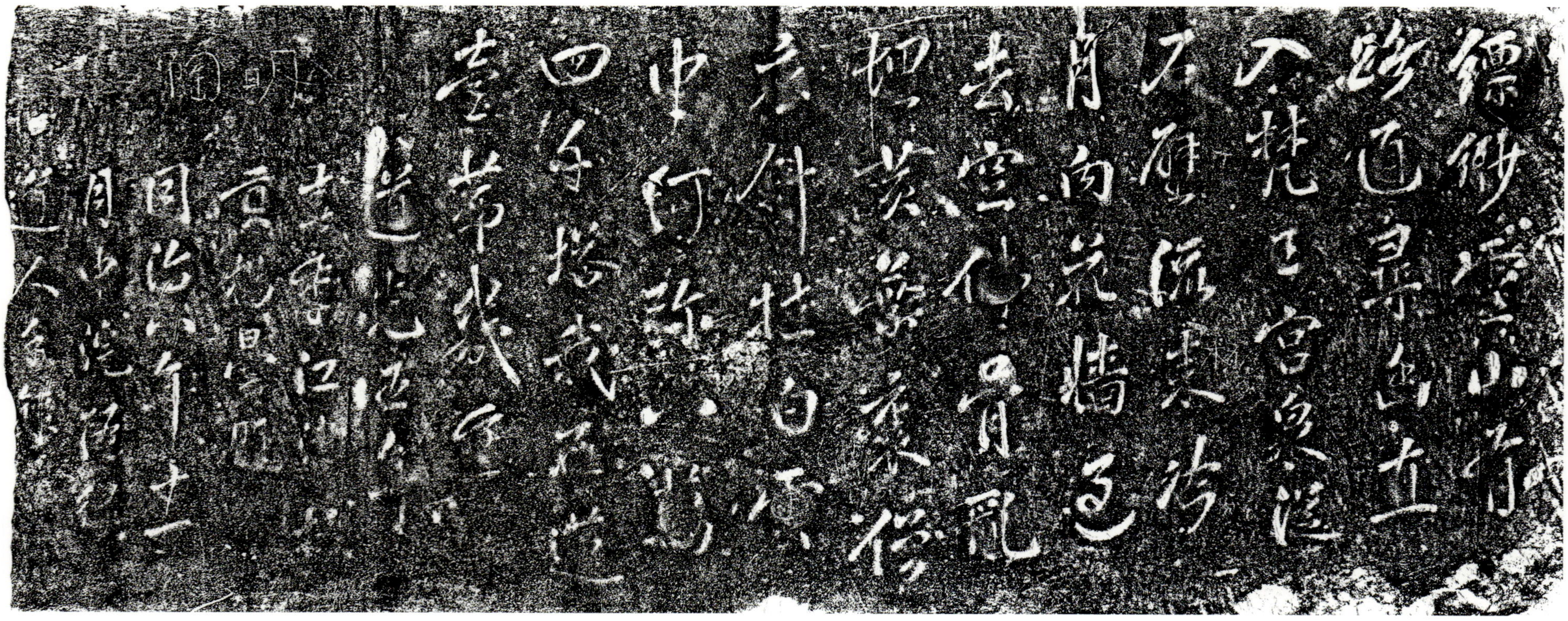

17 16 15 14 13 12 11 10 09 08 07 06 05 04 03 02 01

图版 71　小佛湾第 8 号窟窟外西壁“杨昙题七律诗”

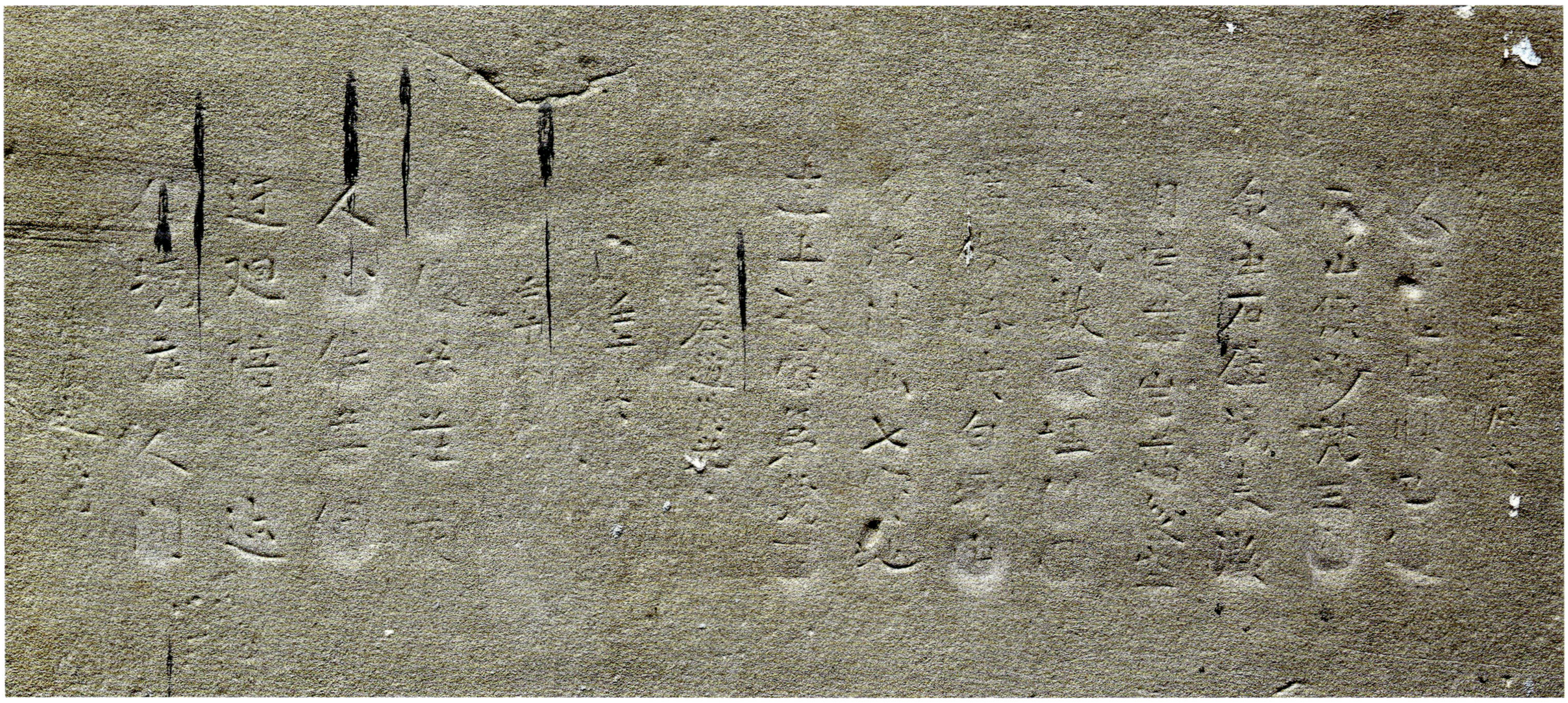

图版 72 小佛湾第 8 号窟窟外西壁“赵紫光和杨昙原韵”

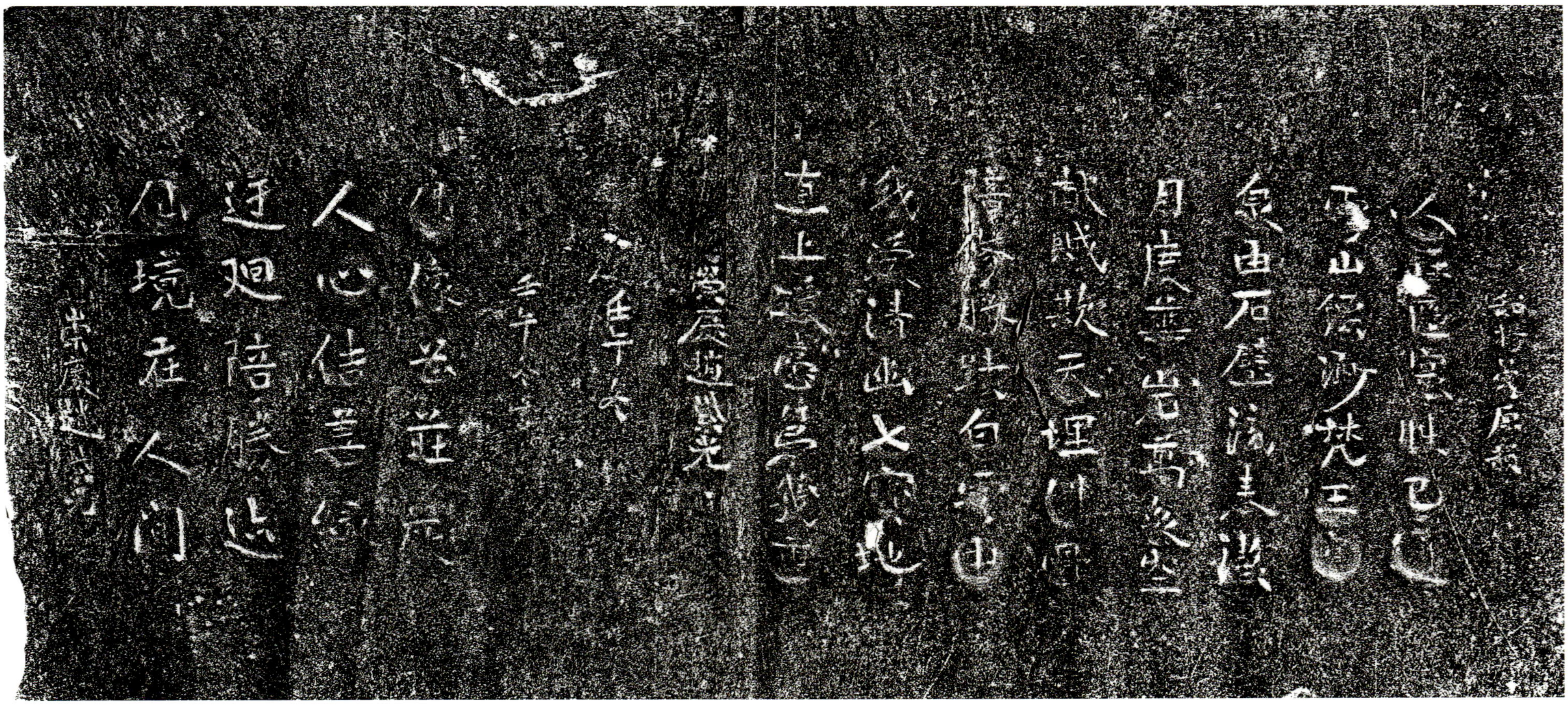

图版 72 小佛湾第 8 号窟窟外西壁“赵紫光和杨昙原韵”

13 12 11 10 09 08 07 06 05 04 03 02 01

图版 73　小佛湾第 8 号窟窟外西壁“王烈和杨昙原韵”

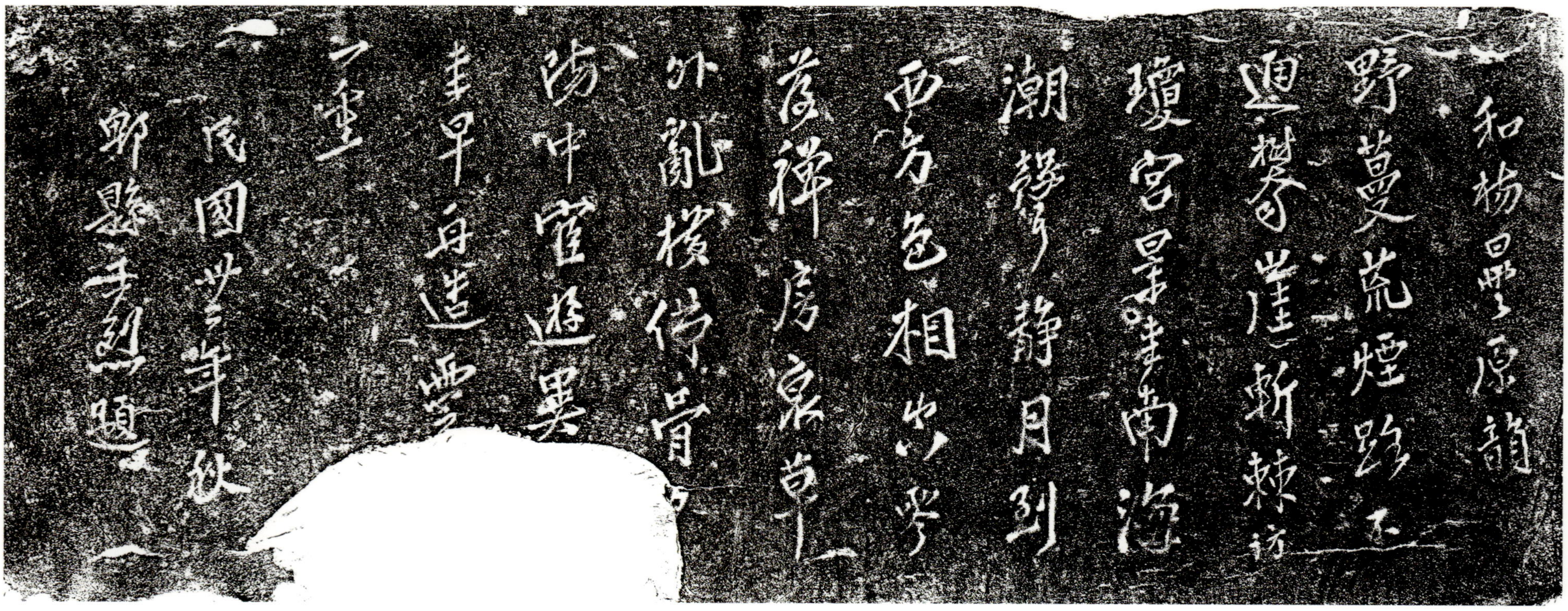

13 12 11 10 09 08 07 06 05 04 03 02 01

图版 73　小佛湾第 8 号窟窟外西壁“王烈和杨昙原韵”

图版 74　小佛湾第 9 号窟窟门柱题刻

图版 74　小佛湾第 9 号窟窟门柱题刻

图版 75　小佛湾第 9 号窟门楣“毗卢庵”题刻

图版 75　小佛湾第 9 号窟门楣“毗卢庵”题刻

图版 76　小佛湾第 9 号窟门楣上方左右条石题刻

图版 76　小佛湾第 9 号窟门楣上方左右条石题刻

图版 77　小佛湾第 9 号窟门额枋左右端头题刻

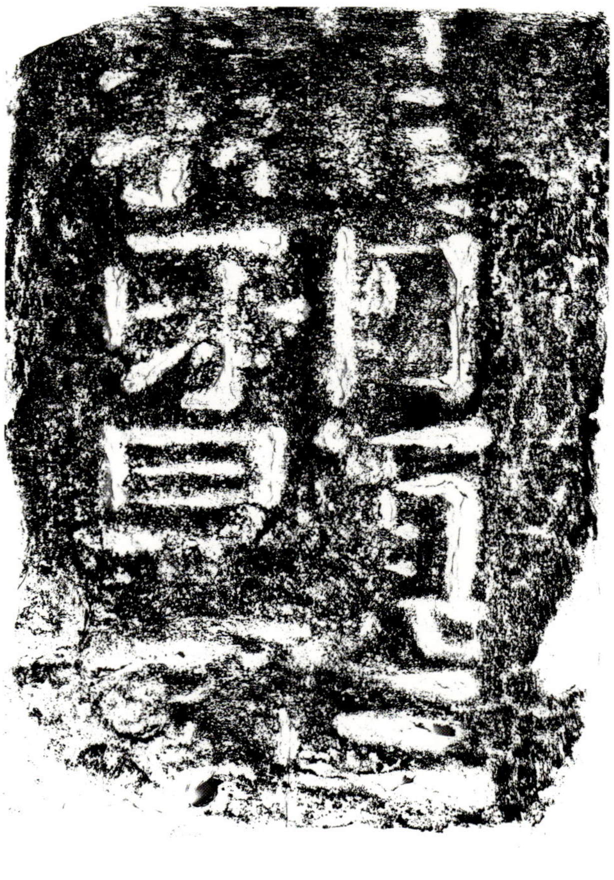

图版 77　小佛湾第 9 号窟门额枋左右端头题刻

04 03 02 01　　04 03 02 01

图版 78　小佛湾第 9 号窟窟门额枋左右内侧偈语

04 03 02 01　　04 03 02 01

图版 78　小佛湾第 9 号窟窟门额枋左右内侧偈语

图版 79　小佛湾第 9 号窟内正壁主尊头部左右题刻

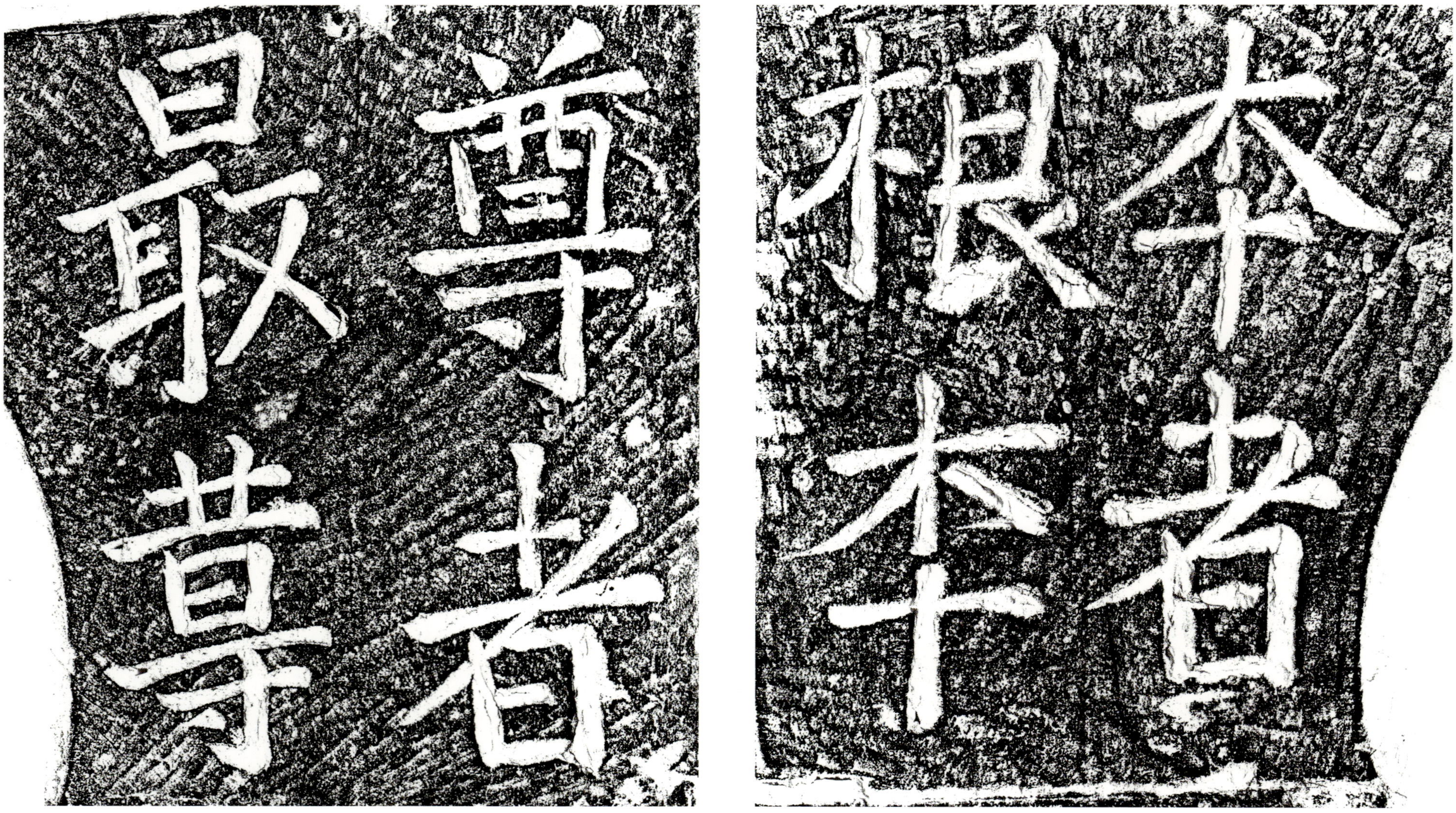

图版 79　小佛湾第 9 号窟内正壁主尊头部左右题刻

图版 80　小佛湾第 9 号窟内正壁佛像龛外左右偈语

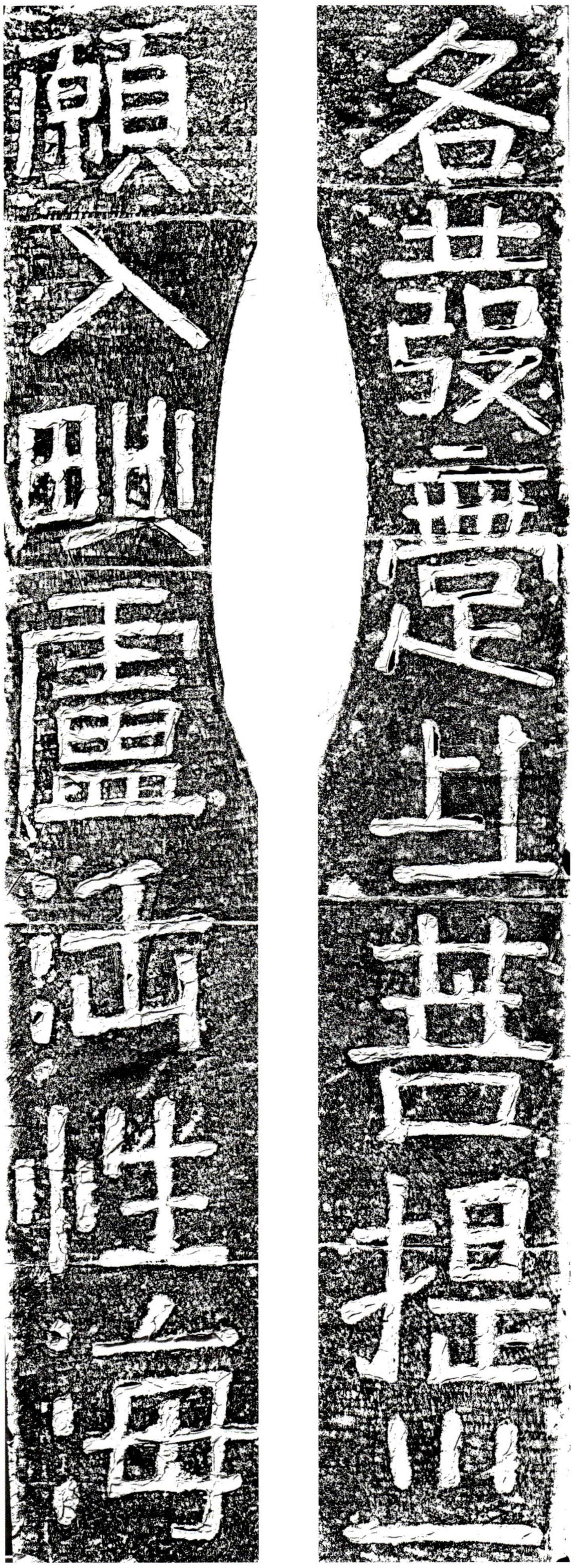

图版 80　小佛湾第 9 号窟内正壁佛像龛外左右偈语

图版 81　小佛湾第 9 号窟内左壁右端铭文

图版 81　小佛湾第 9 号窟内左壁右端铭文

图版 82　小佛湾第 9 号窟内右壁左端铭文

图版 82　小佛湾第 9 号窟内右壁左端铭文

20 19 18 17 16 15 14 13 12 11 10 09 08 07 06 05 04 03 02 01

图版 83　小佛湾第 9 号窟外南壁“释迦舍利宝塔禁中应现之图碑”

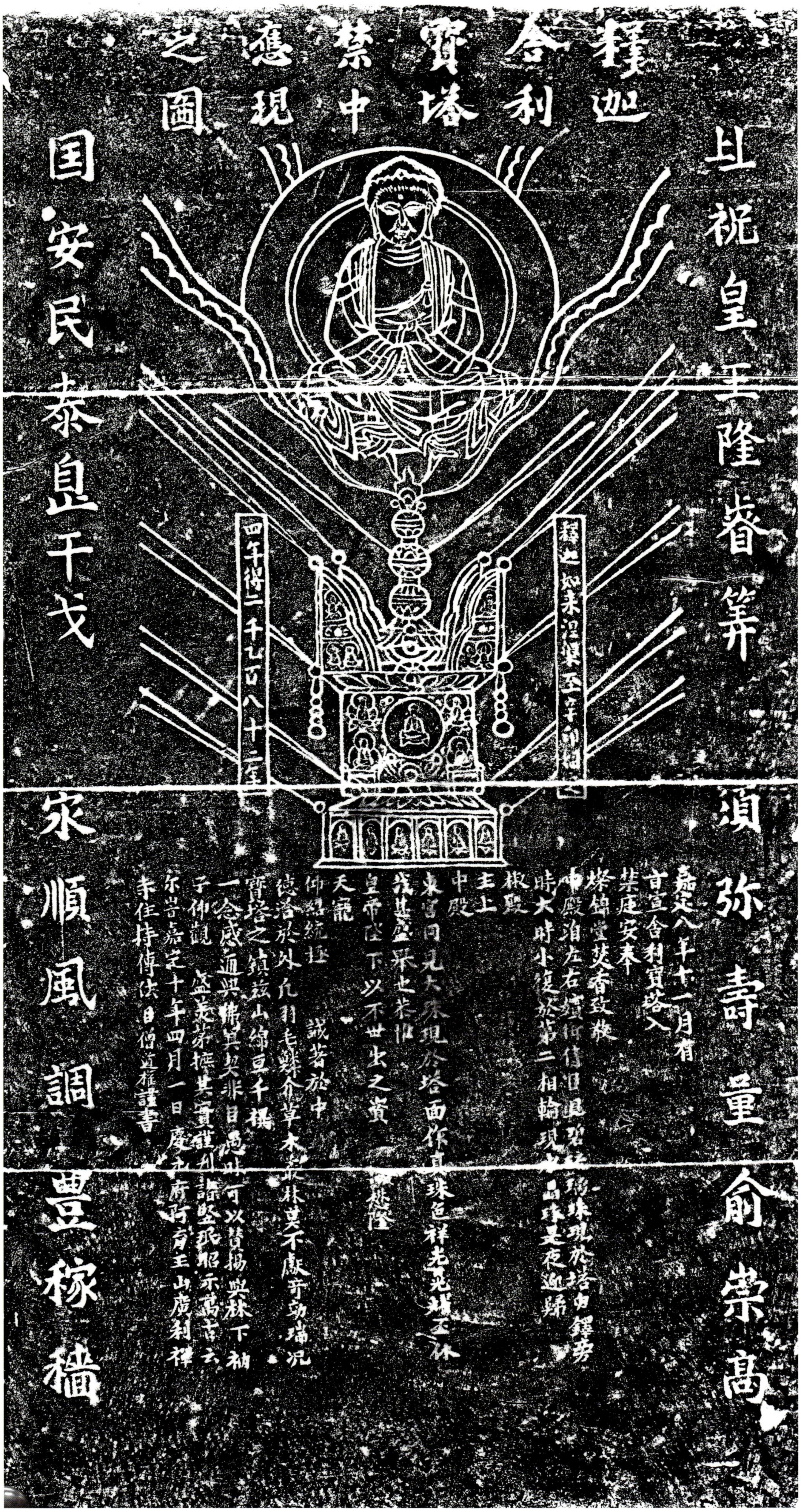

20 19 18 17 16 15 14 13 12 11 10 09 08 07 06 05 04 03 02 01

图版 83 小佛湾第 9 号窟外南壁“释迦舍利宝塔禁中应现之图碑”

07 06 05 04 03 02 01

图版 84　龙头山摩崖造像第 1 号龛佛像身前方台经文

07 06 05 04 03 02 01

图版 84　龙头山摩崖造像第 1 号龛佛像身前方台经文

图版 85　龙头山摩崖造像第 6 号龛龛外题刻

图版 86　龙头山摩崖造像第 8 号龛外上方佛名题刻铭文

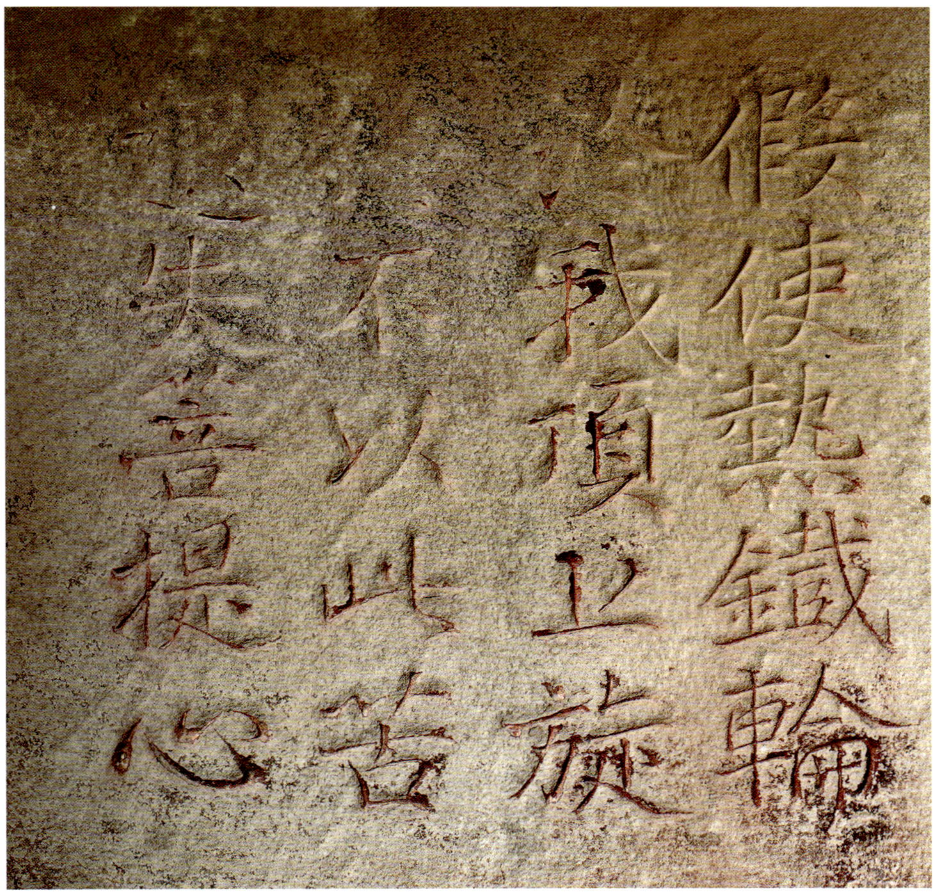

04　03　02　01

图版 87　大佛坡摩崖造像第 1 号龛龛内偈语

04　03　02　01

图版 87　大佛坡摩崖造像第 1 号龛龛内偈语

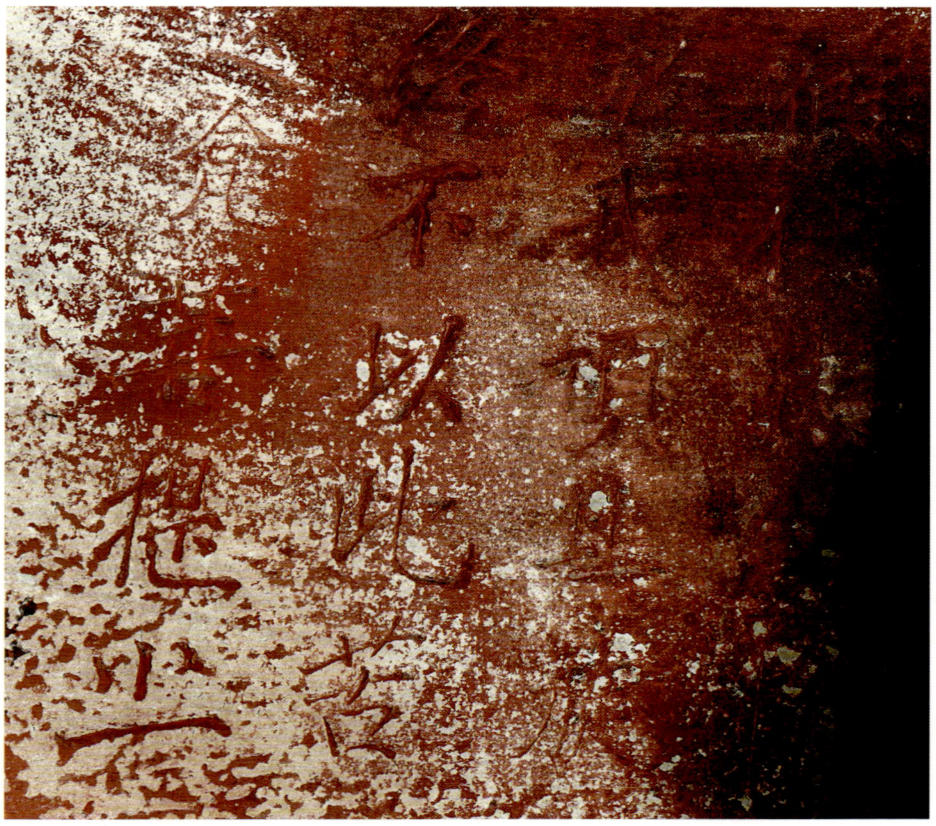

04 03 02 01

图版 88　三块碑摩崖造像主尊头部左侧偈语

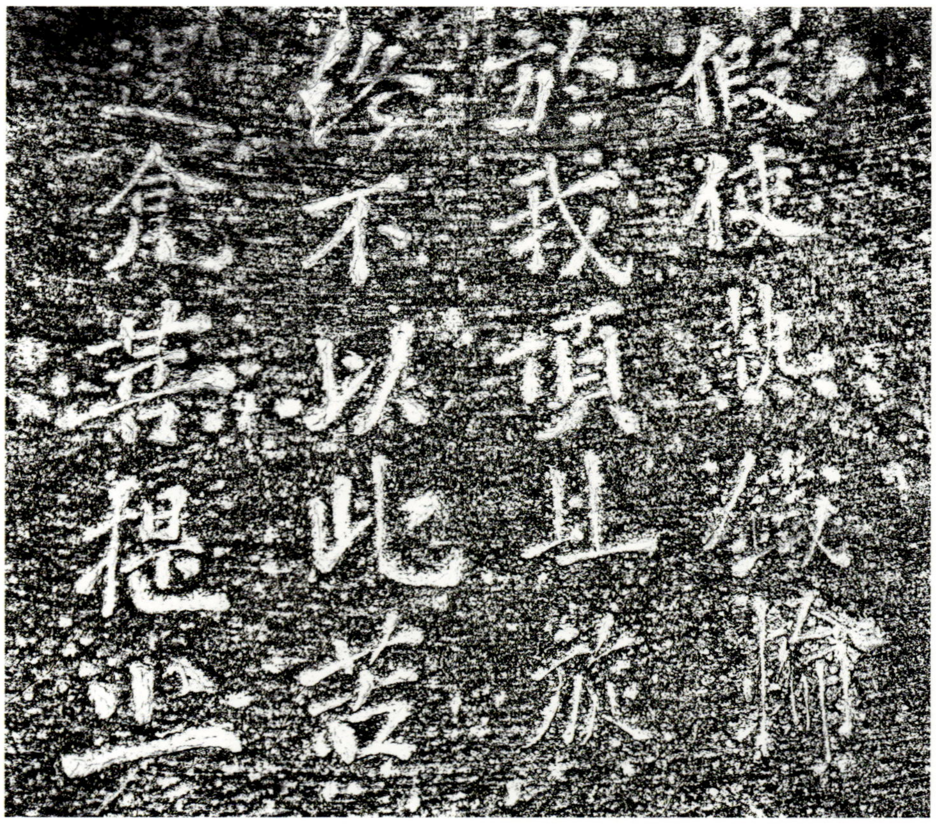

04 03 02 01

图版 88　三块碑摩崖造像主尊头部左侧偈语

04 03 02 01

图版 89　三块碑摩崖造像主尊头部右侧偈语

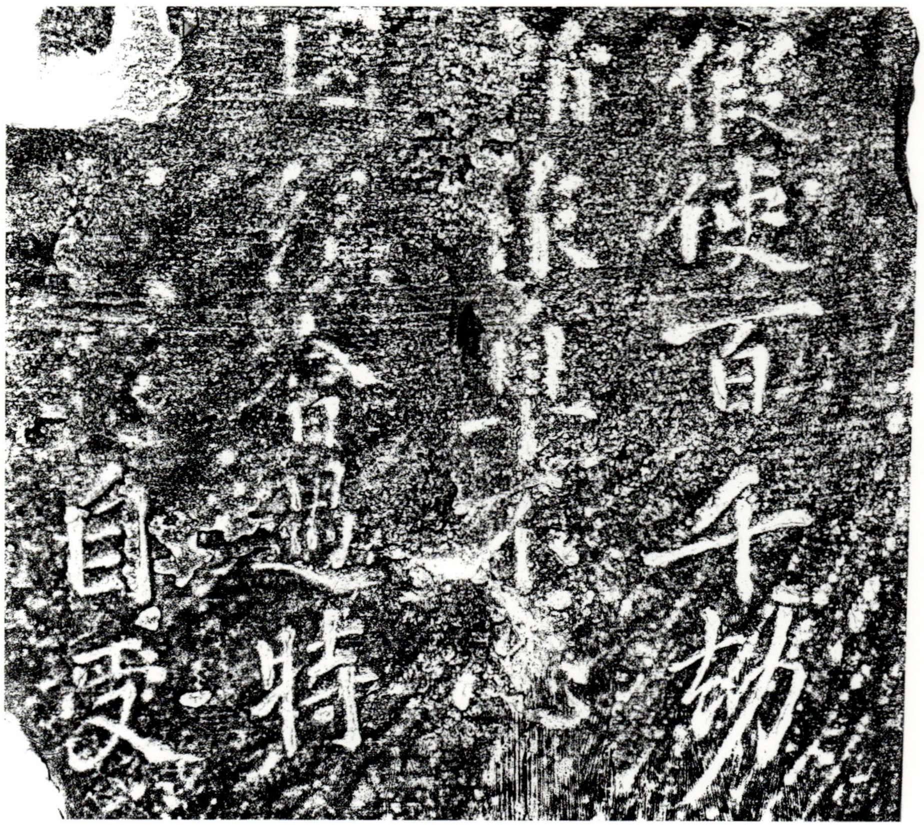

04 03 02 01

图版 89　三块碑摩崖造像主尊头部右侧偈语

02　　01

图版 90　松林坡摩崖造像主尊左侧偈语

02　　01

图版 90　松林坡摩崖造像主尊左侧偈语

02　　01

图版 91　松林坡摩崖造像主尊右侧偈语

02　　01

图版 91　松林坡摩崖造像主尊右侧偈语

图版 92　松林坡摩崖造像龛左右壁颂词

图版 92　松林坡摩崖造像龛左右壁颂词

图版 93　维摩顶西崖摩崖造像龛第 2 组铭文

图版 93　维摩顶西崖摩崖造像龛第 2 组铭文

图版 94　维摩顶西崖摩崖造像龛第 3 组铭文

图版 94　维摩顶西崖摩崖造像龛第 3 组铭文

02 01

图版 95　菩萨屋摩崖造像龛中佛像左侧偈语

图版 96　菩萨堡摩崖造像龛下层右侧山神众题刻

图版 96　菩萨堡摩崖造像龛下层右侧山神众题刻

图版 97　菩萨堡摩崖造像龛下层左侧树神众题刻

图版 97　菩萨堡摩崖造像龛下层左侧树神众题刻

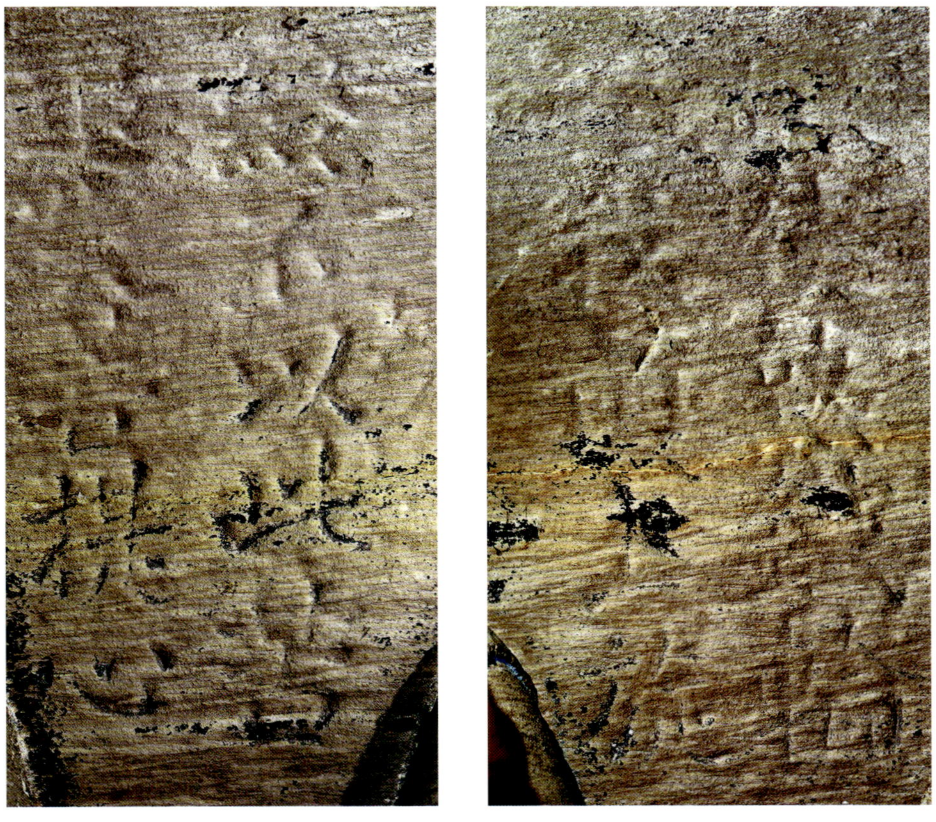

图版 98　菩萨堡摩崖造像龛中佛肩部左、右偈语

图版 98　菩萨堡摩崖造像龛中佛肩部左、右偈语

图版 99　菩萨堡摩崖造像龛左外侧经目题刻

图版 99　菩萨堡摩崖造像龛左外侧经目题刻

图版 100　杨家坡摩崖造像龛右侧壁偈语

图版 101　佛祖岩摩崖造像前侧单层塔塔基正面颂词

图版 101　佛祖岩摩崖造像前侧单层塔塔基正面颂词

图版 102　佛祖岩摩崖造像前侧单层塔塔身佛名题刻

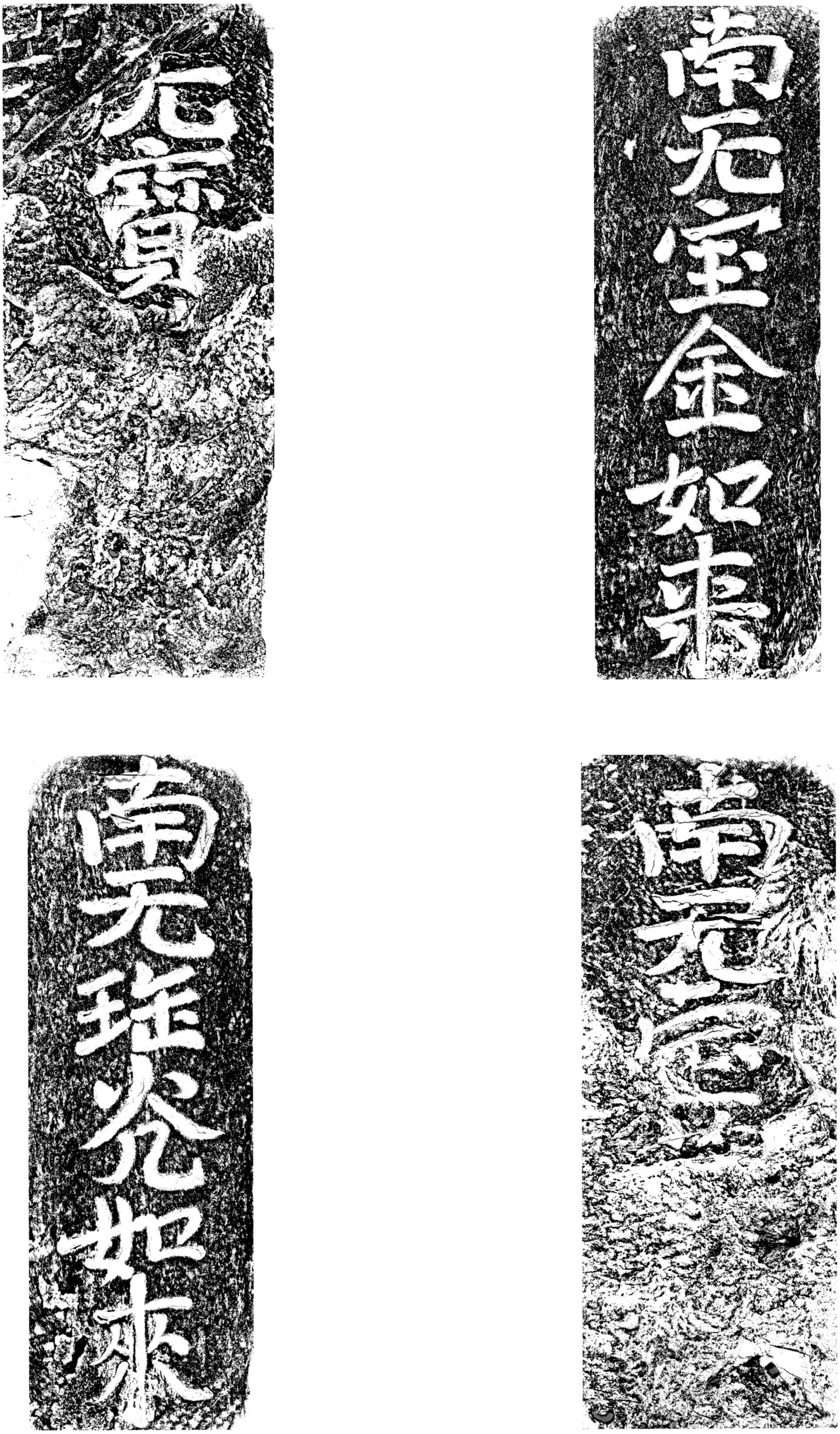

图版 102　佛祖岩摩崖造像前侧单层塔塔身佛名题刻

04　03　02　01

图版 103　佛祖岩摩崖造像主尊佛像左肩外侧偈语

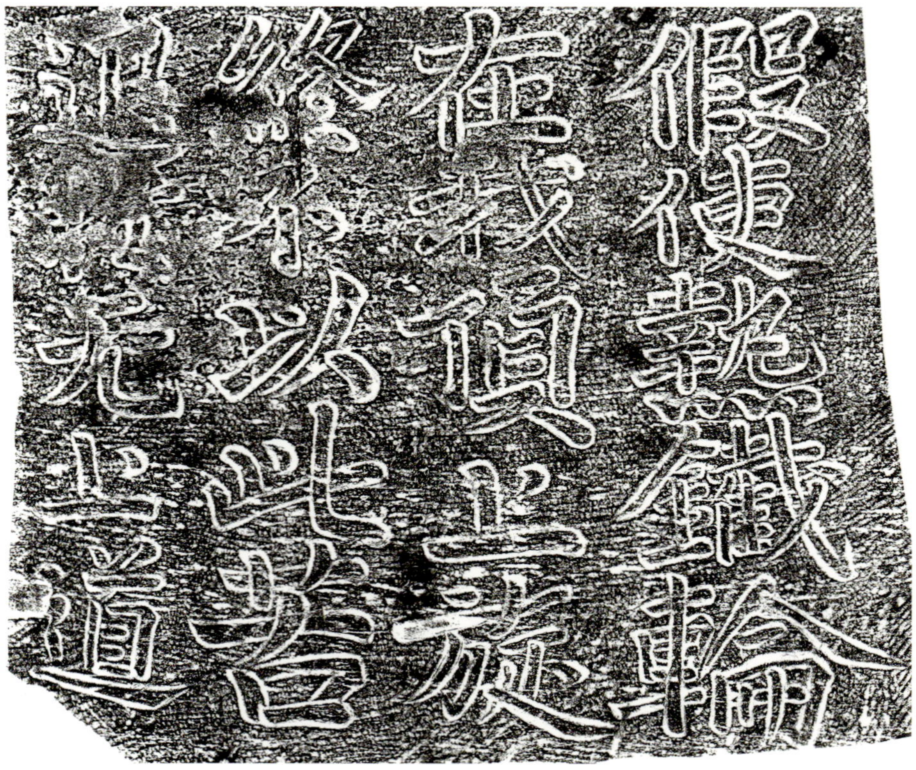

04　03　02　01

图版 103　佛祖岩摩崖造像主尊佛像左肩外侧偈语

04　03　02　01

图版 104　佛祖岩摩崖造像主尊佛像右肩外侧偈语

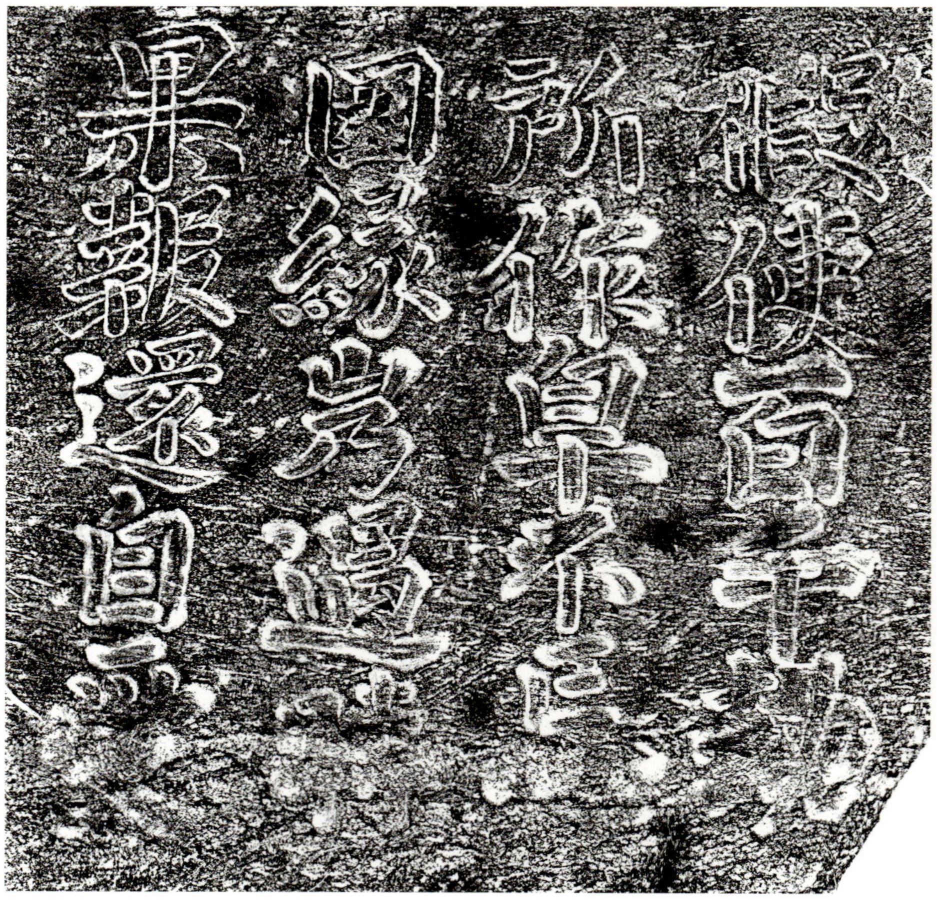

04　03　02　01

图版 104　佛祖岩摩崖造像主尊佛像右肩外侧偈语

02　01

图版 105　佛祖岩摩崖造像左菩萨左肩外侧偈语

02　01

图版 105　佛祖岩摩崖造像左菩萨左肩外侧偈语

02　01

图版 106　佛祖岩摩崖造像右菩萨右肩外侧偈语

02　01

图版 106　佛祖岩摩崖造像右菩萨右肩外侧偈语

图版 107　佛祖岩摩崖造像左、右侧壁中部偈语

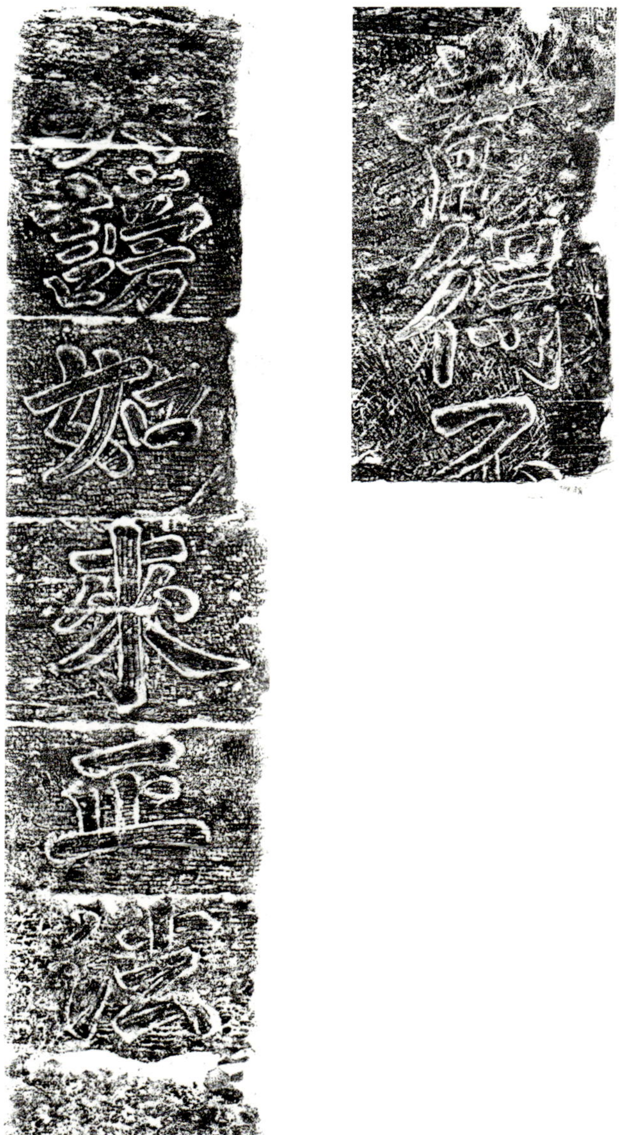

图版 107　佛祖岩摩崖造像左、右侧壁中部偈语

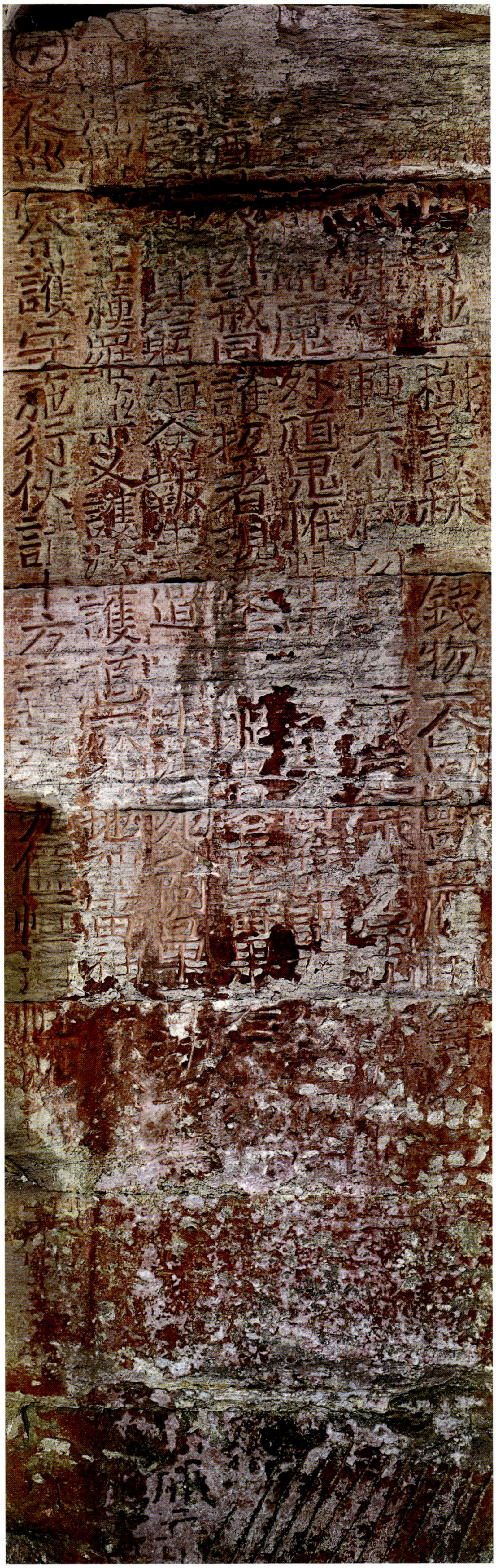

07 06 05 04 03 02 01

图版 108 佛祖岩摩崖造像右壁外端“守护大千国土经”经文

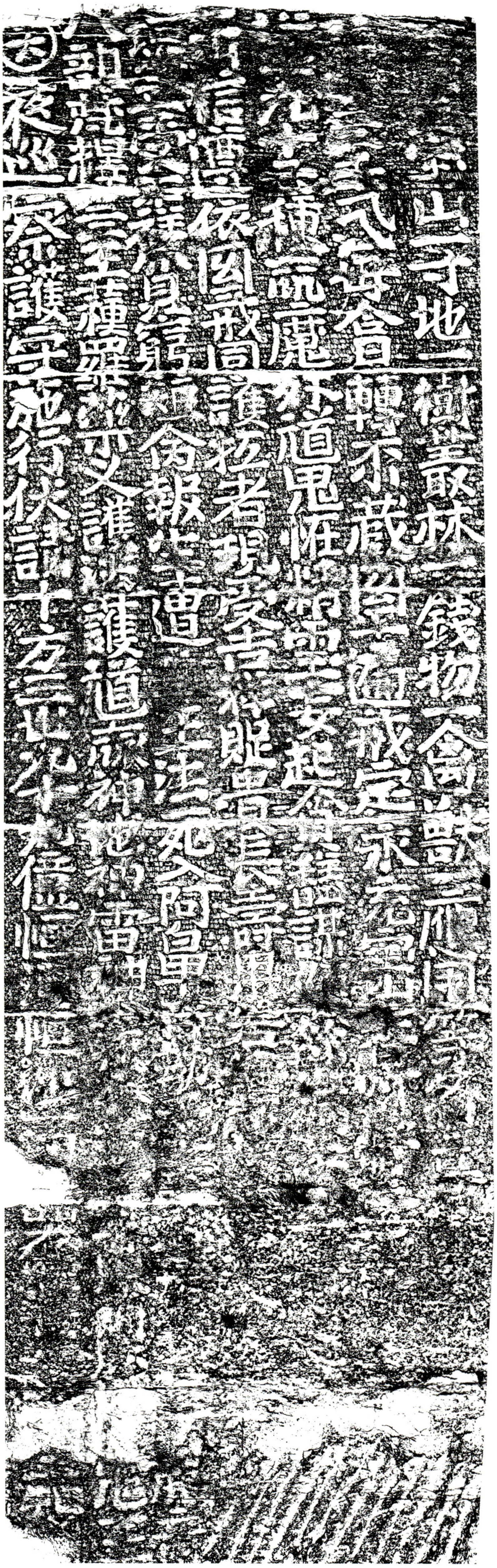

07 06 05 04 03 02 01

图版 108 佛祖岩摩崖造像右壁外端“守护大千国土经”经文

图版 109　佛祖岩摩崖造像前侧案台正面右侧铭文

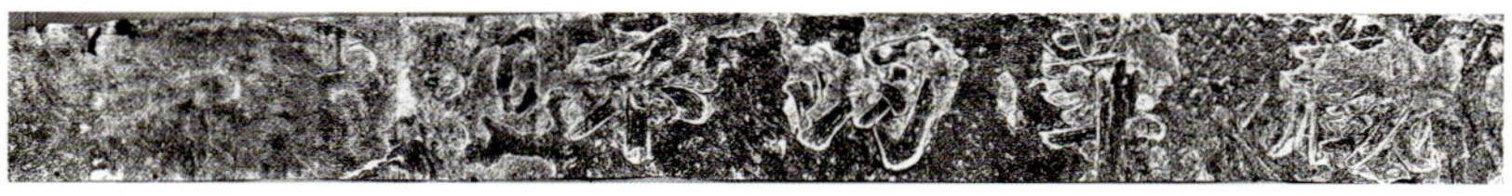

图版 109　佛祖岩摩崖造像前侧案台正面右侧铭文

图版 110　佛祖岩摩崖造像龛顶“古迹佛祖岩”题刻

图版 110　佛祖岩摩崖造像龛顶“古迹佛祖岩”题刻

图版 111　佛祖岩摩崖造像龛顶左右颂词

图版 111　佛祖岩摩崖造像龛顶左右颂词

图版 112　佛祖岩摩崖造像《佛宇重新》碑

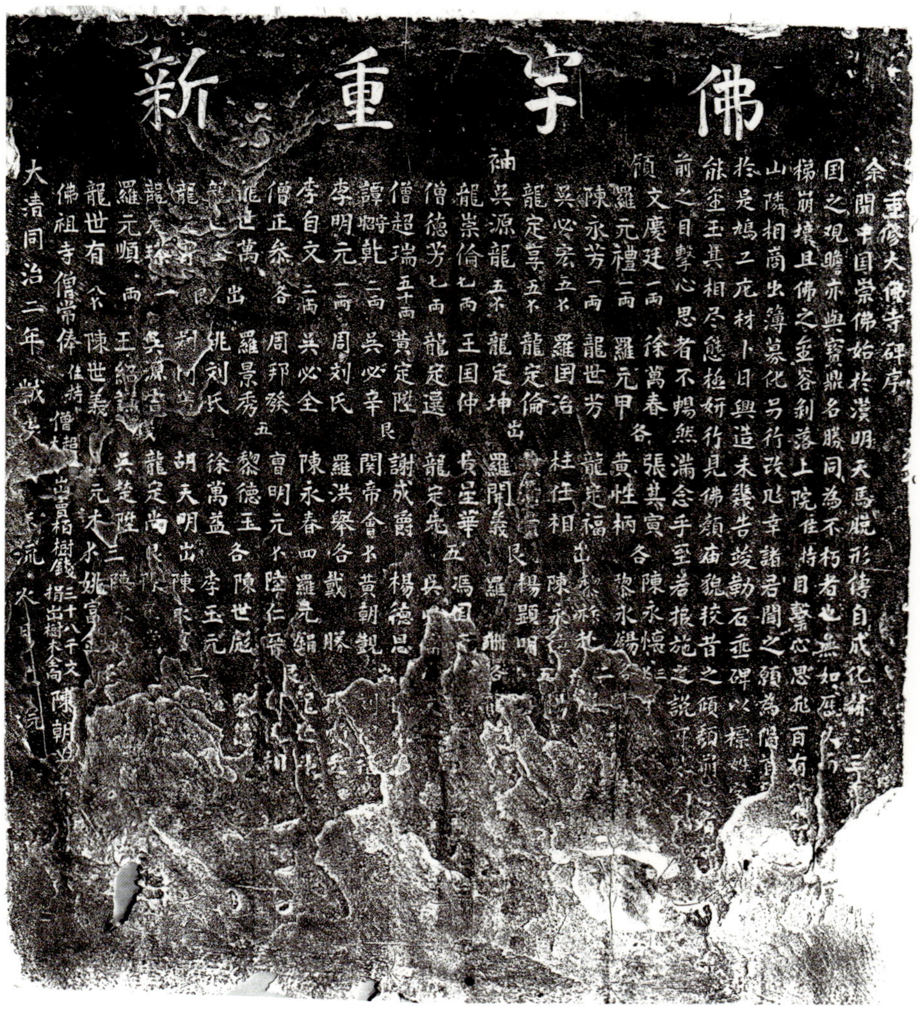

图版 112　佛祖岩摩崖造像《佛宇重新》碑

01 02 03 04 05

图版 113　广大山摩崖造像低坛正面左侧铭文

01 02 03 04 05

图版 113　广大山摩崖造像低坛正面左侧铭文

05 04 03 02 01

图版 114　广大山摩崖造像低坛正面右侧铭文

05 04 03 02 01

图版 114　广大山摩崖造像低坛正面右侧铭文

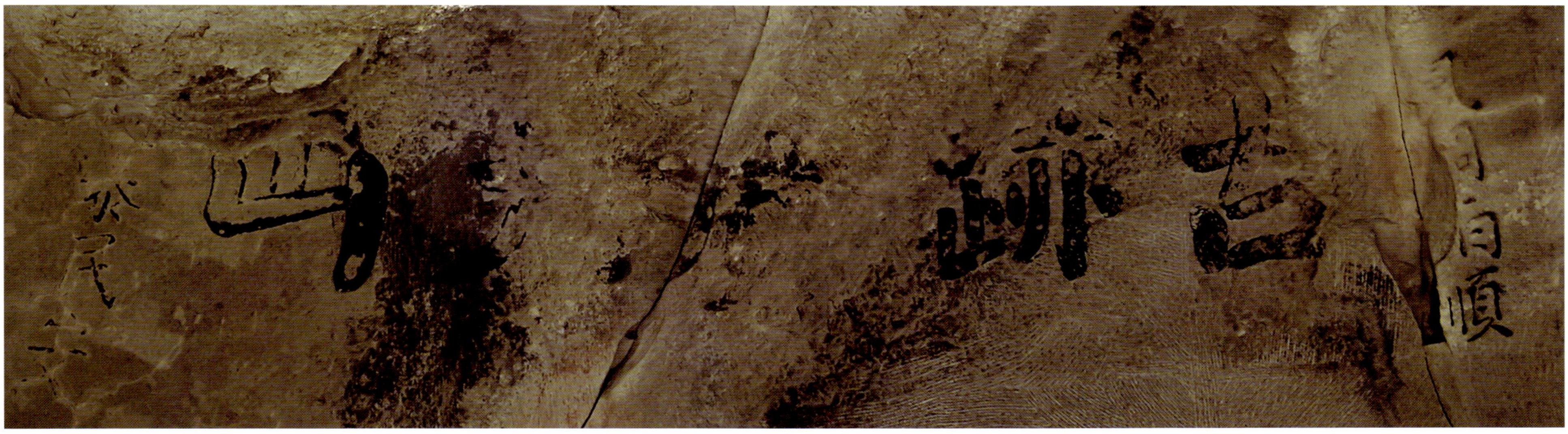

图版 115　广大山摩崖造像龛顶左右侧颂词

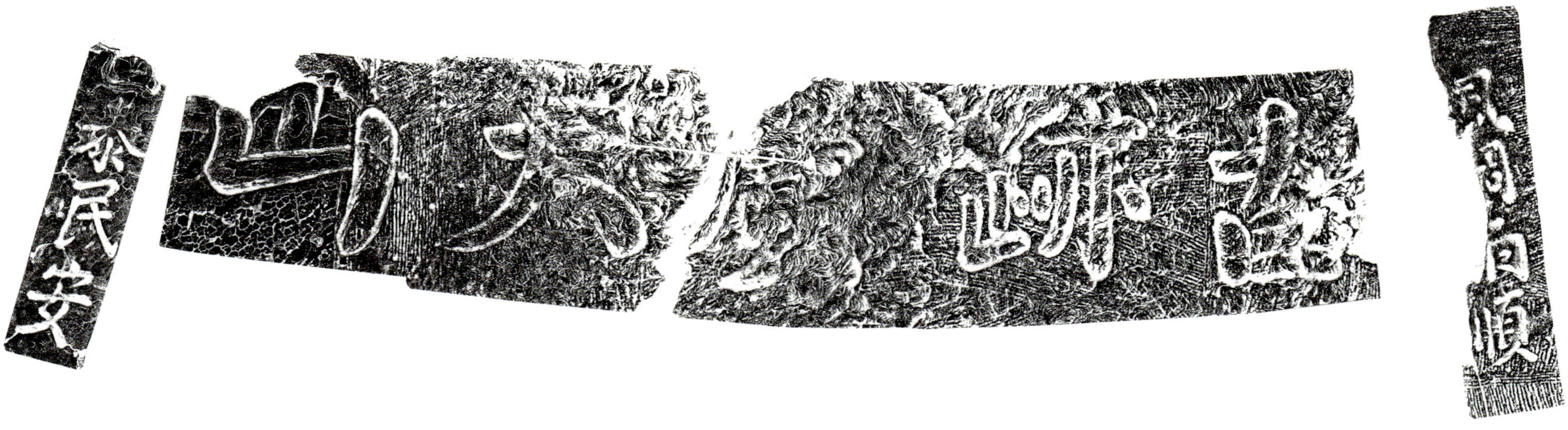

图版 115　广大山摩崖造像龛顶左右侧颂词

图版 116　广大山摩崖造像龛外右侧摩崖碑文

图版 116　广大山摩崖造像龛外右侧摩崖碑文

02　01

图版 117　龙潭摩崖造像主尊左上方经目题刻

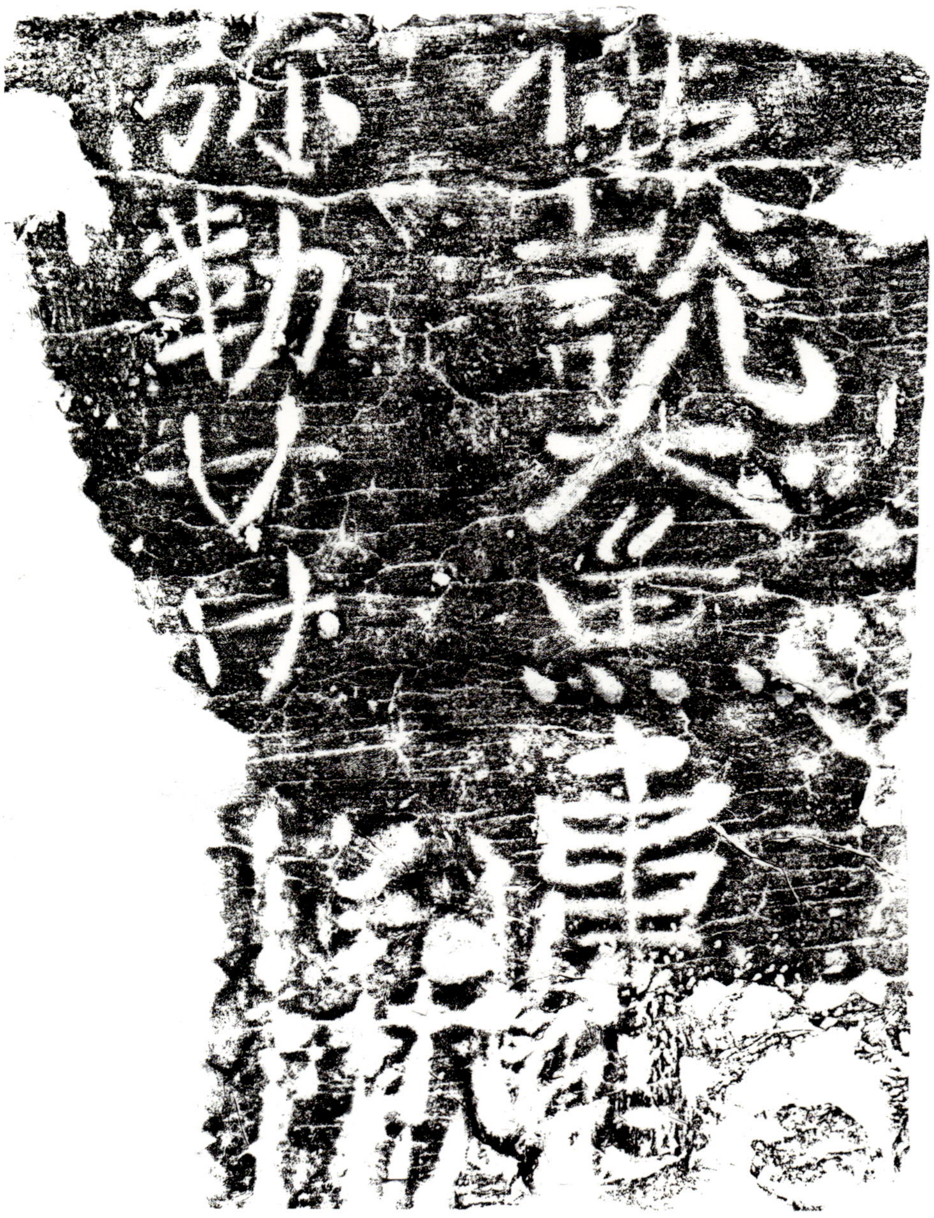

02　01

图版 117　龙潭摩崖造像主尊左上方经目题刻

02 01

图版 118　龙潭摩崖造像主尊上方偈语

02 01

图版 118　龙潭摩崖造像主尊上方偈语

图版 119　龙潭摩崖造像龛外左前石堡题刻

图版 119　龙潭摩崖造像龛外左前石堡题刻

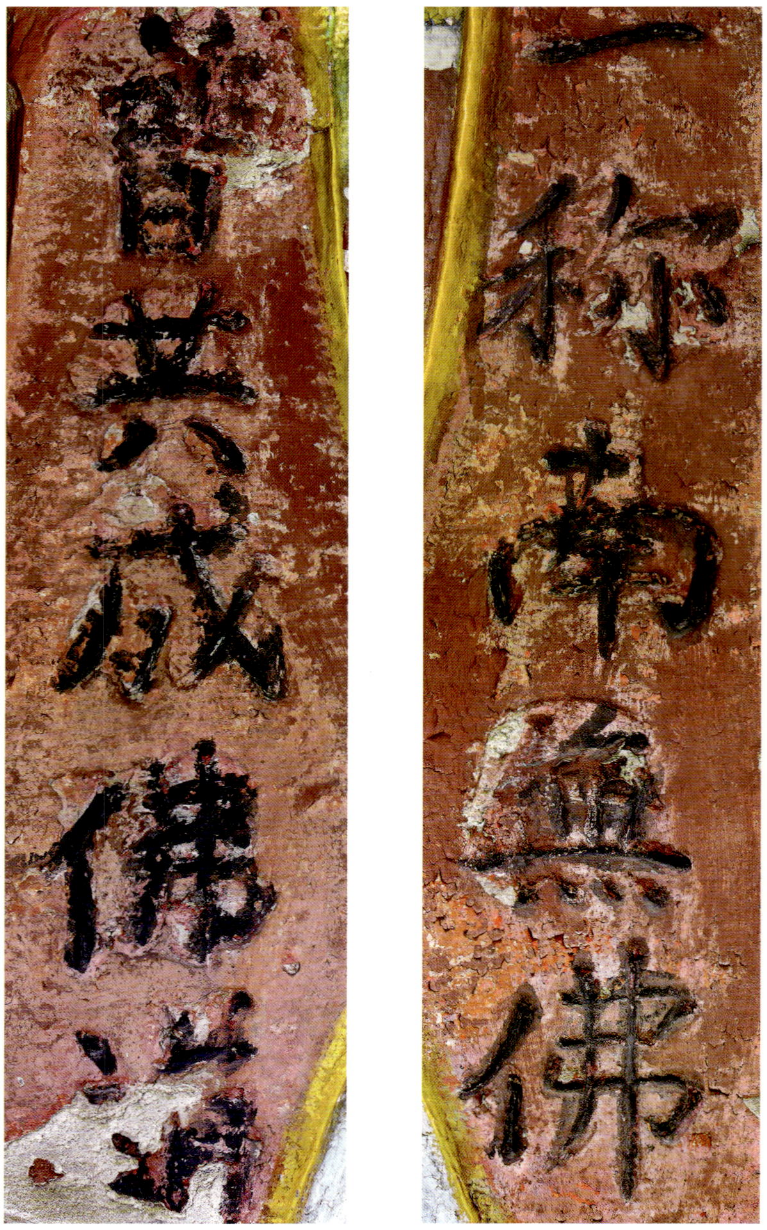

图版 120　对面佛摩崖造像主尊左右偈语

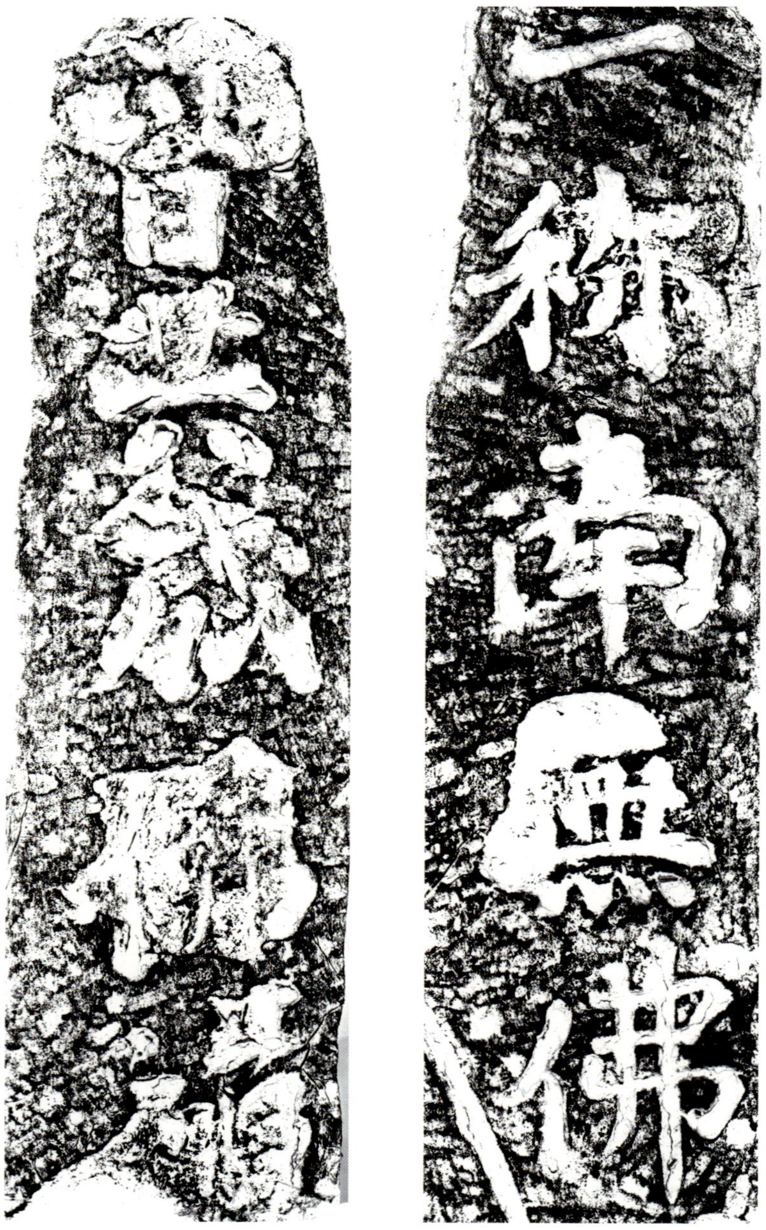

图版 120　对面佛摩崖造像主尊左右偈语

05 04 03 02 01

图版 121 对面佛摩崖造像黄清元装彩佛像金身记

图版 122 对面佛摩崖造像指路碑记

图版 123　对面佛摩崖造像“古迹无忧石”题刻

图版 123　对面佛摩崖造像“古迹无忧石”题刻

图版 124　对面佛摩崖造像“天理良心”题刻

图版 124　对面佛摩崖造像“天理良心”题刻

图版 125　转法轮塔第一级塔身下部东北面菩萨题名

图版 125　转法轮塔第一级塔身下部东北面菩萨题名

图版 126　转法轮塔第一级塔身下部北面菩萨题名

图版 126　转法轮塔第一级塔身下部北面菩萨题名

图版 127　转法轮塔第一级塔身下部西北面菩萨题名

图版 127　转法轮塔第一级塔身下部西北面菩萨题名

图版 128　转法轮塔第一级塔身下部西面菩萨题名

图版 128　转法轮塔第一级塔身下部西面菩萨题名

图版 129　转法轮塔第一级塔身下部西南面菩萨题名

图版 129　转法轮塔第一级塔身下部西南面菩萨题名

图版 130　转法轮塔第一级塔身下部南面菩萨题名

图版 130　转法轮塔第一级塔身下部南面菩萨题名

图版 131　转法轮塔第一级塔身下部东南面菩萨题名

图版 131　转法轮塔第一级塔身下部东南面菩萨题名

图版 132　转法轮塔第一级塔身下部东面菩萨题名

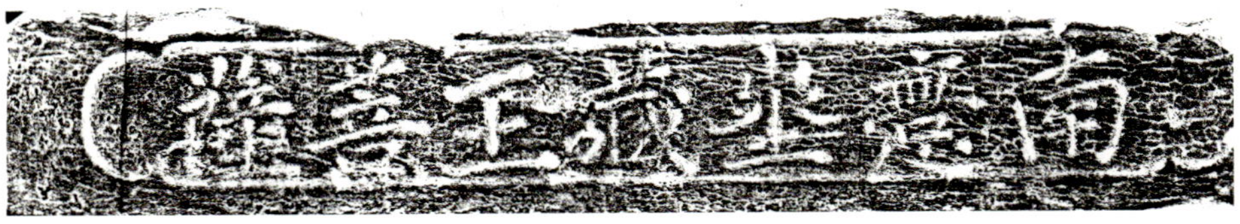

图版 132　转法轮塔第一级塔身下部东面菩萨题名

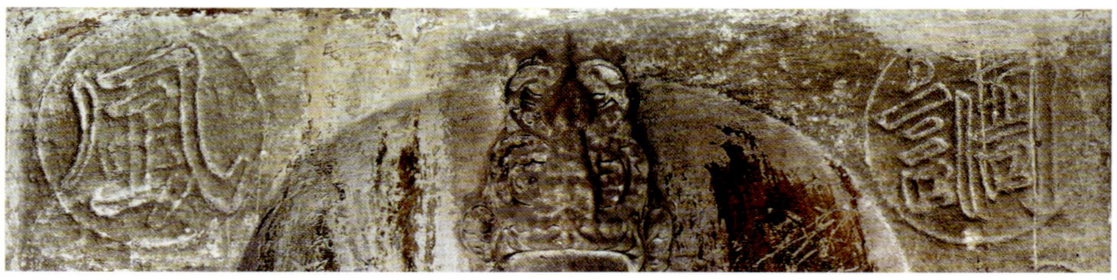

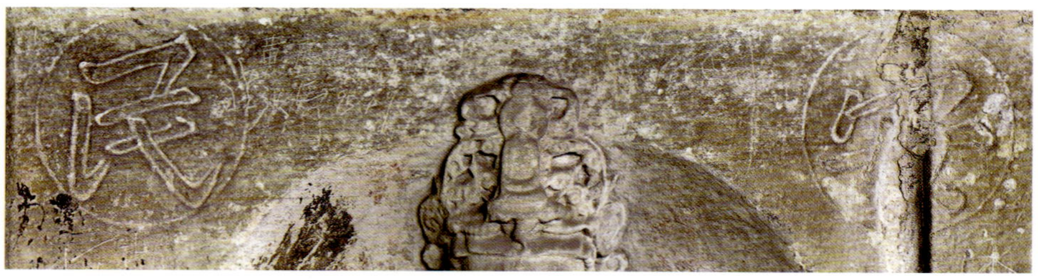

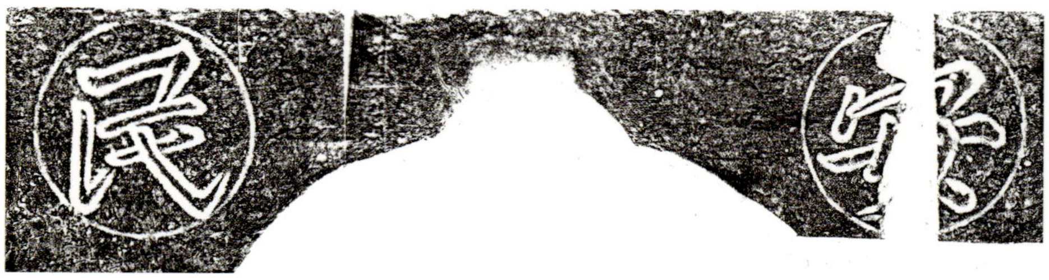

图版 133　转法轮塔第一级东北面、北面、西北面、西面塔身下部颂词

图版 133　转法轮塔第一级东北面、北面、西北面、西面塔身下部颂词

图版 134　转法轮塔第一级西南面、南面、东南面、东面塔身下部颂词

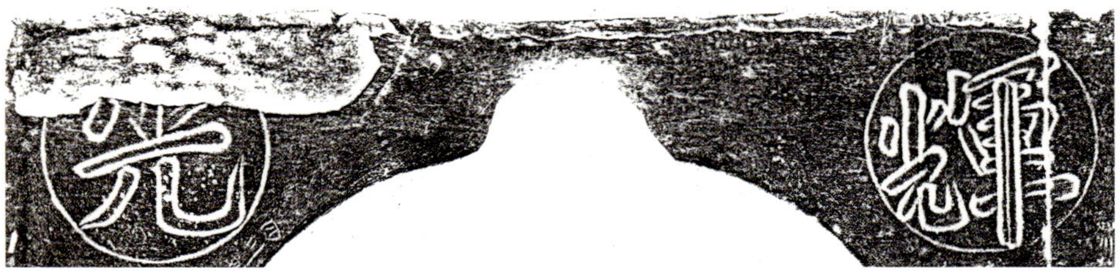

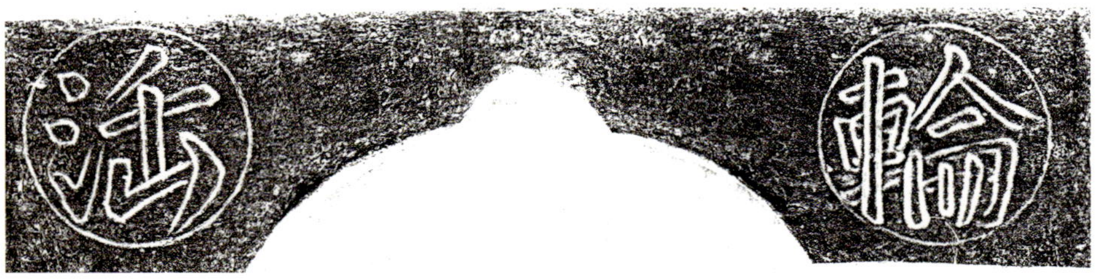

图版 134　转法轮塔第一级西南面、南面、东南面、东面塔身下部颂词

02 01

图版 135　释迦真如舍利宝塔塔名题刻

02 01

图版 135　释迦真如舍利宝塔塔名题刻

图版 136　释迦真如舍利宝塔第二级塔身北面方龛上部佛名题刻

图版 136　释迦真如舍利宝塔第二级塔身北面方龛上部佛名题刻

02 01

图版 137　释迦真如舍利宝塔第二级塔身北面、西面相接处佛名题刻

02 01

图版 137　释迦真如舍利宝塔第二级塔身北面、西面相接处佛名题刻

02 01

图版 138　释迦真如舍利宝塔第二级塔身南面、西面相接处佛名题刻

02 01

图版 138　释迦真如舍利宝塔第二级塔身南面、西面相接处佛名题刻

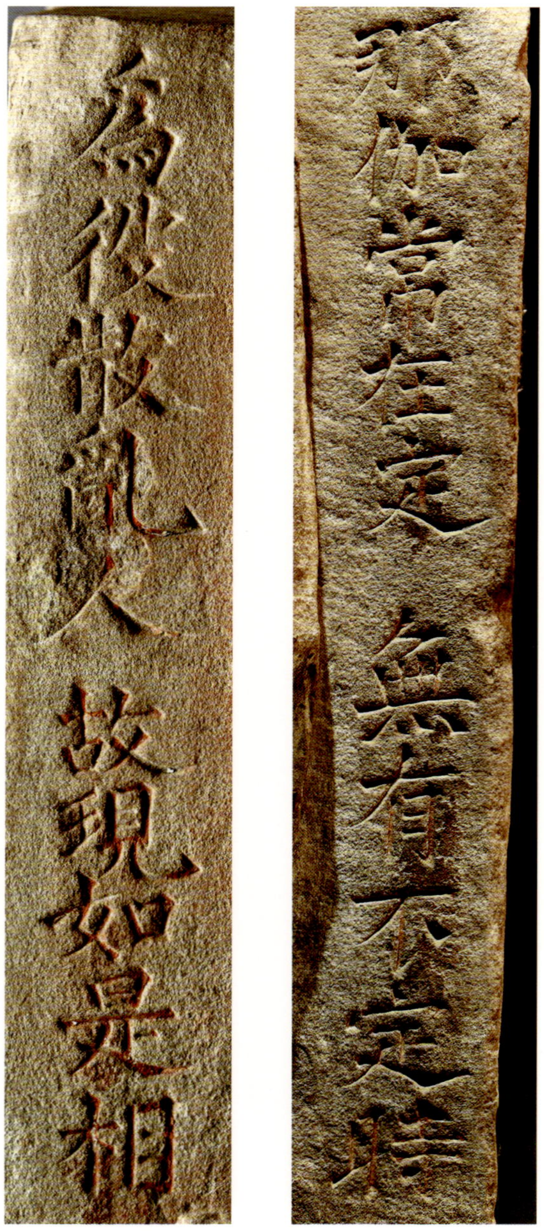

图版 139　小佛湾第 2 身圆雕观音像座台正面偈语

图版 139　小佛湾第 2 身圆雕观音像座台正面偈语

图版 140　小佛湾第 6 号正壁前侧香炉造炉镌记

图版 140　小佛湾第 6 号正壁前侧香炉造炉镌记

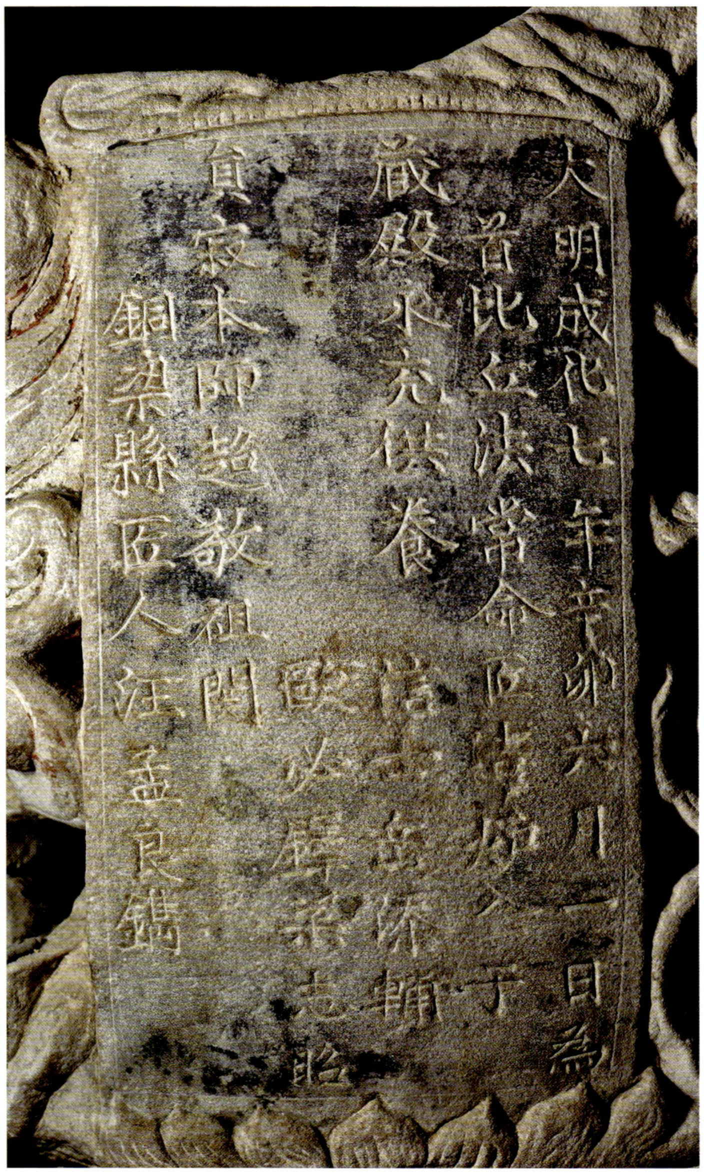

06 05 04 03 02 01

图版 141 大足石刻博物馆藏明成化七年香炉造炉镌记

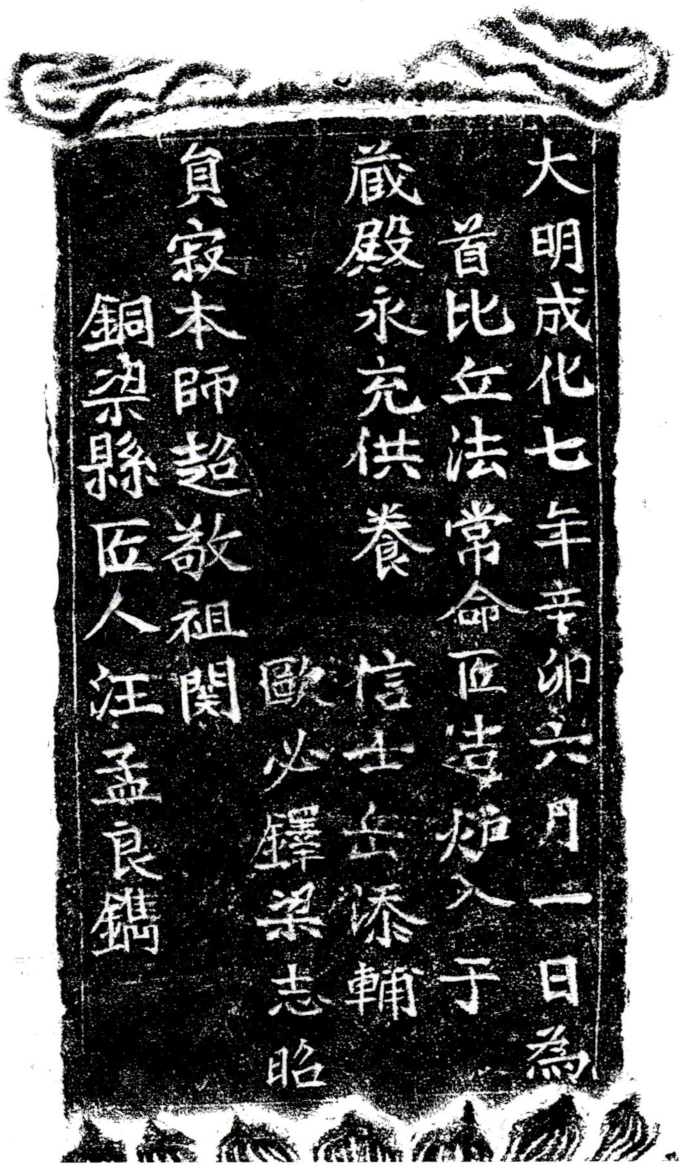

06 05 04 03 02 01

图版 141 大足石刻博物馆藏明成化七年香炉造炉镌记

图版 142　小佛湾《临济正宗记》碑

图版 142　小佛湾《临济正宗记》碑

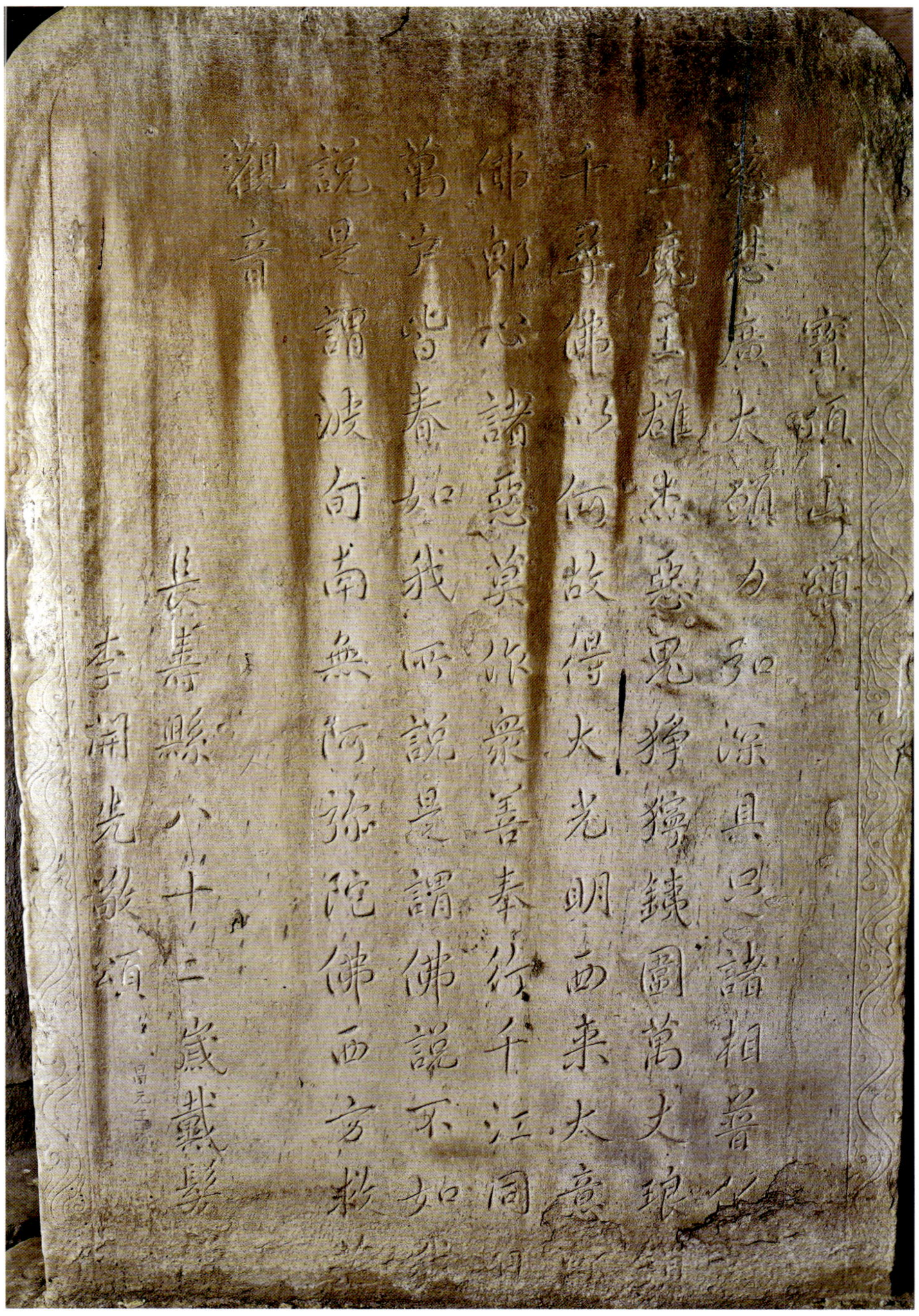

10　09　08　07　06　05　04　03　02　01

图版 143　小佛湾《临济正宗记碑》碑阴《宝顶山颂》

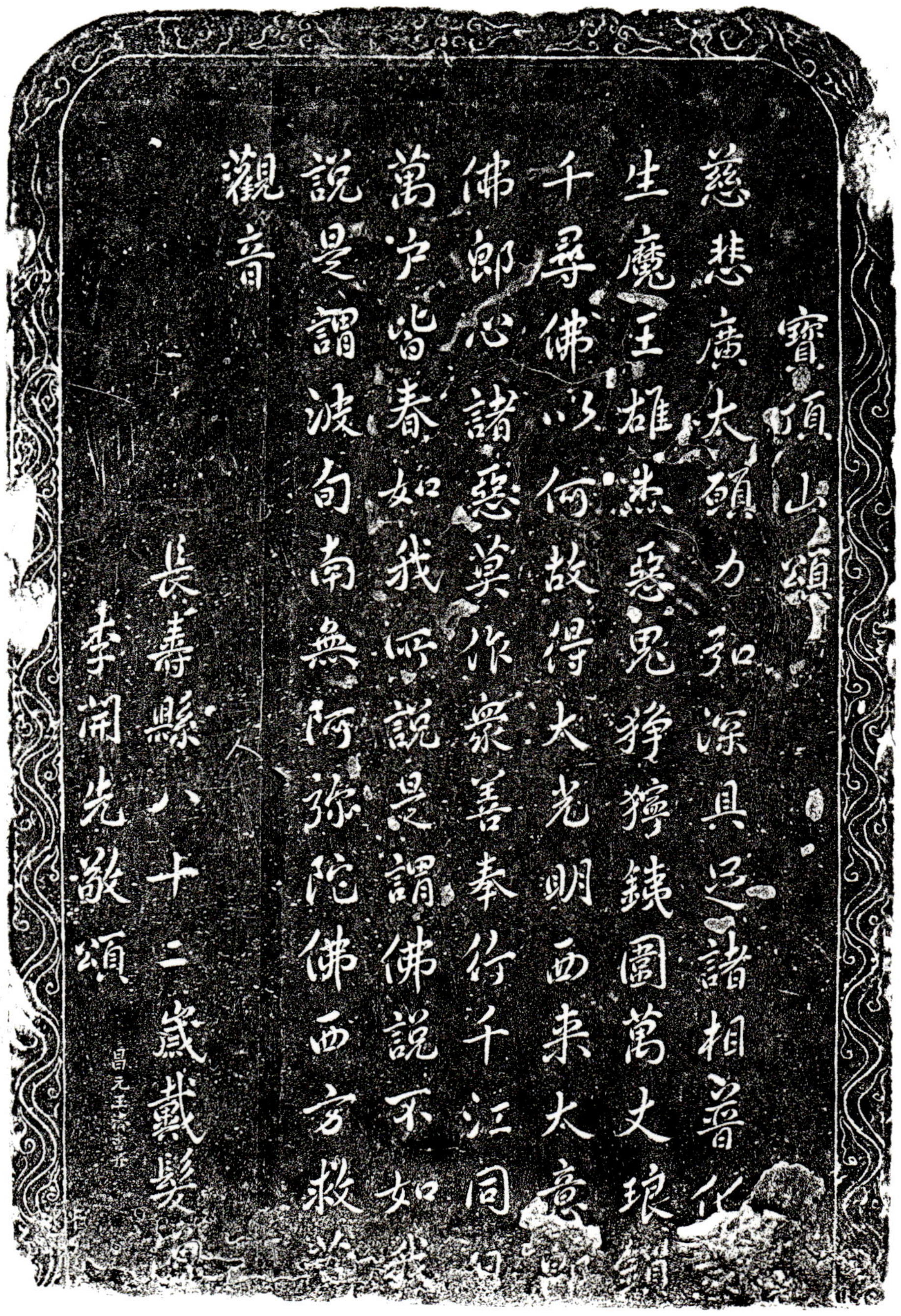

10　09　08　07　06　05　04　03　02　01

图版 143　小佛湾《临济正宗记碑》碑阴《宝顶山颂》

26 25 24 23 22 21 20 19 18 17 16 15 14 13 12 11 10 09 08 07 06 05 04 03 02 01

图版 144　小佛湾《实录碑记》

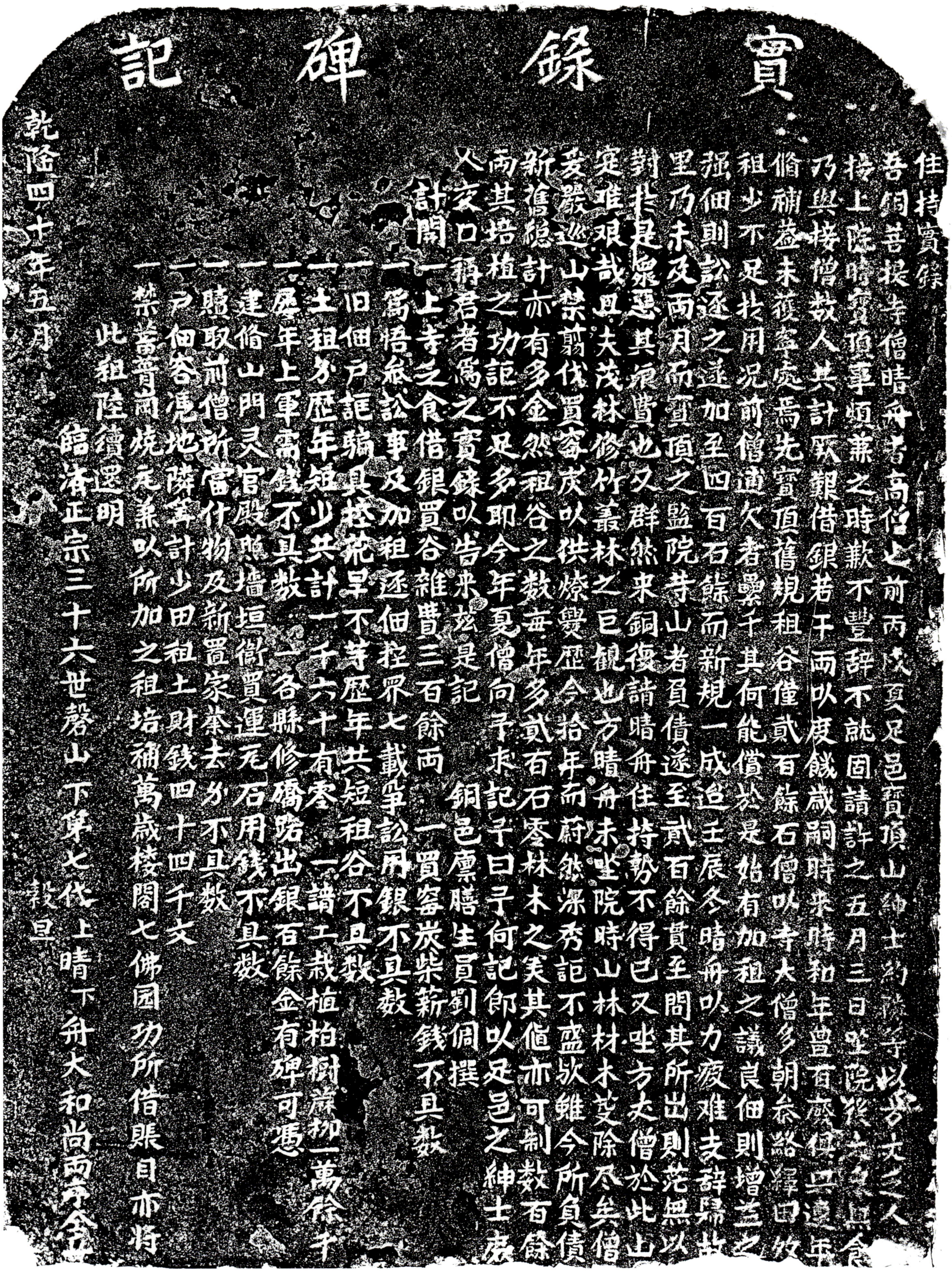

實錄碑記

住持實錄

吾銅善提寺僧晴舟者高僧也前丙戌夏足邑寶頂山紳士約請以方丈之人

接上院時寶頂事煩兼之時歉不豐辭不就固請許之五月三日至院後六無具食

乃與接僧數人共計厥艱借銀若干兩以度饑歲嗣時來時和年豐有廢得與還年

僧補益未獲寧處焉先寶頂舊規租谷僅貳百餘石僧以寺大僧多朝參絡繹田歛

租少不足於用況前僧逋欠者纍千其何能償於是始有加租之議良佃則增益之

强佃則訟逐之逐加至四百石餘而新規一成迨壬辰冬晴舟以力疲难支辭歸故

里乃未及兩月而寶頂之監院寺山者負債遂至貳百餘貫至問其所出則茫無以

對於是衆惡其狼貴也又群然來銅復請晴舟住持勢不得已又坐方丈僧於此山

寔难艱哉且夫茂林修竹叢林之巨觀也方晴舟未坐院時山林材木芟除尽矣僧

爰嚴巡山禁翦伐買窑炭以供燎爨歷今拾年而蔚然深秀詎不盛歟雖今所負債

新舊總計亦有多金然租谷之數每年多貳百石零林木之美其值亦可制數百餘

兩其培植之功詎不足多耶今年夏僧向予求記予曰予何記郎以足邑之紳士處

人家口稱君者爲之實錄以告來茲是記　銅邑廩膳生員劉倜撰

計開一上寺之食借銀買谷雜費三百餘兩　一買窑炭柴薪錢不具數

一爲悟叅訟事及加租逐佃控界七載爭訟用銀不具數

一旧佃户詎騙具控荒旱不等歷年共短租谷不具數

一上租分歷年短少共計一千六十有零　一請工栽植柏樹蔴柳一萬餘千

一歷年上軍需錢不具數　一各縣修橋路出銀百餘金有碑可憑

一建脩山門灵官殿照墻垣衛買運瓦石用錢不具數

一贖取前僧所當什物及新置家桊去分不具數

一户佃谷凴地隣算計少田租土財錢四十四千文

一禁蓄普爾焼瓦兼以所加之租培補萬歲棲閣七佛園功所借賬目亦將

此租陸續還明

臨濟正宗三十六世磬山下第七代上晴下舟大和尚兩序金

乾隆四十年五月　穀旦

图版 144　小佛湾《实录碑记》

图版145 小佛湾《实录碑记》碑阴《皇恩》碑

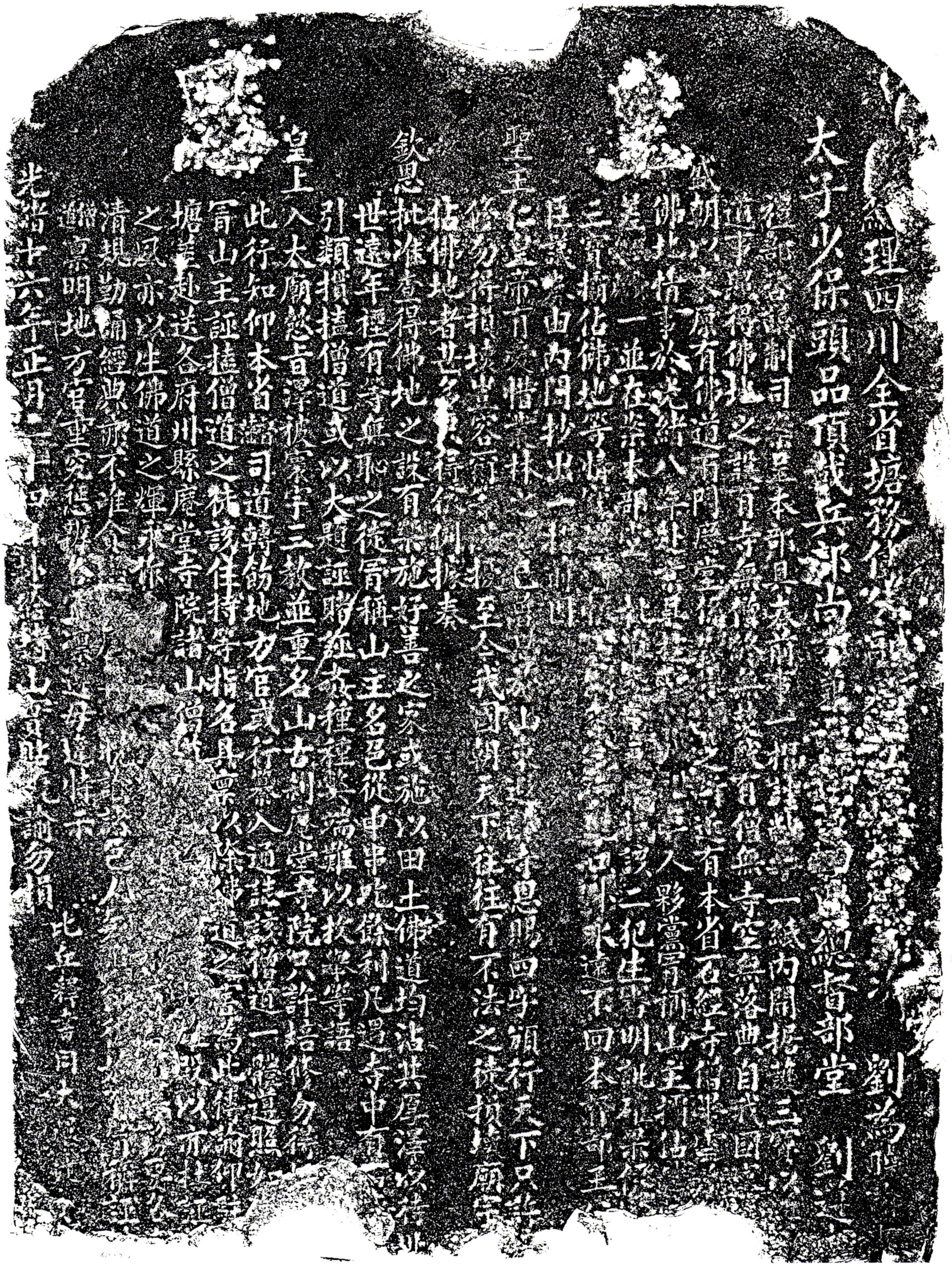

24 23 22 21 20 19 18 17 16 15 14 13 12 11 10 09 08 07 06 05 04 03 02 01

图版 145　小佛湾《实录碑记》碑阴《皇恩》碑

图版 146　小佛湾《善由人作》碑

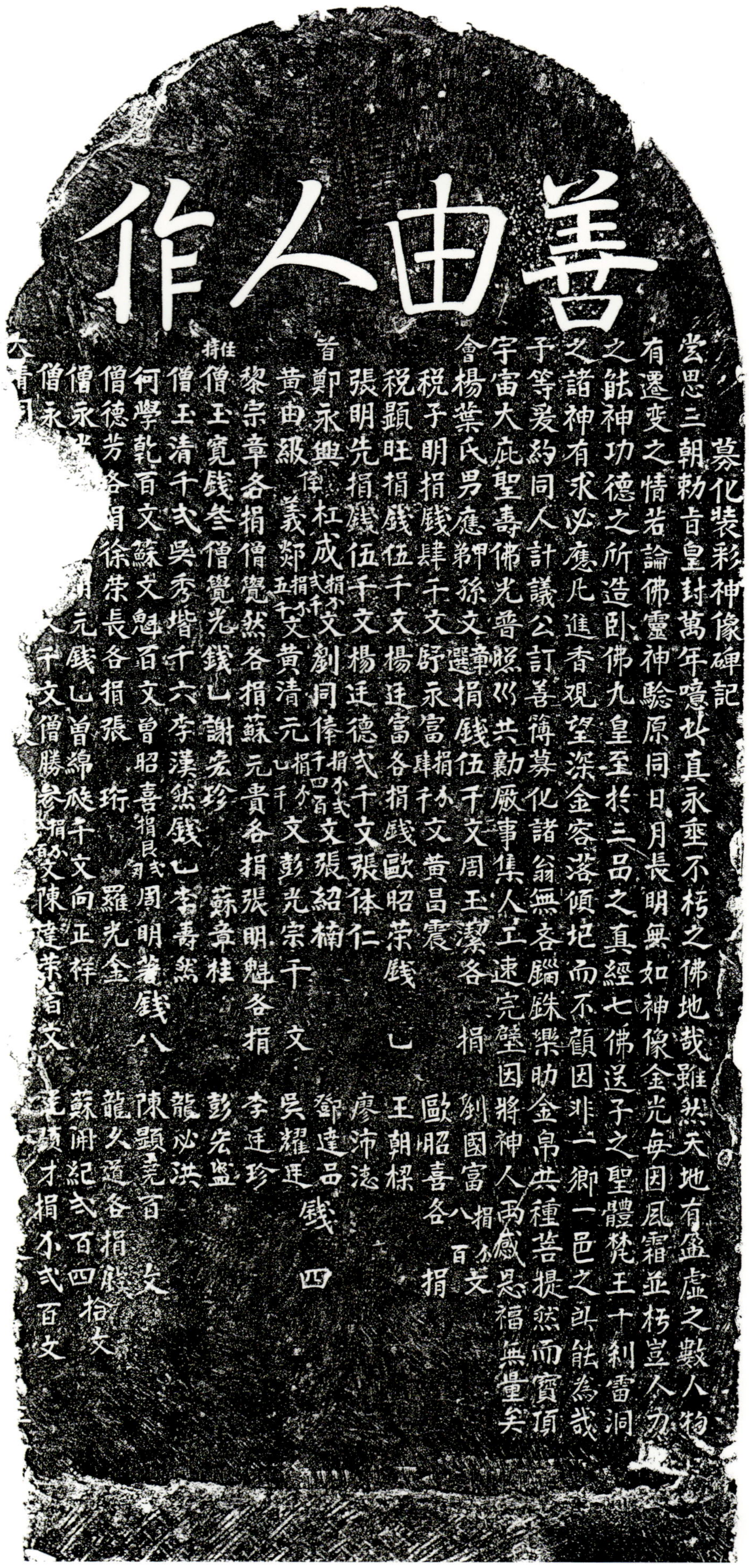

图版 146　小佛湾《善由人作》碑

图版 147　圣寿寺山门殿明间中柱抱鼓石题刻

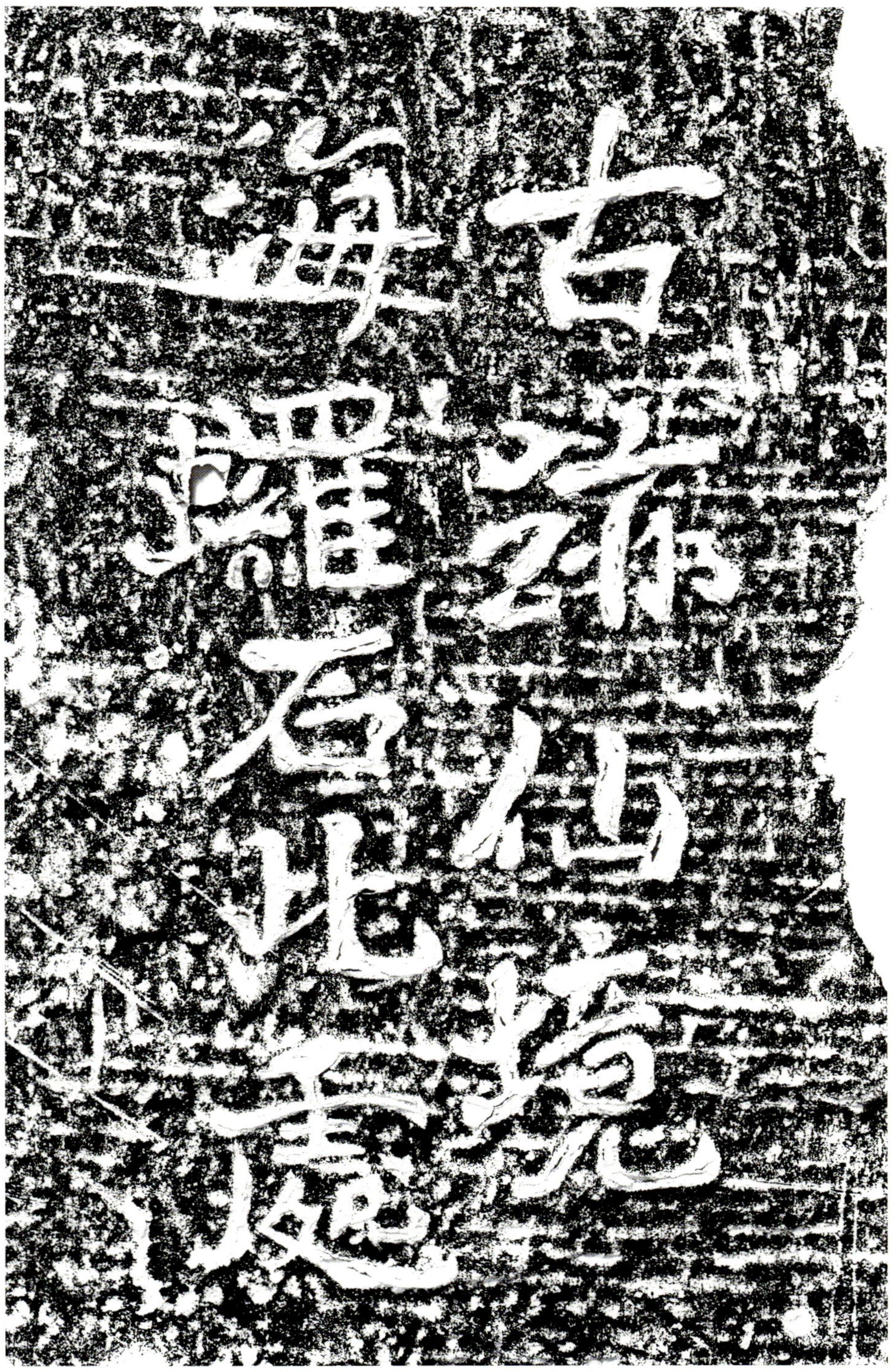

图版 147　圣寿寺山门殿明间中柱抱鼓石题刻

图版 148　圣寿寺灌顶井窟正壁浅龛左外侧铭文

图版 148　圣寿寺灌顶井窟正壁浅龛左外侧铭文

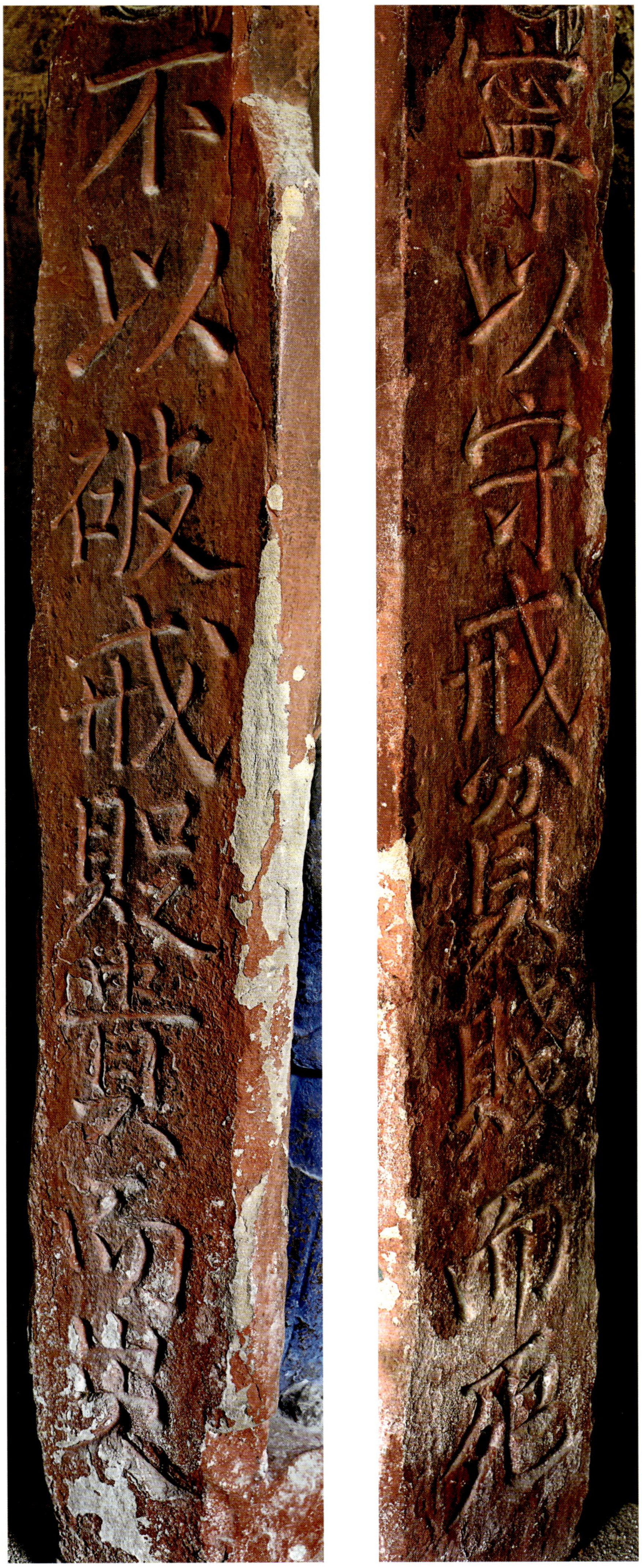

图版 149　圣寿寺灌顶井窟正壁左、右侧石材外侧铭文

图版 149　圣寿寺灌顶井窟正壁左、右侧石材外侧铭文

图版 150　圣寿寺灌顶井窟左右壁最外石材外侧铭文

图版150　圣寿寺灌顶井窟左右壁最外石材外侧铭文

图版 151　圣寿寺灌顶井窟正壁左右造像石上部圆龛上方铭文

图版 151　圣寿寺灌顶井窟正壁左右造像石上部圆龛上方铭文

图版 152　圣寿寺灌顶井窟顶部残存铭文

图版 152　圣寿寺灌顶井窟顶部残存铭文

图版 153　圣寿寺维摩殿外石塔塔基东面题刻

图版 154　圣寿寺维摩殿外石塔塔基西面题刻

图版 155　圣寿寺维摩殿外石塔第一级塔身东南面题刻

图版 156　圣寿寺维摩殿外石塔第一级塔身西南面题刻

图版 157　圣寿寺维摩殿外石塔第二级塔身下部题刻

图版 158　圣寿寺维摩殿维摩卧像身后坐佛手持经函题刻

图版 159　圣寿寺维摩殿佛坛东壁下部铭文

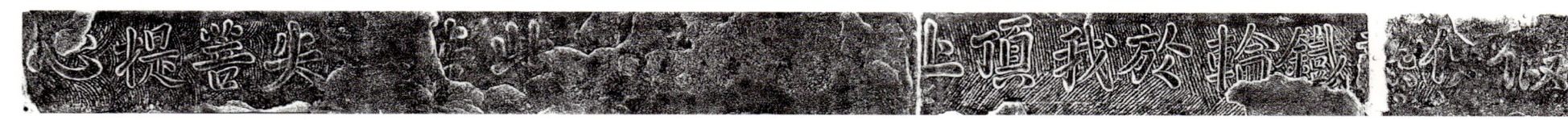

图版 159　圣寿寺维摩殿佛坛东壁下部铭文

图版 160　圣寿寺维摩殿佛坛南壁下部铭文

图版 160　圣寿寺维摩殿佛坛南壁下部铭文

图版 161　圣寿寺维摩殿佛坛西壁下部铭文

图版 161　圣寿寺维摩殿佛坛西壁下部铭文

03　　02　　01

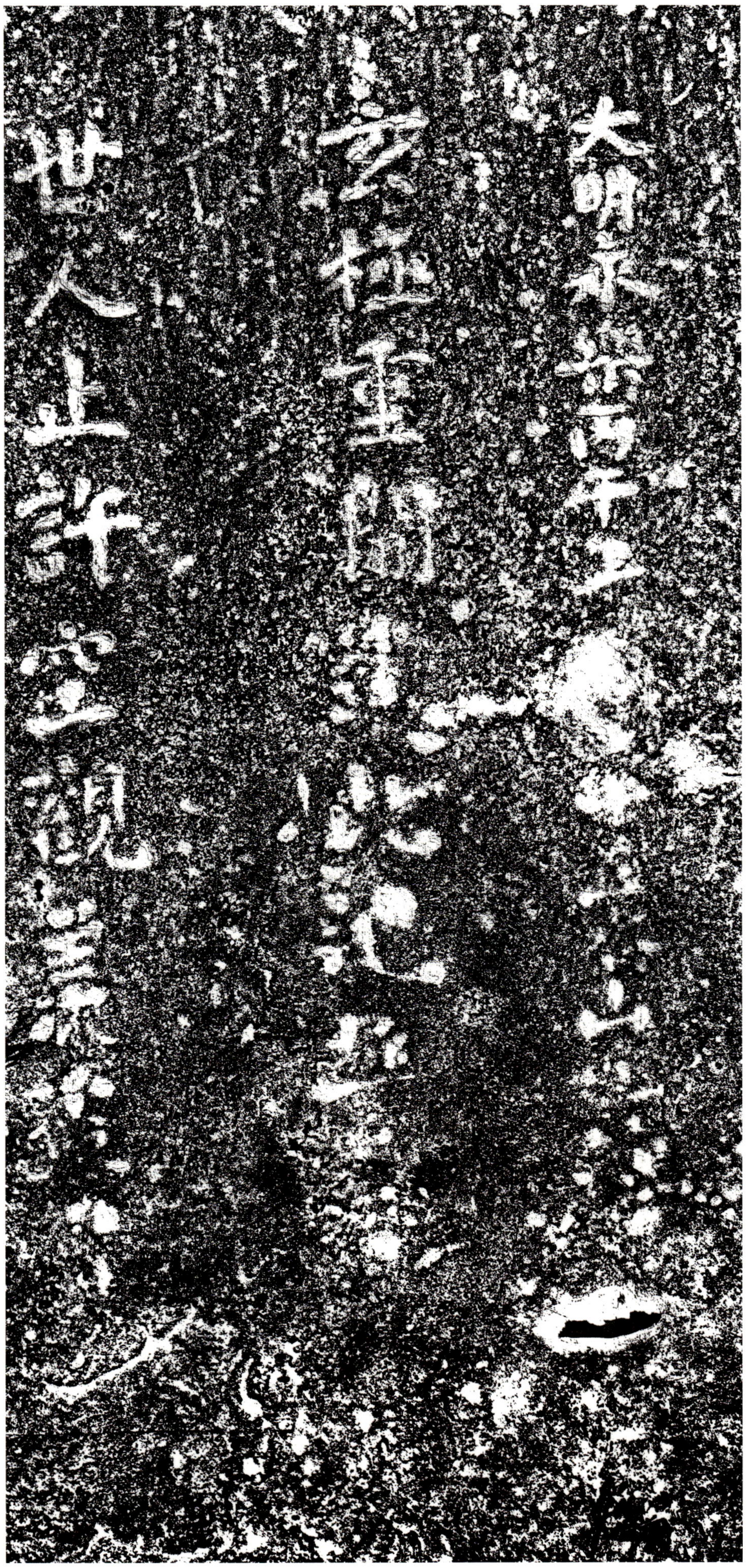

03　　02　　01

图版 162　圣迹池玄极重开石池镌记

图版 162　圣迹池玄极重开石池镌记

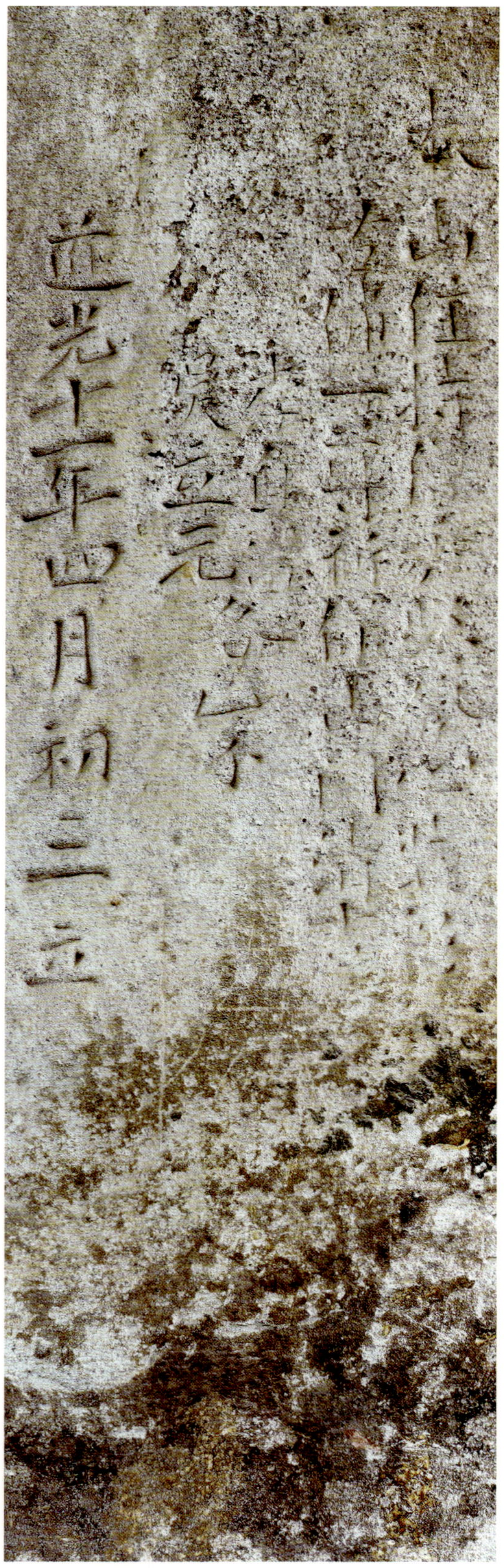

图版 163　圣迹池僧秀然装彩古佛记

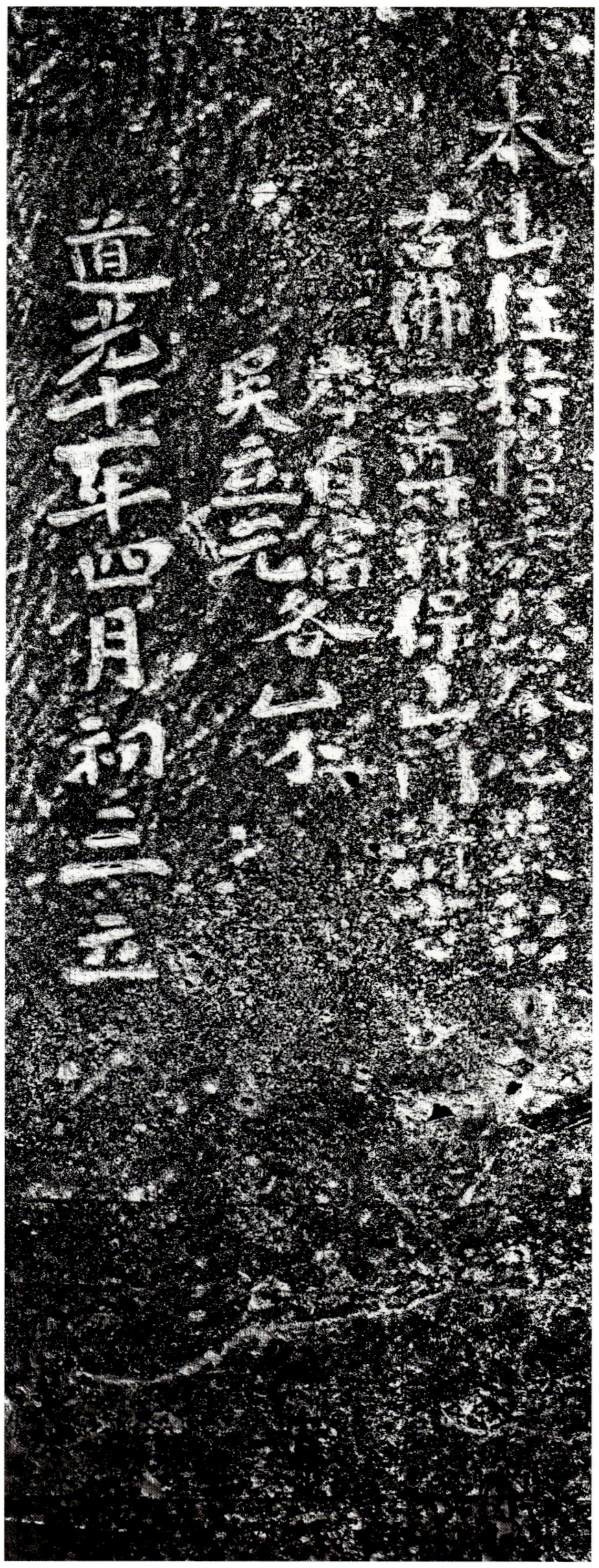

图版 163　圣迹池僧秀然装彩古佛记

24 23 22 21 20 19 18 17 16 15 14 13 12 11 10 09 08 07 06 05 04 03 02 01

图版 164　圣寿寺牖壁南面壁身东侧下部铭文

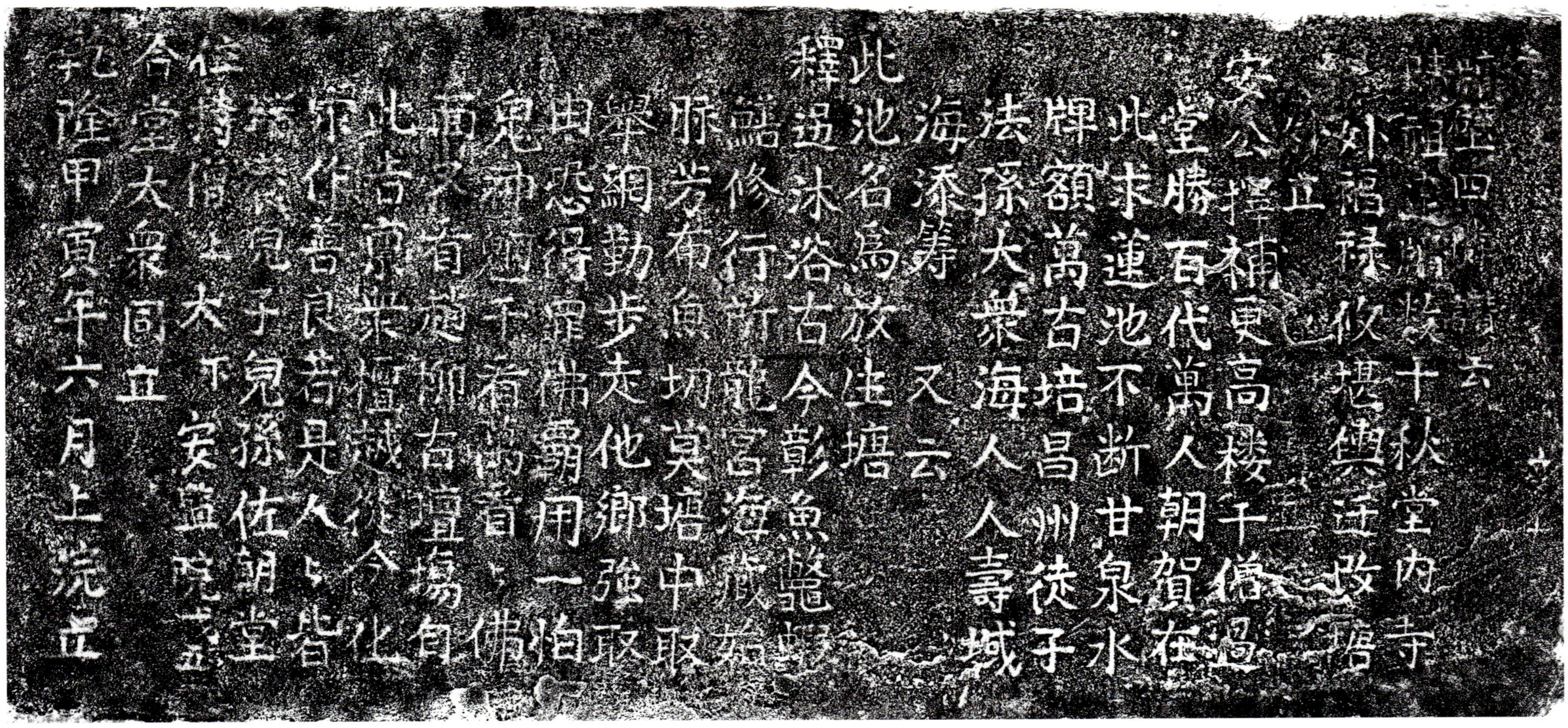

24 23 22 21 20 19 18 17 16 15 14 13 12 11 10 09 08 07 06 05 04 03 02 01

图版 164　圣寿寺牖壁南面壁身东侧下部铭文

图版 165　圣寿寺山门殿明间右侧《重修山门内石坝碑记》

图版 165　圣寿寺山门殿明间右侧《重修山门内石坝碑记》

24 23 22 21 20 19 18 17 16 15 14 13 12 11 10 09 08 07 06 05 04 03 02 01

图版 166 圣寿寺帝释殿明间右侧《恩荣圣寿寺记》碑

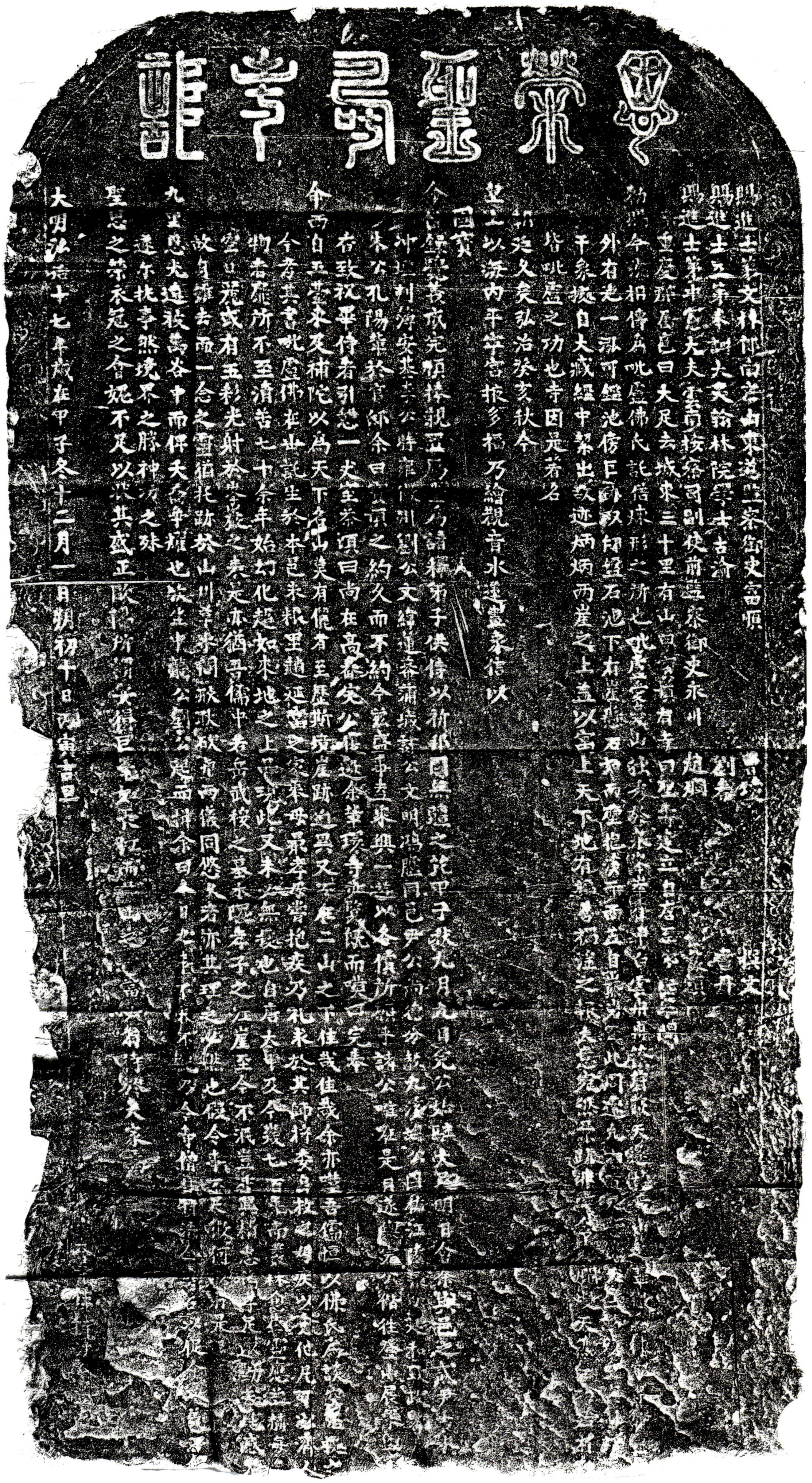

24 23 22 21 20 19 18 17 16 15 14 13 12 11 10 09 08 07 06 05 04 03 02 01

图版166　圣寿寺帝释殿明间右侧《恩荣圣寿寺记》碑

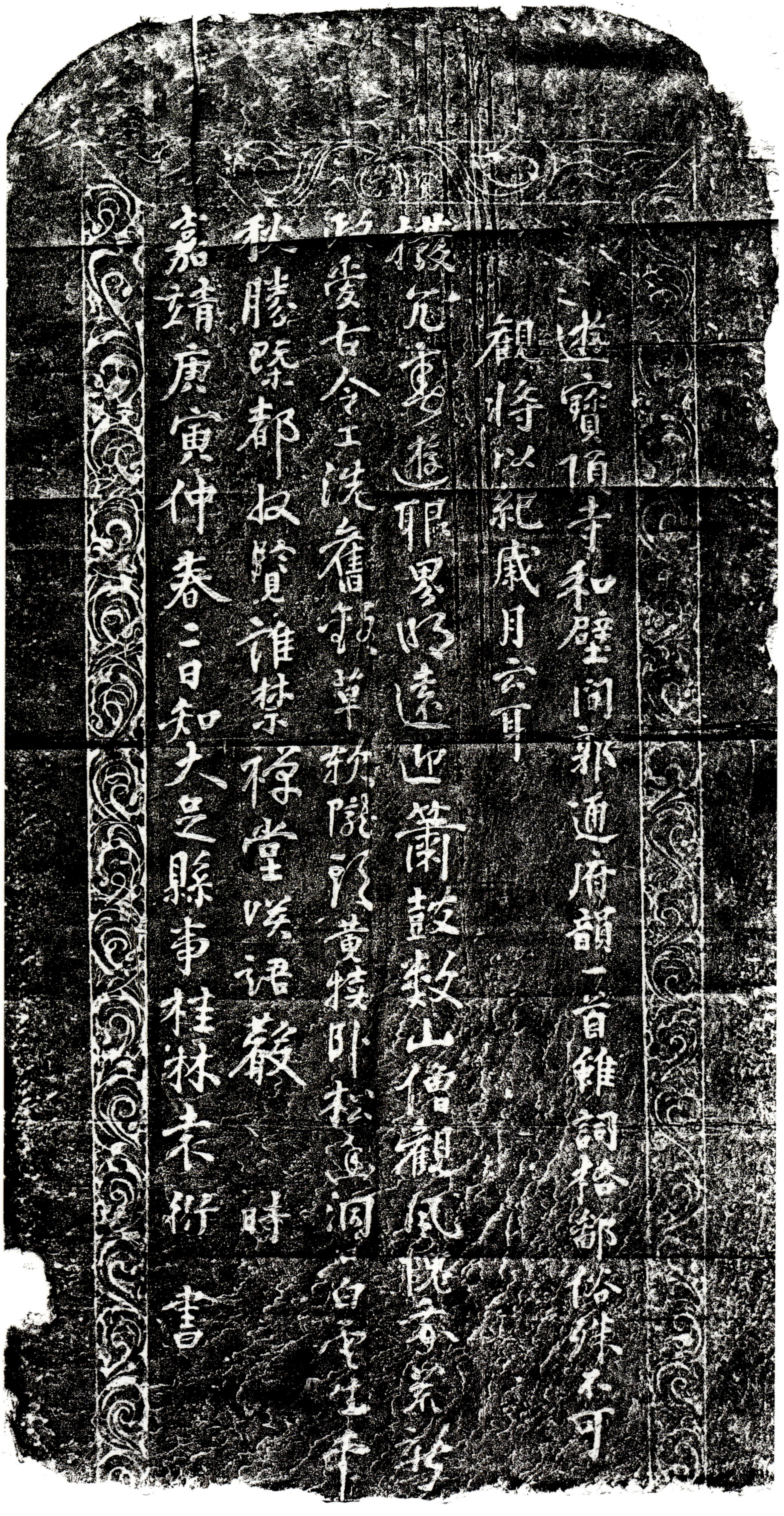

06　05　04　03　02　01

图版 167　圣寿寺帝释殿明间右侧《恩荣圣寿寺记》碑碑阴“袁衍和郭通府韵”

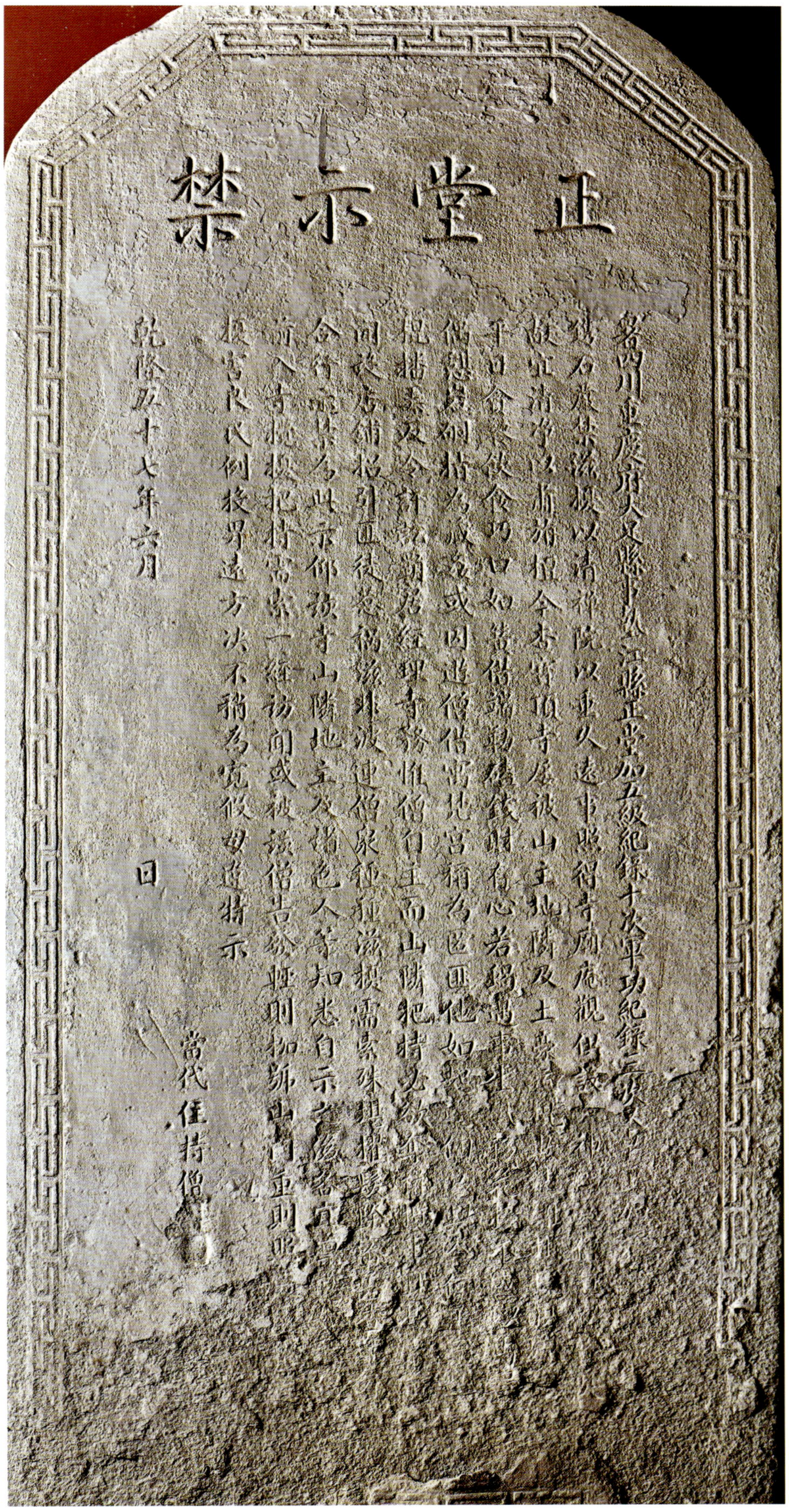

12 11 10 09 08 07 06 05 04 03 02 01

图版 168　圣寿寺帝释殿明间右侧《正堂示禁》碑

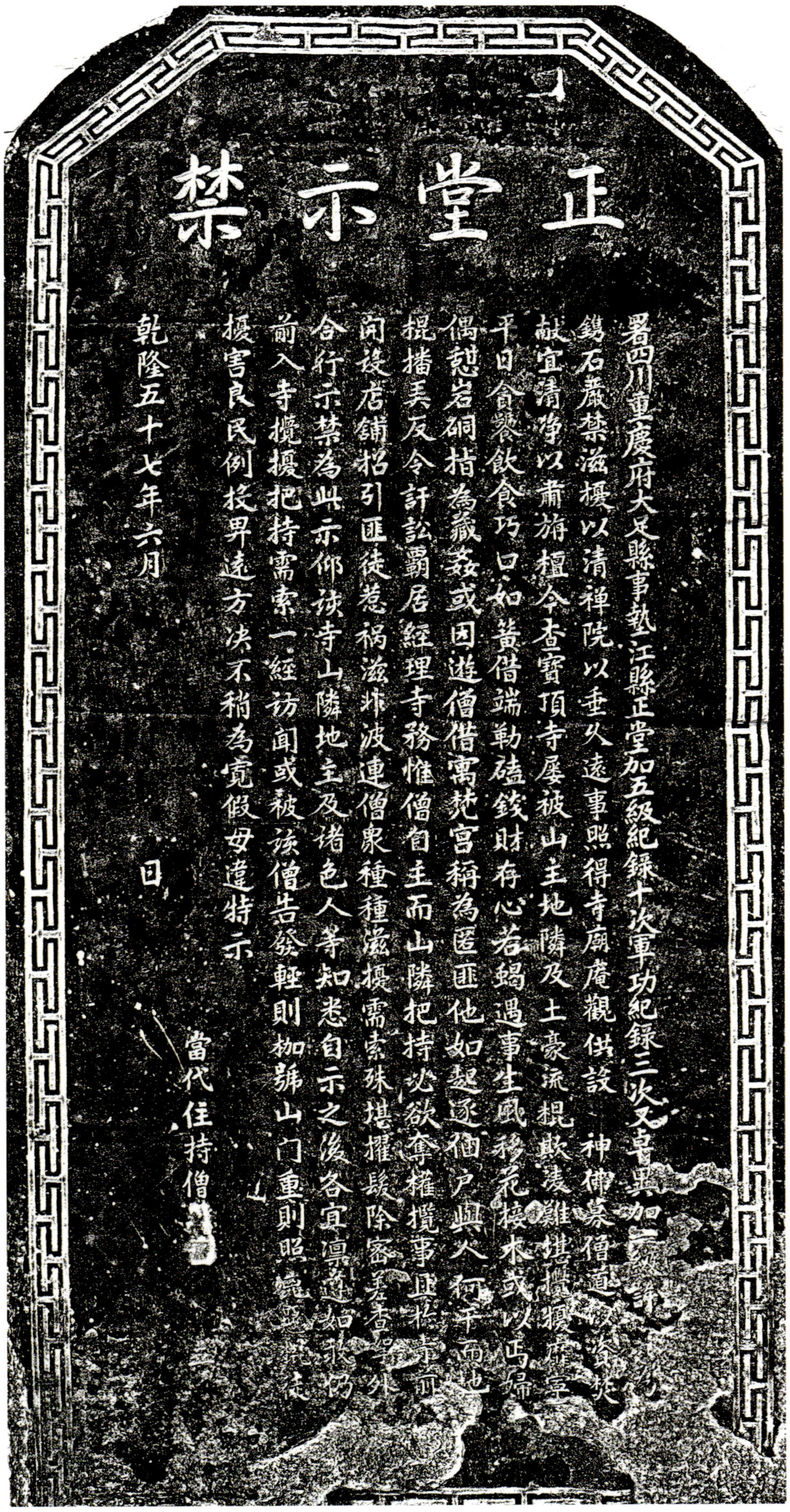

12 11 10 09 08 07 06 05 04 03 02 01

图版 168　圣寿寺帝释殿明间右侧《正堂示禁》碑

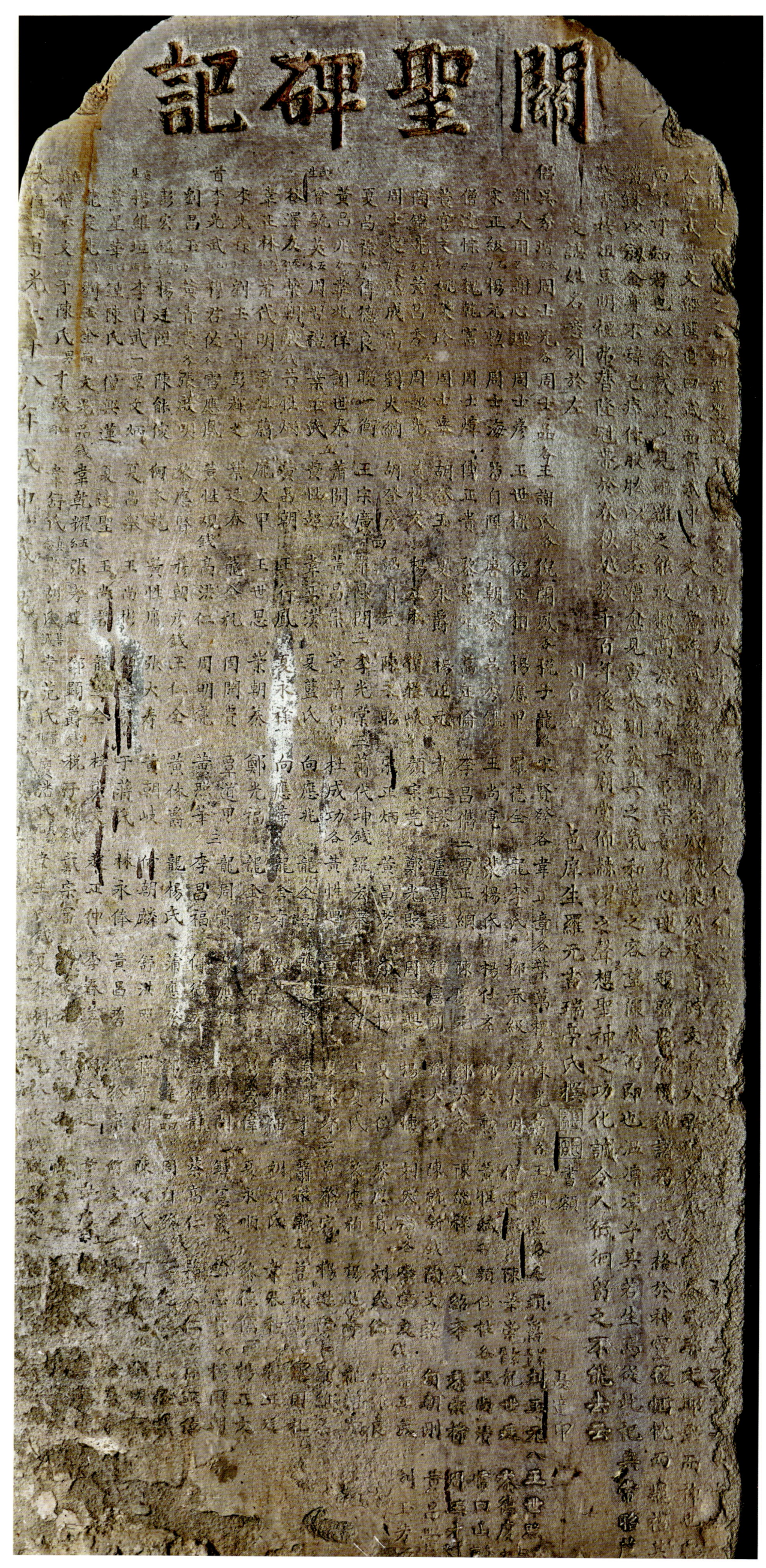

图版 169　圣寿寺帝释殿明间右侧《关圣碑记》

图版 169　圣寿寺帝释殿明间右侧《关圣碑记》

05 04 03 02 01

图版 170　圣寿寺帝释殿后檐下左板壁外侧《饶玉成书诗》

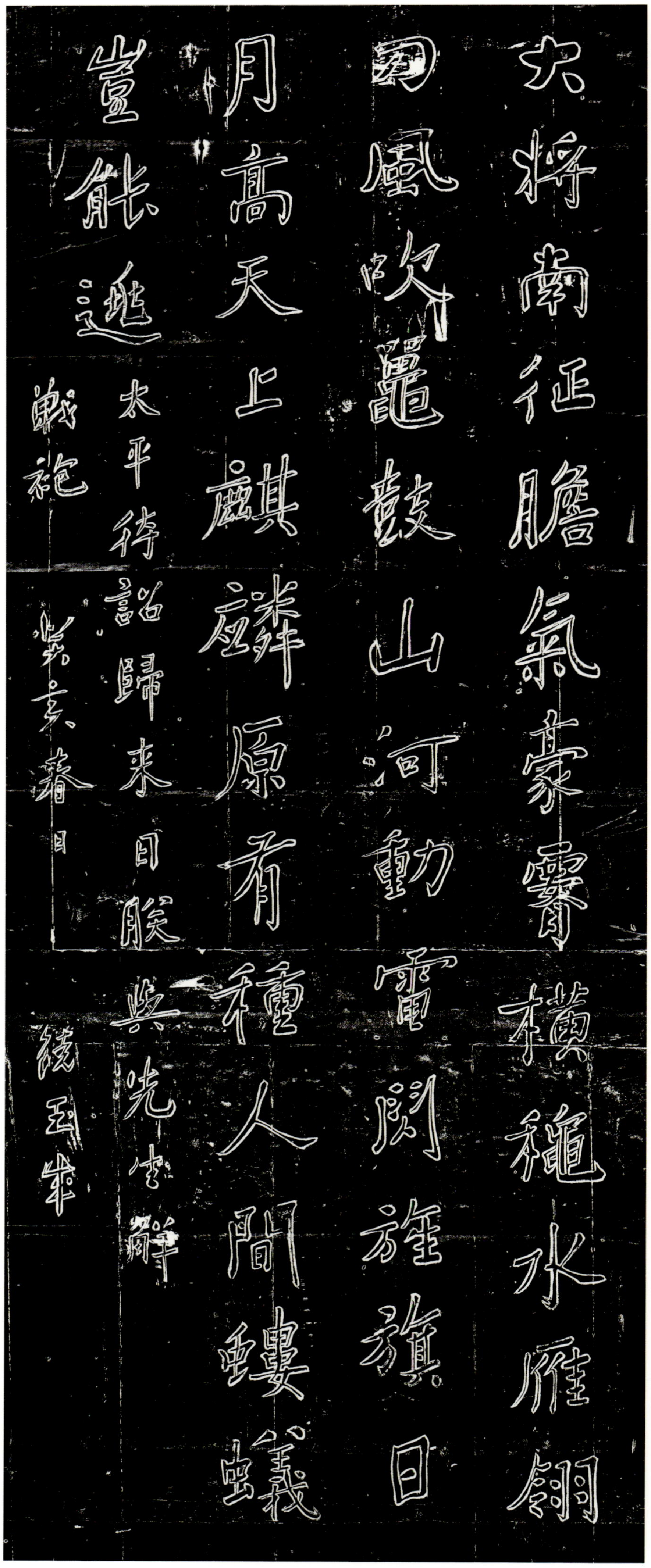

05 04 03 02 01

图版 170　圣寿寺帝释殿后檐下左板壁外侧《饶玉成书诗》

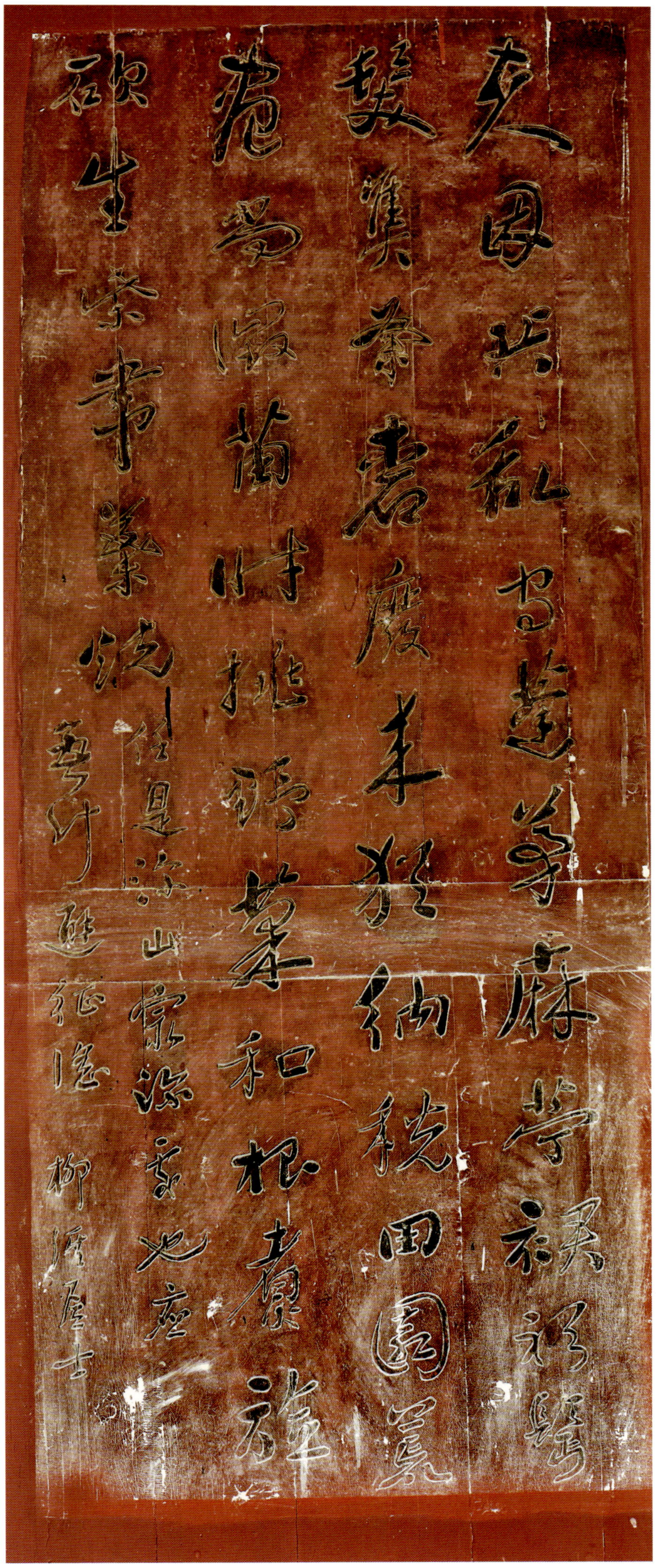

05 04 03 02 01

图版 171　圣寿寺帝释殿后檐下左板壁内侧《柳涯居士书诗》

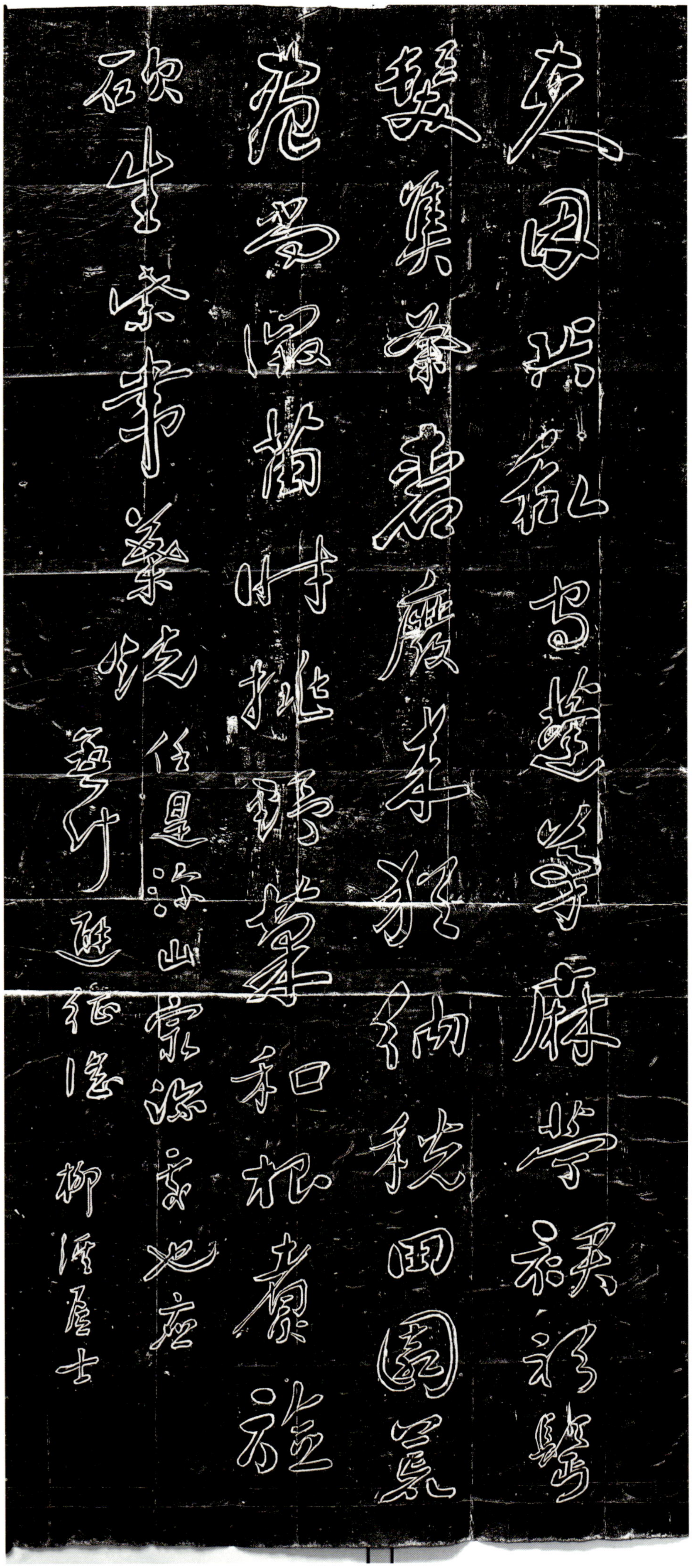

05 04 03 02 01

图版 171　圣寿寺帝释殿后檐下左板壁内侧《柳涯居士书诗》

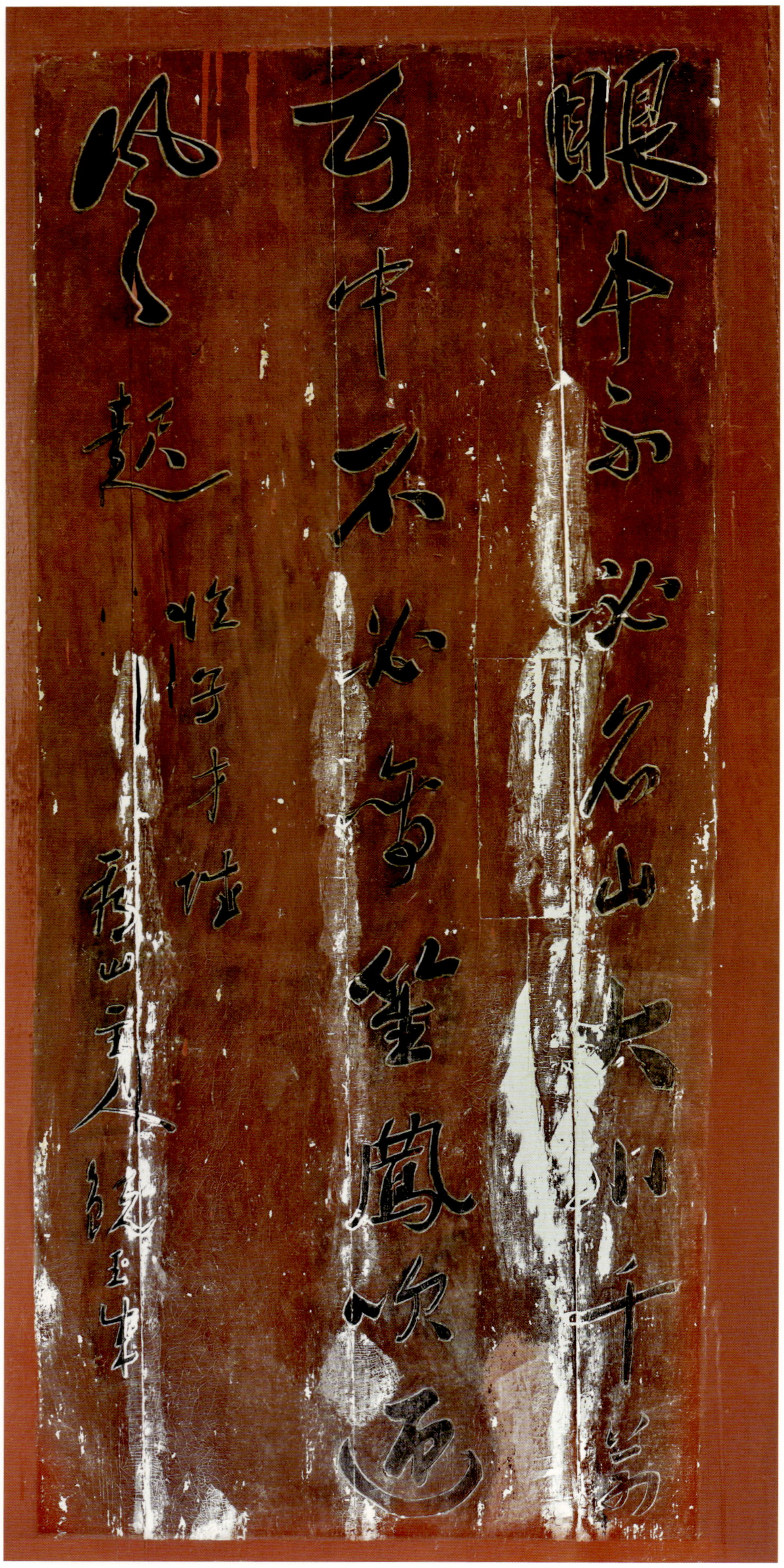

04 03 02 01

图版 172　圣寿寺帝释殿后檐下右板壁外侧《饶玉成书诗》

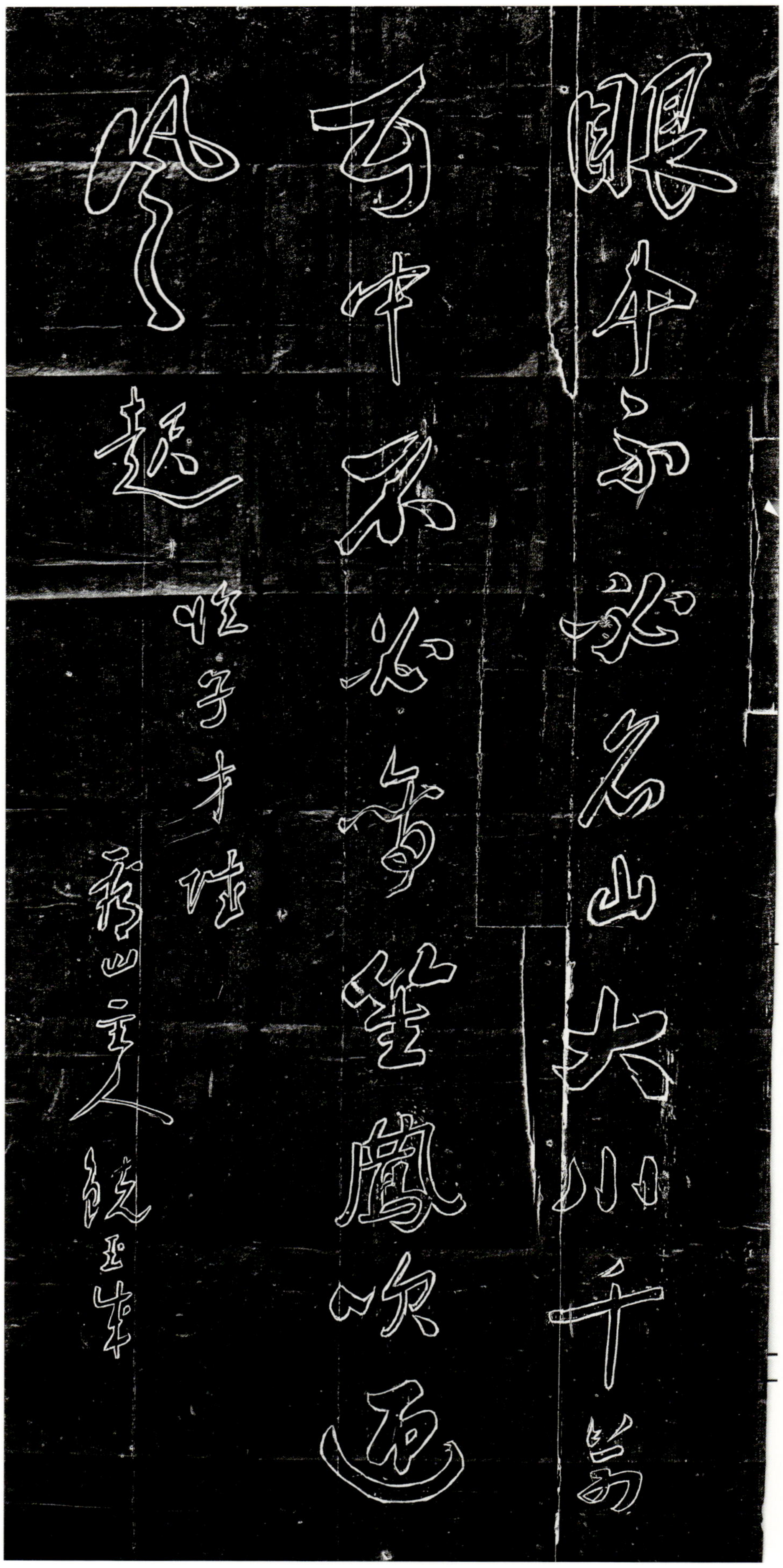

04 03 02 01

图版 172　圣寿寺帝释殿后檐下右板壁外侧《饶玉成书诗》

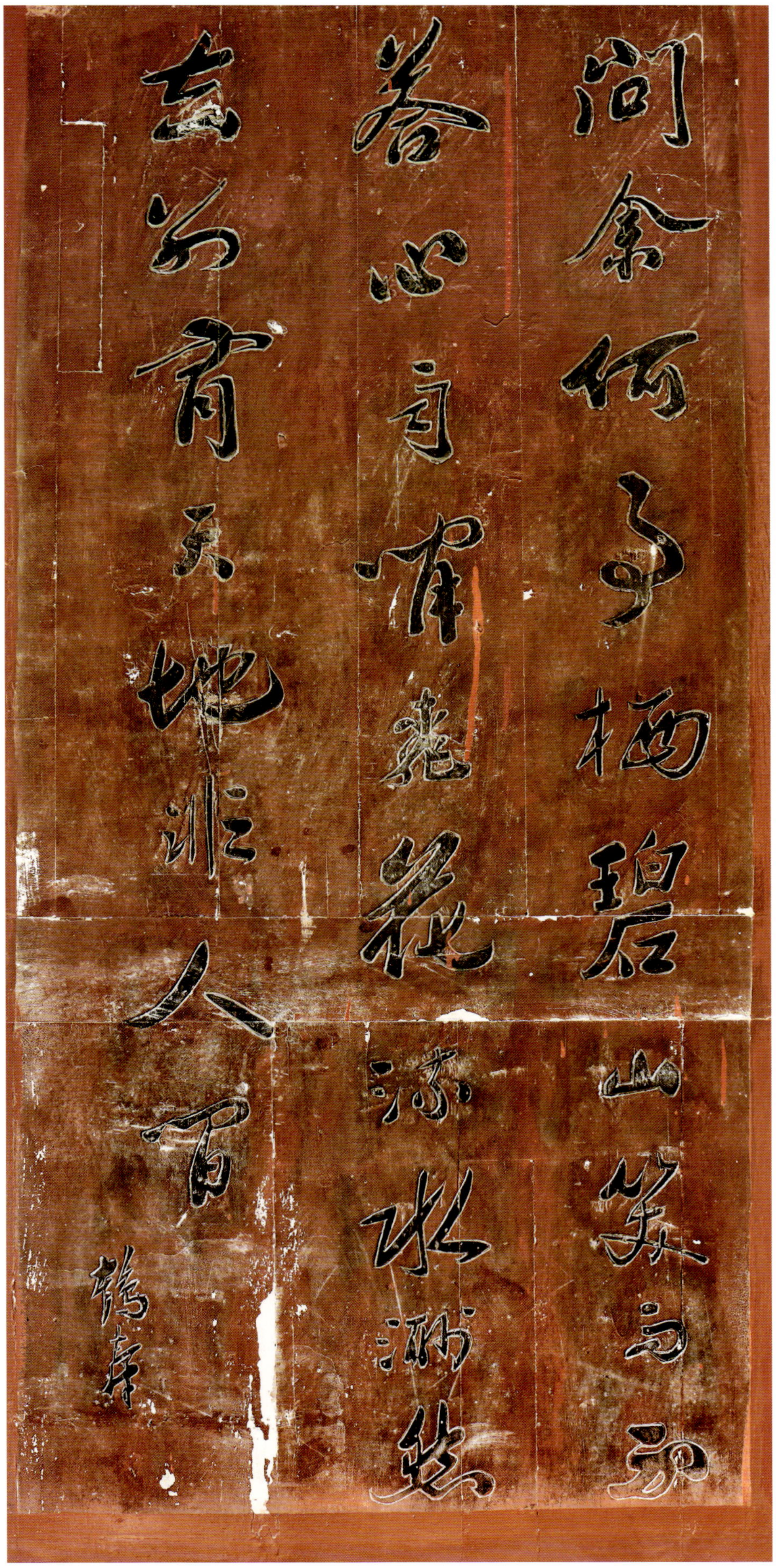

04 03 02 01

图版 173　圣寿寺帝释殿后檐下右板壁内侧《鹤寿书诗》

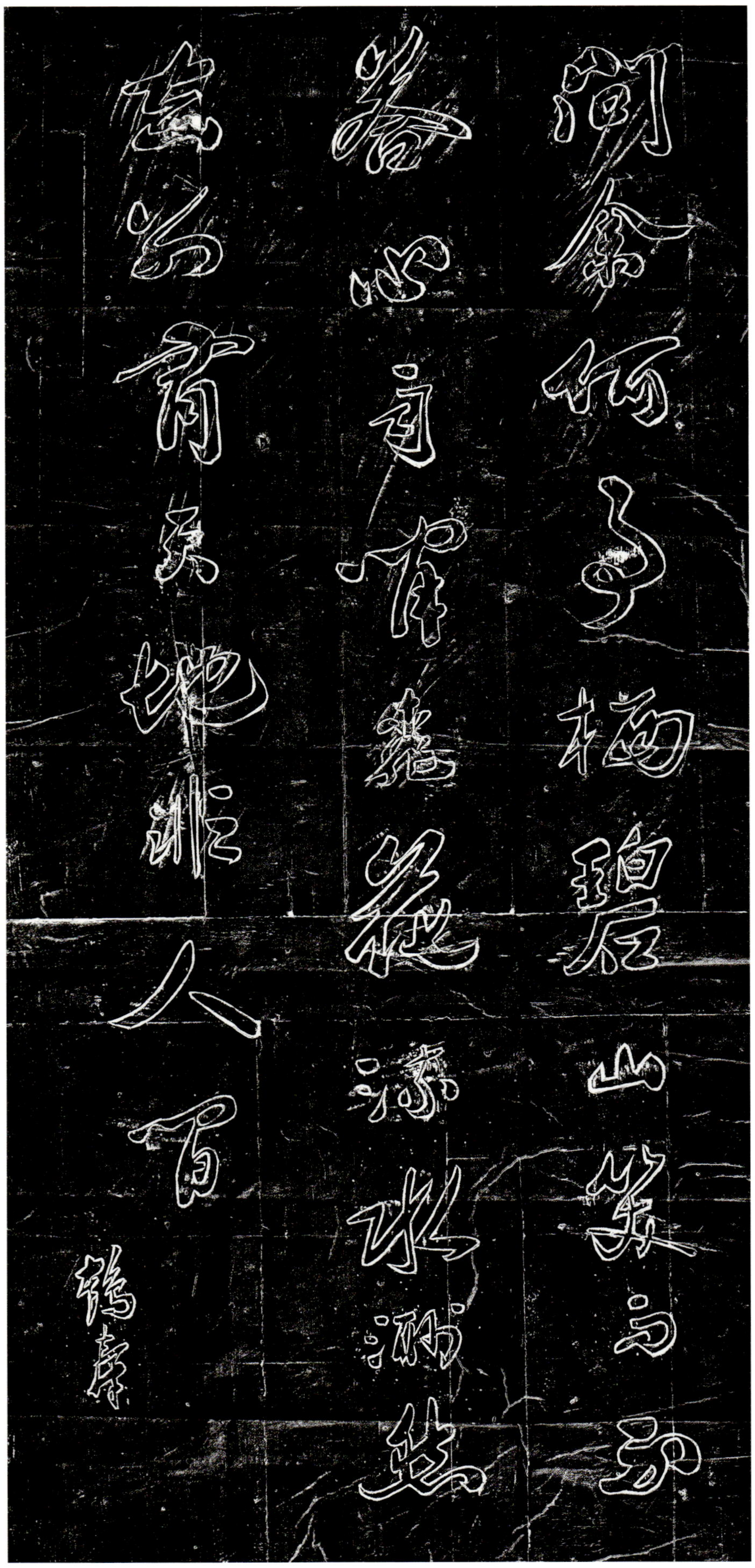

04 03 02 01

图版 173　圣寿寺帝释殿后檐下右板壁内侧《鹤寿书诗》

图版 174　圣寿寺大雄宝殿后檐下右侧《亘古昭然》碑

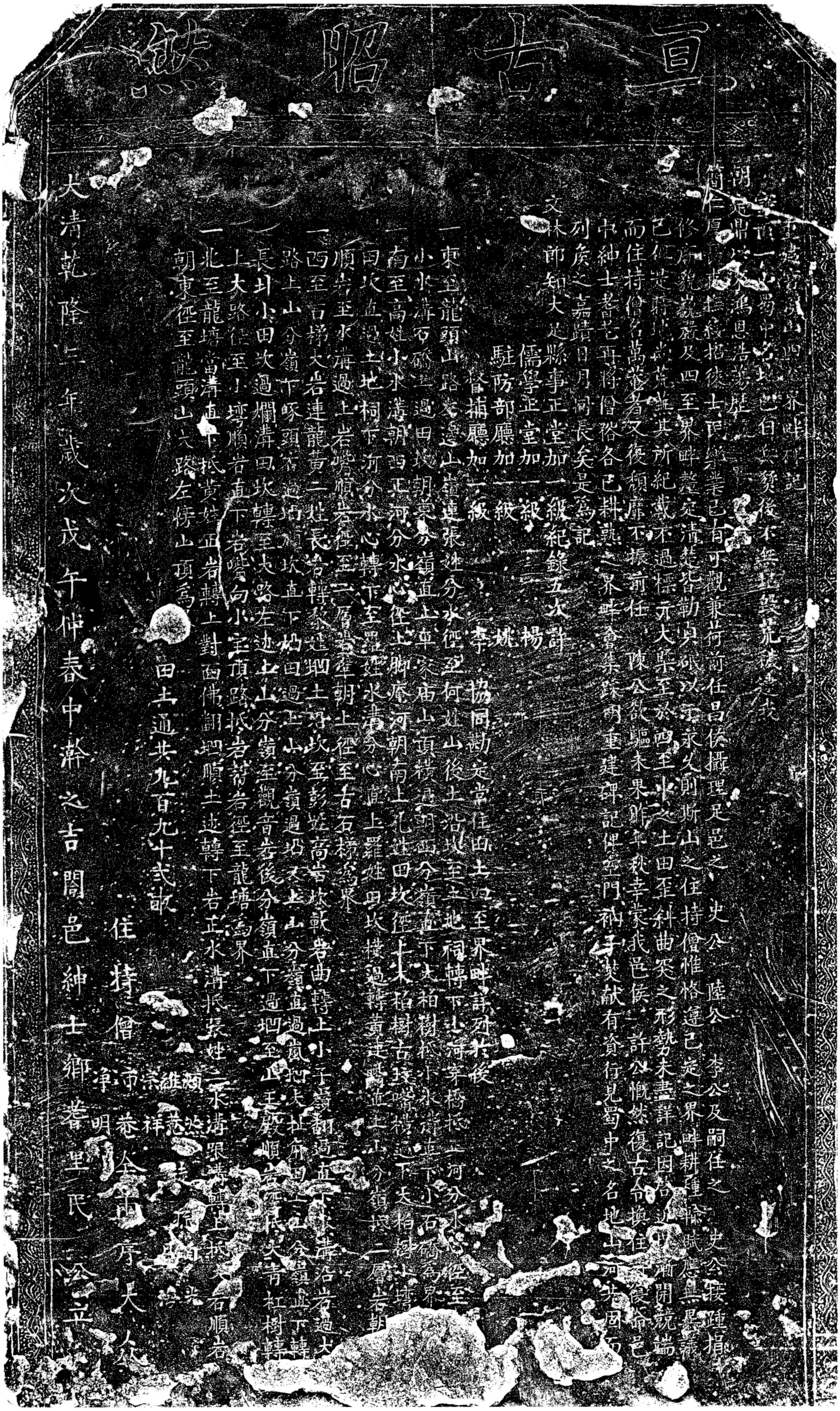

图版 174　圣寿寺大雄宝殿后檐下右侧《亘古昭然》碑

图版 175　圣寿寺大雄殿后檐下右侧《亘古昭然》碑碑阴《万岁阁题名记》碑

14 13 12 11 10 09 08 07 06 05 04 03 02 01

图版 176　圣寿寺大雄宝殿后檐下右侧《正堂示禁》碑

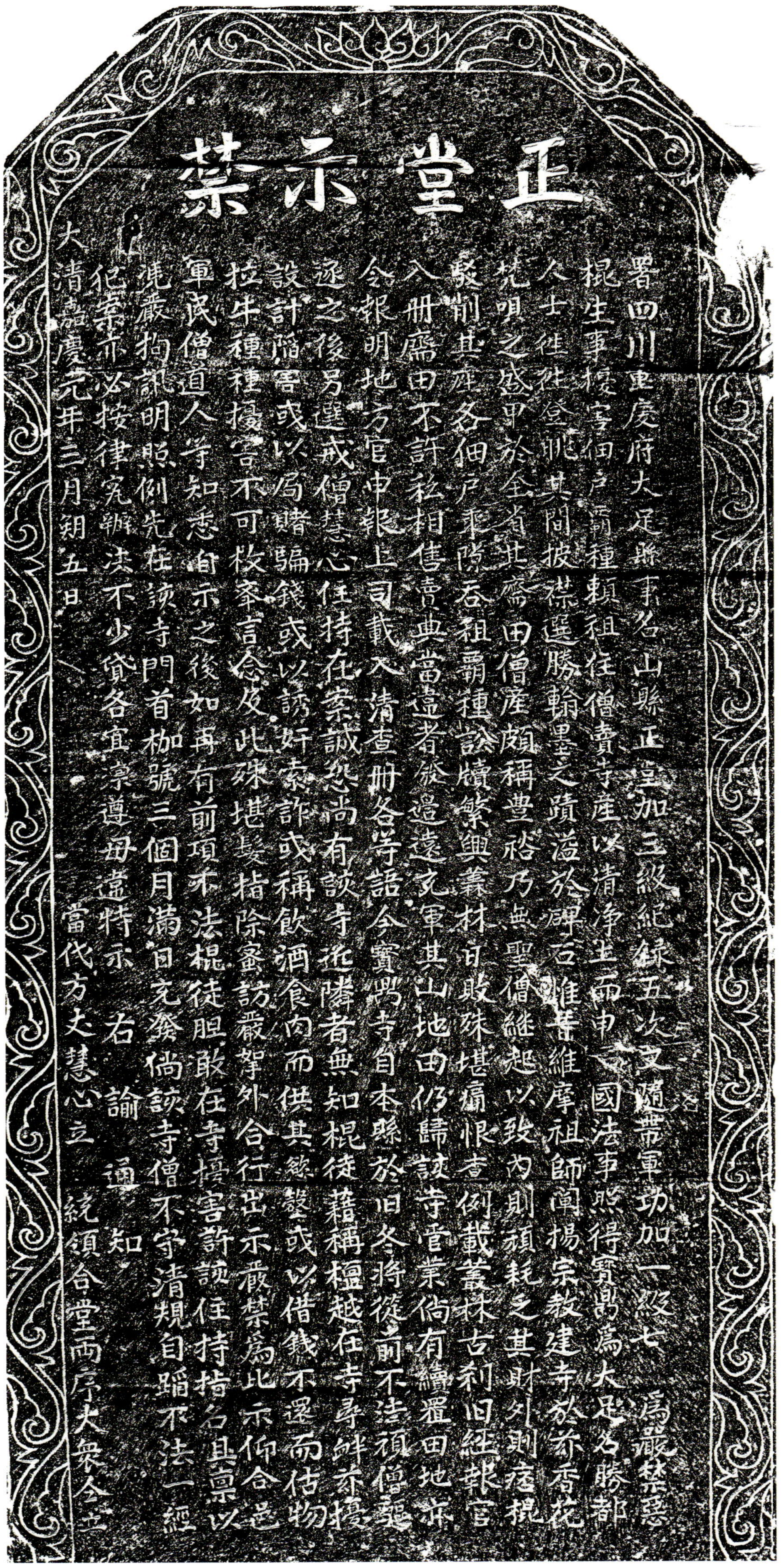

14 13 12 11 10 09 08 07 06 05 04 03 02 01

图版 176　圣寿寺大雄宝殿后檐下右侧《正堂示禁》碑

图版 177　圣寿寺大雄宝殿后檐下右侧《善果流芳》碑

图版 177　圣寿寺大雄宝殿后檐下右侧《善果流芳》碑

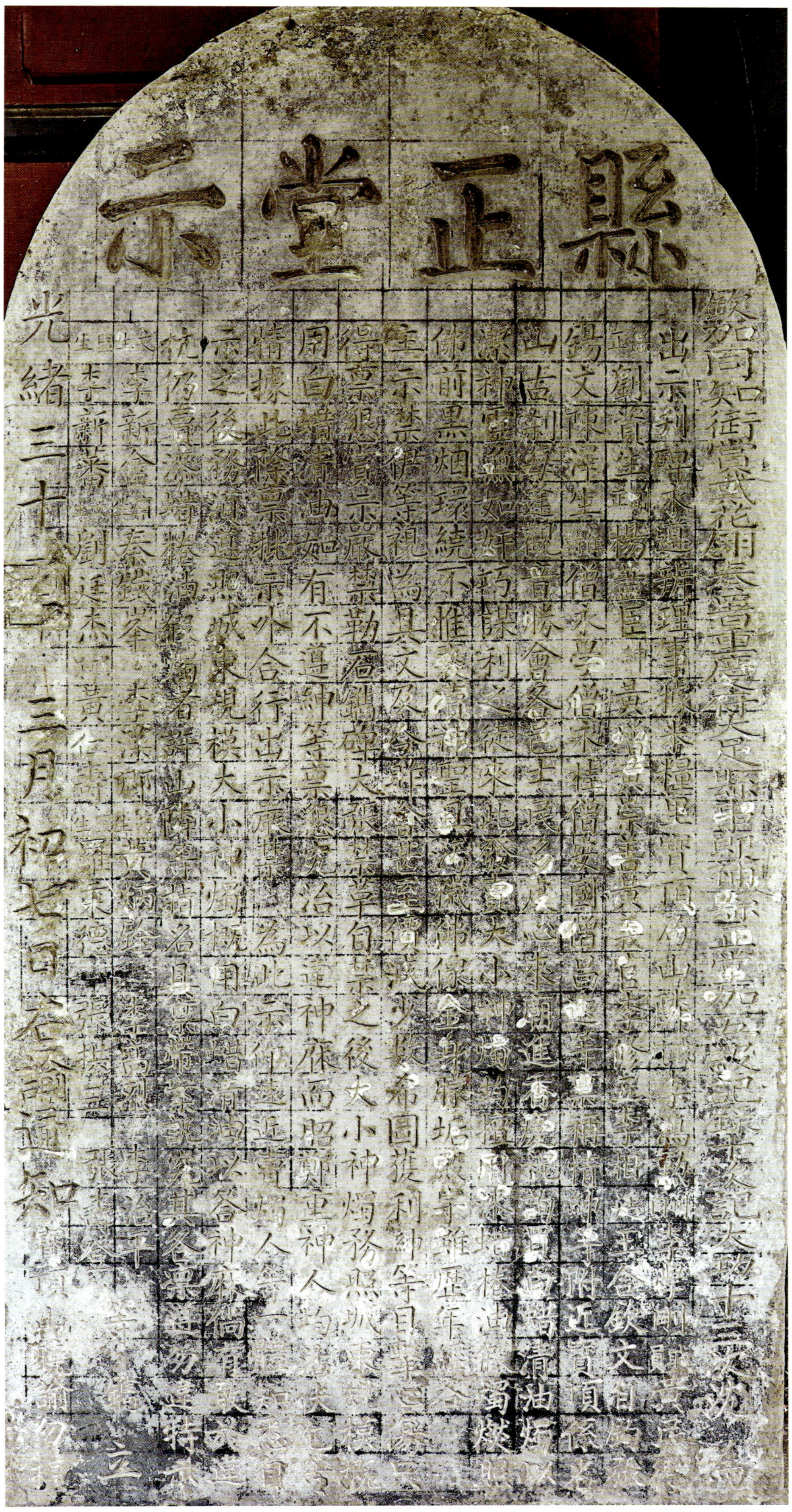

图版 178　圣寿寺大雄宝殿前檐下右侧《县正堂示》碑

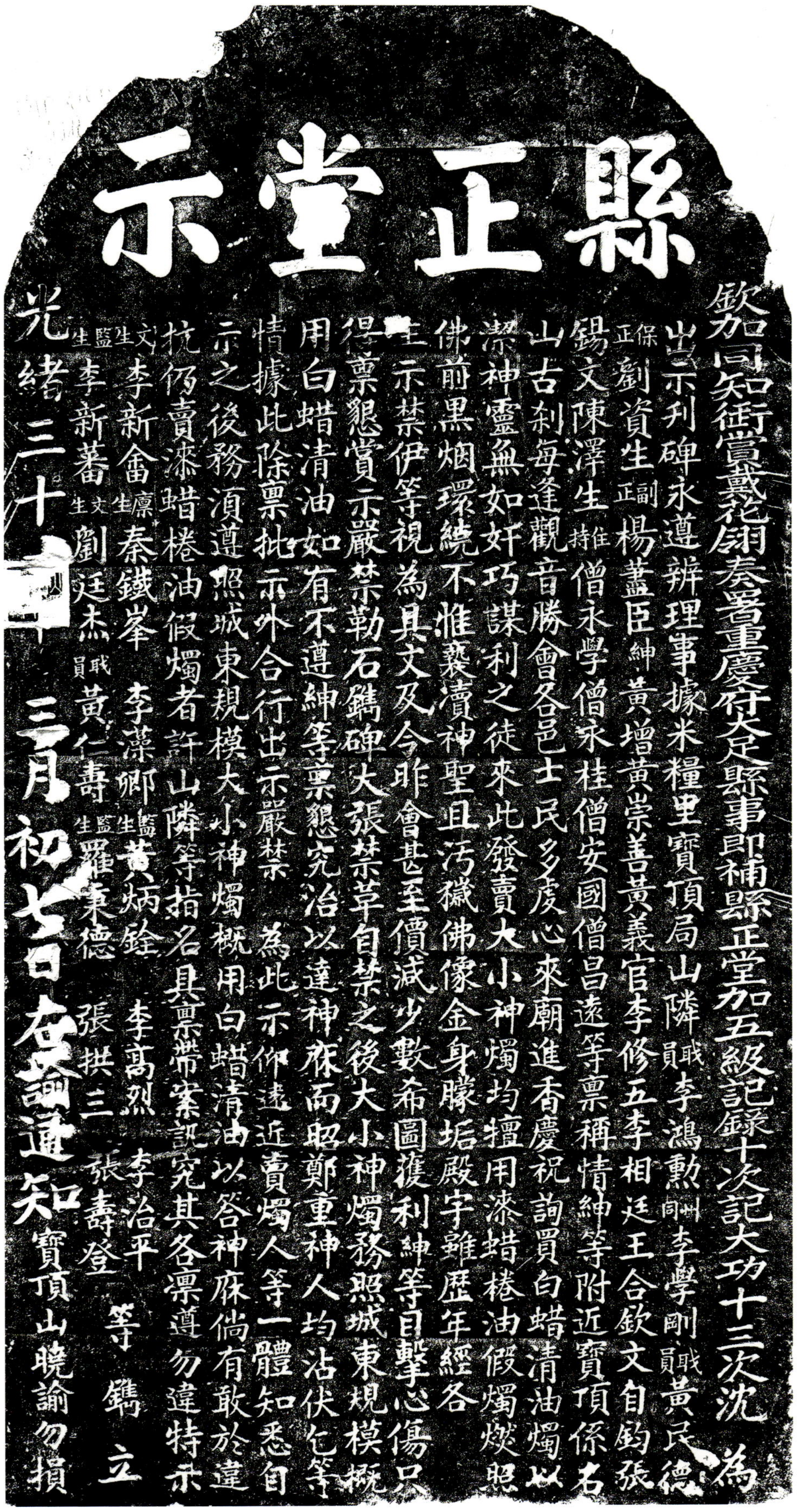

图版 178　圣寿寺大雄宝殿前檐下右侧《县正堂示》碑

图版 179　圣寿寺大雄宝殿次间左隔断墙《重修宝顶山圣寿寺记》碑

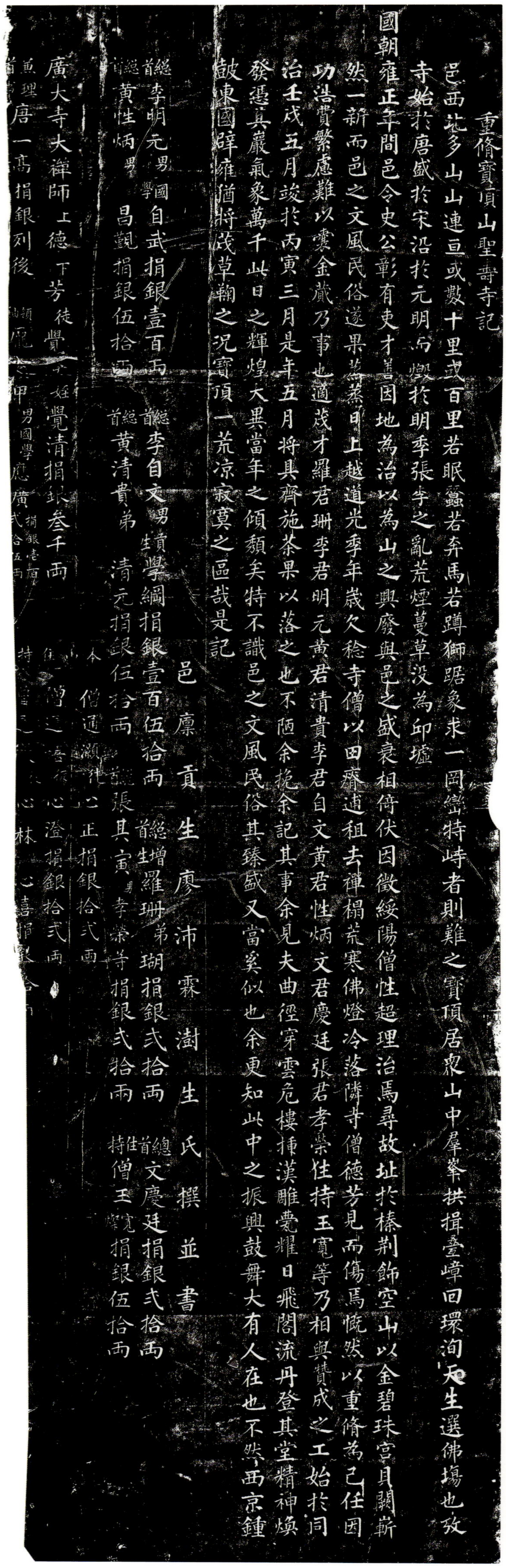

图版 179　圣寿寺大雄宝殿次间左隔断墙《重修宝顶山圣寿寺记》碑

图版 180　圣寿寺大雄宝殿坛台左侧《重修大佛碑记》

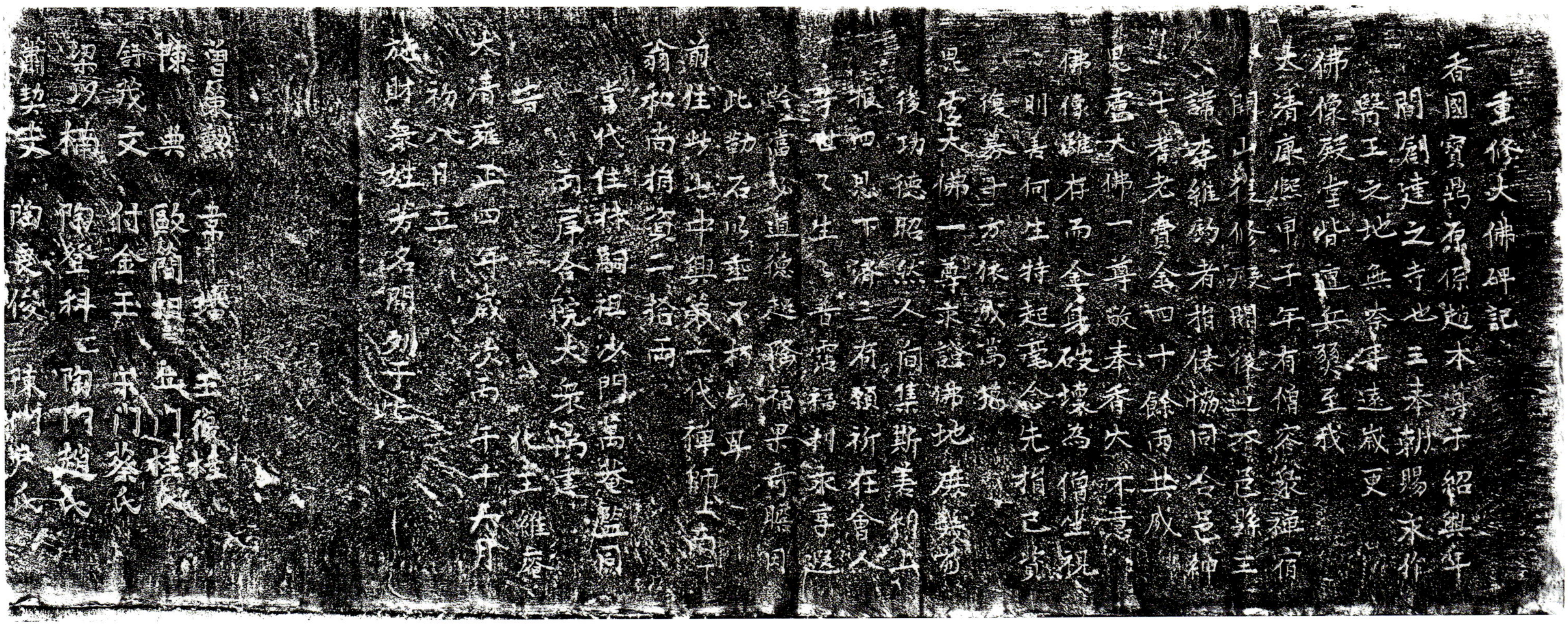

图版 180　圣寿寺大雄宝殿坛台左侧《重修大佛碑记》

图版 181　圣寿寺三世佛殿左外侧《清正廉明》碑

图版 181　圣寿寺三世佛殿左外侧《清正廉明》碑

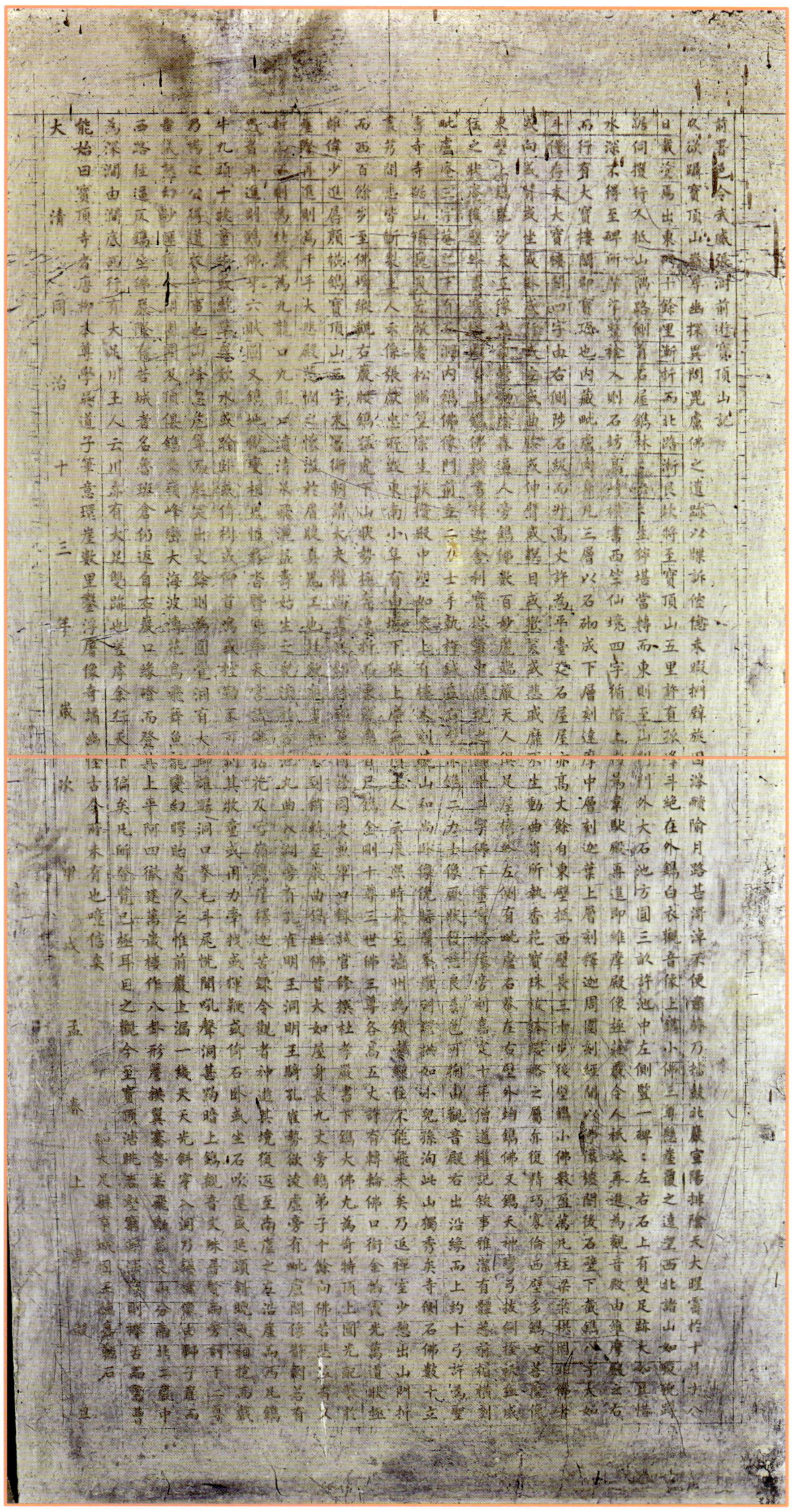

图版 182　圣寿寺三世佛殿内王德嘉书张澍《前游宝顶山记》碑

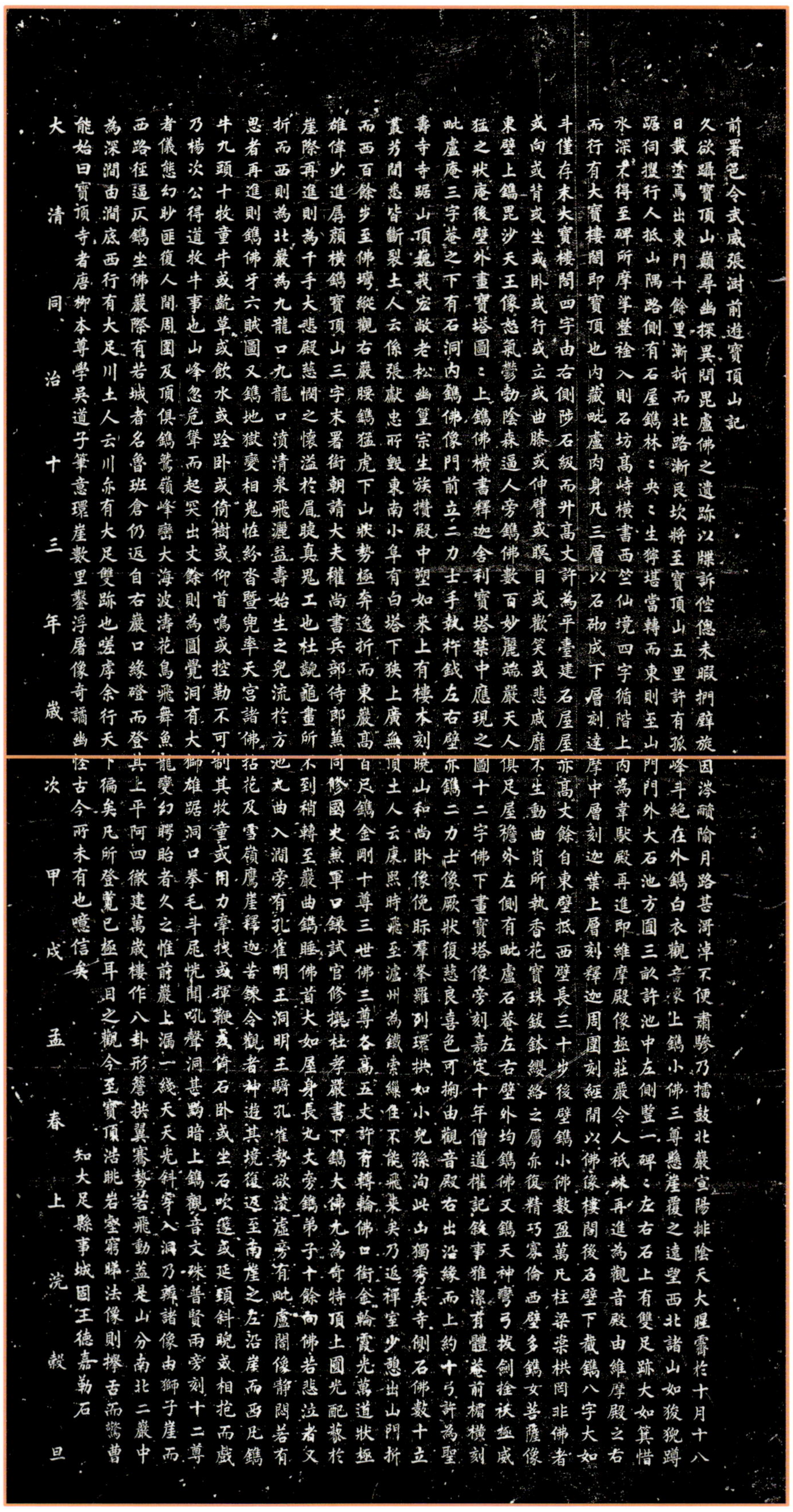

前署邑令武威張澍前遊寶頂山記

久欲躡寶頂山巔尋幽探異問毘盧佛之遺跡以牒訴倥偬未暇捫辟旋因滲磧險月路甚涔淖不便肅驂乃擂鼓北巖宣陽排陰天大晴霽於十月十八日載塗焉出東門十餘里漸折而北路漸良坎將至寶頂山五里許有孤峰斗絶在外鐫白衣觀音象上鐫小佛三尊懸崖覆之遠望西北諸山如狻猊蹲踞伺攫行人抵山隅路側有石屋鐫林々央々生獰堪當轉而東則至山門門外大石池方圓三畝許池中左側豎一碑々左右石上有雙足跡大如箕惜水深不得至碑所摩挲壁捨入則石坊高峙橫書西竺仙境四字循階上內為韋馱殿再進即維摩殿像極莊嚴令人祇[illegible]再進為觀音殿由維摩殿之右而行有大寶樓閣即寶頂也內藏毘盧肉身凡三層以石砌成下層刻達摩中層刻迦葉上層刻釋迦周圍刻經間以佛像樓閣後石壁下截鐫八字大如斗僅存末大寶樓閣四字由右側陟石級而升高丈許為平臺建石屋屋亦高丈餘自東壁抵西壁長三十步後壁鐫小佛數盈萬凡柱梁楶栱罔非佛者或向或背或坐或臥或行或立或曲膝或伸臂或瞑目或歡笑或悲戚靡不生動曲肖所執香花寶珠鈸鉢纓絡之屬亦復精巧寡倫西壁多鐫女菩薩像東壁上鐫毘沙天王像怒氣鬱勃陰森逼人旁鐫佛數百妙麗端嚴天人俱足屋簷外左側有毘盧石菴左右壁外均鐫佛又鐫天神彎弓拔劍捦祅極威猛之狀菴後壁外畫寶塔圖々上鐫佛橫書釋迦舍利寶塔禁中應現之圖十二字佛下畫寶塔像旁刻嘉定十年僧道權記敘事雅潔有體菴前楣橫刻毗盧庵三字菴之下有石洞內鐫佛像門前立二力士手執杵鉞左右壁亦鐫二力士像厥狀復慈良喜色可掬由觀音殿右出沿緣而上約十弓許為聖壽寺寺踞山頂巍峩宏敞老松幽篁宗生族攢殿中塑如來上有樓木刻曉山和尚臥像俛睬羣峯羅列環拱如小兒孫洵此山獨秀矣寺側石佛數十立叢芳間悉皆斷裂土人云係張獻忠所毀東南小阜有白塔下狹上廣無頂土人云康熙時飛至瀘州為鐵索纏住不能飛來矣乃返禪室少憩出山門折而西百餘步至佛壪縱觀右巖腰鐫猛虎下山狀勢極奔逸折而東巖高百尺鐫金剛十尊三世佛三尊各高五丈許有轉輪佛口銜金輪霞光萬道狀極雄偉少進層顛橫鐫寶頂山三字末署銜朝請大夫權尚書兵部侍郎兼同修國史兼軍口錄試官修撰杜孝嚴書下鐫大佛尤為奇特頂上圓光配藜於崖際再進則為千手大悲殿慈悯之懷溢於眉睫真鬼工也杜鼬龜畫所不到稍轉至巖曲鐫睡佛首大如屋身長九丈旁鐫弟子十餘向佛若悲泣者又折而西則為北巖為九龍口九龍口濆清泉飛灑益壽始生之兒流於方池九曲入澗旁有孔雀明王洞明王騎孔雀勢欲凌虛旁有毗盧閣像靜閟若有思者再進則鐫佛牙六賊圖又鐫地獄變相鬼怪紛沓暨兜率天宮諸佛拈花及雪嶺鷹崖釋迦苦鍊令觀者神遊其境復返至南崖之左沿崖而西凡鐫牛九頭十牧童牛或齕草或飲水或跧臥或倚樹或仰首鳴或控勒不可制其牧童或用力牽拽或揮鞭或倚石臥或坐石吹蘧或延頸斜睨或相抱而戲乃楊次公得道牧牛事也山峰忽危聳而起突出丈餘則為圓覺洞有大獅雄踞洞口拳毛斗尾恍聞吼聲洞甚黝暗上鐫觀音文殊普賢兩旁刻十二尊者儀態幻眇匪復人間周圍及頂俱鐫鷲嶺峰巒大海波濤花鳥飛舞魚龍變幻瞪眙者久之惟前巖上漏一綫天々光斜穿入洞乃辨諸像由獅子崖而西路徑逼仄鐫坐佛巖際有若城者名魯班倉仍返自右巖口緣磴而登其上平阿四徹建萬歲樓作八卦形簷拱翼騫勢若飛動蓋是山分南北二巖中為深澗由澗底西行有大足川土人云川亦有大足雙跡也嗟虖余行天下徧矣凡所登覽已極耳目之觀今至寶頂浩眺岩壑窮睇法像則撟舌而驚曹能始曰寶頂寺者唐柳本尊學吳道子筆意環崖數里鑿浮屠像奇譎幽怪古今所未有也噫信矣

大清同治十三年歲次甲戌孟春上浣穀旦

知大足縣事城固王德嘉勒石

图版 182　圣寿寺三世佛殿内王德嘉书张澍《前游宝顶山记》碑

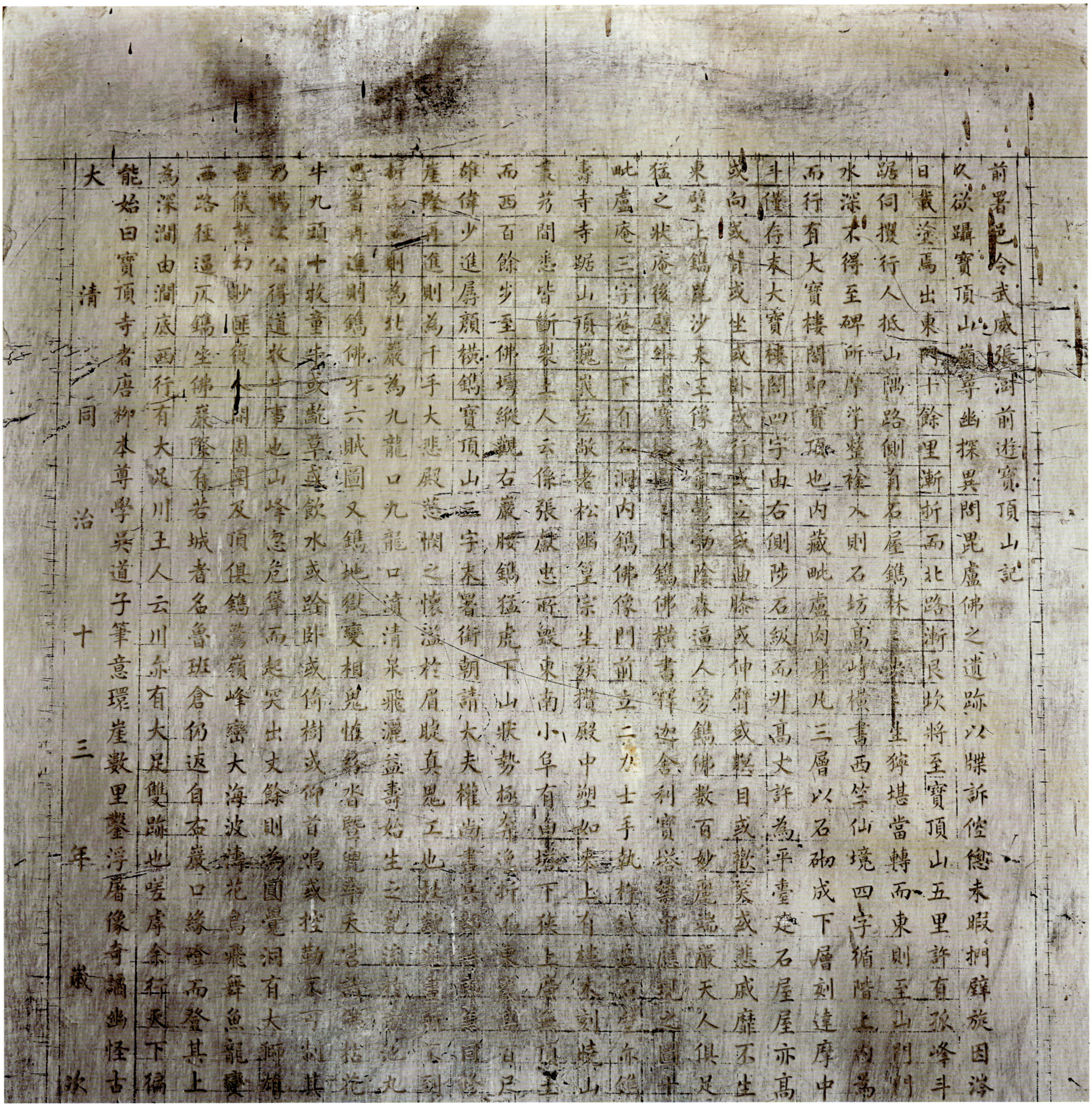

01 前署邑令武威張澍前遊寶頂山記
02 久欲躡寶頂山之尊幽探異問毘盧佛之遺跡以牒訴倥傯未暇捫薜旋因浴
03 日載塗焉出東門十餘里漸折而北路漸艮欹將至寶頂山五里許有孤峰斗
04 跽伺攫行人抵山隅路側有石屋鐫林[illegible]生猙堪當轉而東則至山門門
05 水深不得至碑所摩挲[illegible]入則石坊高峙橫書西竺仙境四字循階上[illegible]為
06 而行有大寶樓閣即寶頂也內藏毗盧肉身凡三層以石砌成下層刻達摩中
07 斗僅存木大寶樓閣四字由右側陟石級而升高丈許為平臺[illegible]石屋屋亦高
08 或向或背或坐或卧或行或立或曲膝或伸臂或[illegible]目或歡笑或悲戚靡不生
09 東壁上鐫[illegible]本主像[illegible]陰森逼人旁鐫佛數百妙麗莊嚴天人俱足
10 猛之狀庵後壁鐫畫[illegible]上鐫佛橫書釋迦舍利寶塔[illegible]之圖十
11 毗盧庵三字庵之下有石洞內鐫佛像門前立二[illegible]士手執[illegible]
12 壽寺寺踞山頂巍[illegible]宏敞老松鬱[illegible]宗生族攢殿中塑如來上有樓木刻[illegible]山
13 盡若聞悉皆斷裂上人云係張獻忠所毀東南小阜有白塔下狹上[illegible]
14 而西百餘步至佛[illegible]縱觀右巖腰鐫猛虎下山狀勢極[illegible]百尺
15 雄偉少進房額橫鐫寶頂山三字末署衛朝請大夫權尚書[illegible]
16 崖隙再進則為千手大悲殿悲憫之懷溢於眉睫真鬼工也[illegible]
17 折而右則為北巖為九龍口九龍口噴清泉飛灑益壽始生之[illegible]九
18 思者再進則鐫佛牙六賊圖又鐫地獄變相鬼怪[illegible]
19 牛九頭十牧童或戲草或飲水或跨卧或倚樹或仰首鳴或控勒不[illegible]其
20 乃[illegible]公得道牧牛事也山峰忽危聳而起突出丈餘則為圓覺洞有大獅雄
21 畫儀態幻妙匪復人間周圍及頂俱鐫鸞嶺峰巒大海波濤花鳥飛舞魚龍變
22 西路徑逼仄鐫坐佛[illegible]有若城者名魯班倉仍返自石巖口緣磴而登其上
23 為深澗由澗底西行有大足川王人云川亦有大足雙跡也嗟虖余行天下偏
24 能始曰寶頂寺者唐柳本尊學吳道子筆意環崖數里鑿浮屠像奇譎幽怪古
25 大清同治十三年歲次

图版 182-1　圣寿寺三世佛殿内王德嘉书张澍《前游宝顶山记》碑 A 组碑文

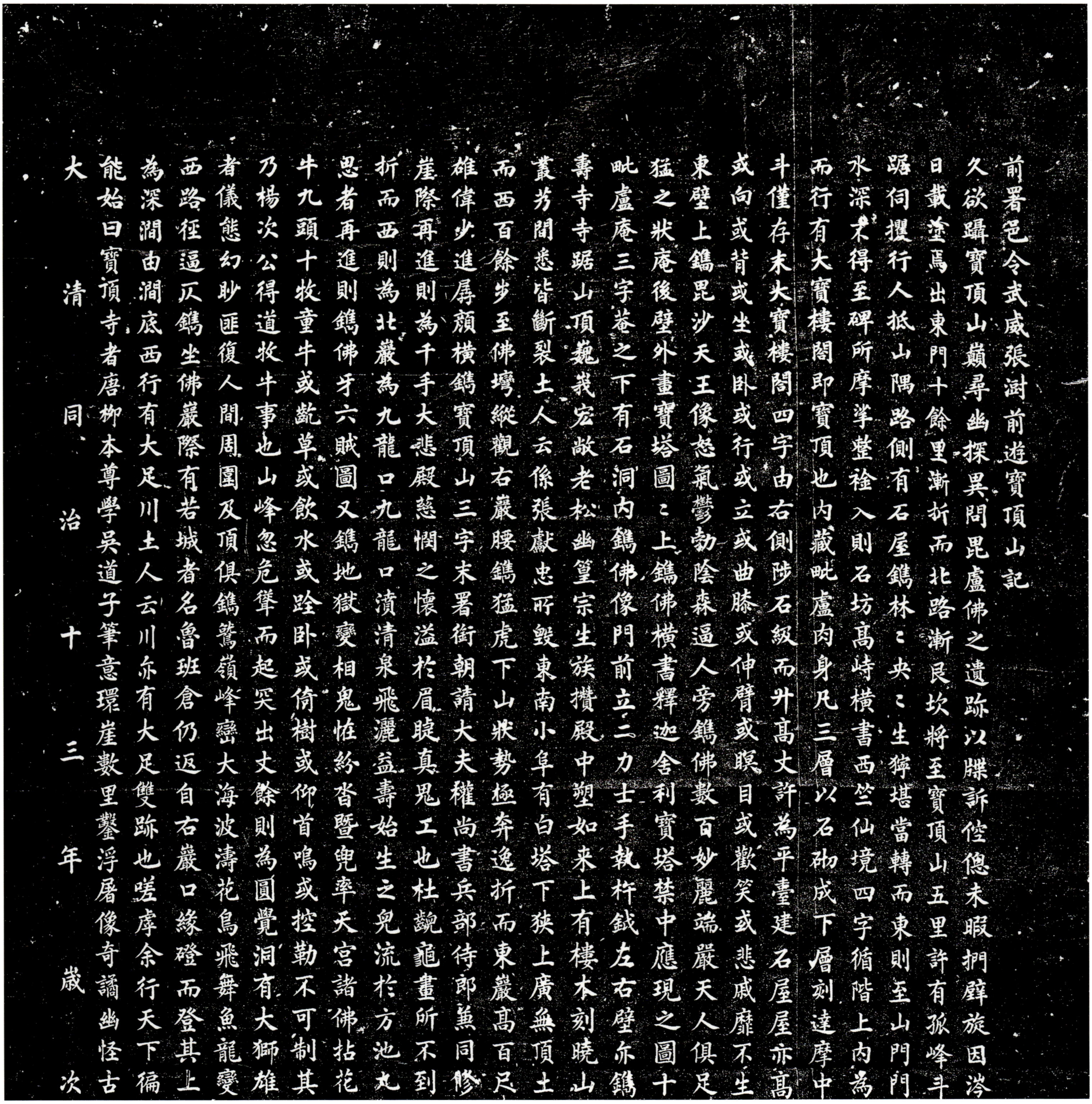

前署邑令武威張澍前遊寶頂山記
久欲躡寶頂山巔尋幽探異問毘盧佛之遺跡以牒訴倥偬未暇捫辟旋因澇
日載塗馬出東門十餘里漸折而北路漸艮坎將至寶頂山五里許有孤峰斗
踞伺攫行人抵山隅路側有石屋鐫林々央々生獰堪當轉而東則至山門門
水深未得至碑所摩挲整裣入則石坊高峙橫書西竺仙境四字循階上內為
而行有大寶樓閣即寶頂也內藏毗盧肉身凡三層以石砌成下層刻達摩中
斗僅存末大寶樓閣四字由右側陟石級而升高丈許為平臺建石屋屋亦高
或向或背或坐或卧或行或立或曲膝或伸臂或瞑目或歡笑或悲戚靡不生
東壁上鐫毘沙天王像怒氣鬱勃陰森逼人旁鐫佛數百妙麗端嚴天人俱足
猛之狀庵後壁外畫寶塔圖々上鐫佛橫書釋迦舍利寶塔禁中應現之圖十
毗盧庵三字菴之下有石洞內鐫佛像門前立二力士手執杵鉞左右壁亦鐫
壽寺寺踞山頂巍峩宏敞老松幽篁宗生族攢殿中塑如來上有樓木刻曉山
叢芳間悉皆斷裂土人云係張獻忠所毀東南小阜有白塔下狹上廣無頂土
而西百餘步至佛壪縱觀右巖腰鐫猛虎下山狀勢極奔逸折而東巖高百尺
雄偉步進孱顏橫鐫寶頂山三字末署銜朝請大夫權尚書兵部侍郎兼同修
崖際再進則為千手大悲殿慈憫之懷溢於眉睫真鬼工也杜甦龜畫所不到
折而西則為北巖為九龍口九龍口濆清泉飛灑益壽始生之兒流於方池丸
恩者再進則鐫佛牙六賊圖又鐫地獄變相鬼怪紛沓暨兜率天宮諸佛拈花
牛九頭十牧童牛或齕草或飲水或跧卧或倚樹或仰首鳴或控勒不可制其
乃楊次公得道牧牛事也山峰忽危聳而起突出丈餘則為圓覺洞有大獅雄
者儀態幻眇匪復人間周圍及頂俱鐫鷲嶺峰巒大海波濤花鳥飛舞魚龍變
西路徑逼仄鐫坐佛巖際有若城者名魯班倉仍返自右巖口緣磴而登其上
為深澗由澗底西行有大足川土人云川亦有大足雙跡也嗟虖余行天下徧
能始曰寶頂寺者唐柳本尊學吴道子筆意環崖數里鑿浮屠像奇譎幽怪古
大清同治十三年歲次

图版 182-1　圣寿寺三世佛殿内王德嘉书张澍《前游宝顶山记》碑 A 组碑文

01 旅因滛霖隃月路甚濘淖不便肅緣乃錯鼓北巖宣陽排陰天大晅霽於十月十八
02 孤峰斗絕在外鐫白衣觀音像上鐫小佛三尊懸崖覆之遠望西北諸山如蹊蜿蜒
03 山門門外大石池方圓三畝許池中左側豎一碑碑左右石上有雙足跡大如箕皆
04 上內為韋馱殿再進即維摩殿像極莊嚴令人祇竦再進為觀音殿由維摩殿之右
05 達摩中層刻迦葉上層刻釋迦周圍刻經間以佛像樓閣後石壁下截鐫八字大如
06 屋亦高丈餘自東壁抵西壁長三十步後壁鐫小佛數盈萬凡柱梁藻栱罔非佛者
07 靡不生動曲肖所執香花寶珠鈸鉢瓔珞之屬亦復精巧寡倫西壁多鐫女菩薩像
08 人俱足屋檐外左側有毗盧石巷左右壁外均鐫佛文鐫天神彎弓拔劍捧袱極威
09 之圖十二字佛下畫寶塔像旁刻嘉定十年僧道權記敘事雅潔有體恭前楣橫刻
10 壁亦鐫二力士像厥狀役態良喜色可掬由觀音殿右出沿緣而上約十弓許為聖
11 刻曉山和尚臥像魏睹峯巒刻螺拱如小兜孫洶此山獨秀矣寺側石佛數十立
12 無頂主人云康熙時飛至瀘州為鐵鍊縶往不能飛來矣乃返禪室少憩出山門折
13 高百尺鐫金剛十尊三世佛三尊各高五丈許有轉輪佛口銜金輪霞光萬道狀極
14 兼同修國史兼軍口錄試官修撰杜孝嚴書下鐫大佛九為奇特頂上圓光配蔾於
15 所不到稍轉至巖由鐫睡佛首大如屋身長九丈旁鐫弟子十餘向佛若悲泣者人
16 方迄九曲入洞旁有孔雀明王洞明王騎孔雀勢欲凌虛旁有毗盧閣像靜穆若有
17 拈花及雪嶺鷹崖釋迦苦鍊令觀者神遊其境復返至南崖之左沿崖而西凡鐫
18 可制其狀童或用力牽抝或揮鞭或倚石臥或坐石吹篴或延頸斜睨或相抱而戲
19 大獅雄踞洞口拳毛斗尾恍聞吼聲洞甚黝暗上鐫觀音文殊普賢兩旁刻十二尊
20 魚龍變幻睊眙者久之惟前巖上漏一綫天天光斜穿入洞乃辨諸像西獅子崖兩
21 登其上平闊四徽建萬歲樓作八卦形鸞拱翼騫勢若飛動蓋是山分南北二巖中
22 天下偏矣凡所登覽已極耳目之觀今至寶頂浩眺若登霄漢法像則釋舌而驚嘗
23 幽怪古今所未有也噫信矣
24 知大足縣事城固王德嘉勒石
25 次甲戌孟春上浣穀旦

图版 182-2　圣寿寺三世佛殿内王德嘉书张澍《前游宝顶山记》碑 B 组碑文

旋因澇潰隃月路甚滑淖不便肅驂乃擂鼓北巖宣陽排陰天大暒霽於十月十八
孤峰斗絶在外鐫白衣觀音像上鐫小佛三尊懸崖覆之遠望西北諸山如狻猊蹲
山門門外大石池方圓三畝許池中左側豎一碑碑左右石上有雙足跡大如箕惜
上內為韋馱殿再進即維摩殿像極莊嚴令人祇竦再進為觀音殿由維摩殿之右
達摩中層刻迦葉上層刻釋迦周圍刻經間以佛像樓閣後石壁下截鐫八字大如
屋亦高丈餘自東壁抵西壁長三十步後壁鐫小佛數盈萬凡柱梁楶栱罔非佛者
靡不生動曲肖所執香花寶珠鈸鉢纓絡之屬亦復精巧寡倫西壁多鐫女菩薩像
人俱足屋檐外左側有毗盧石龕左右壁外均鐫佛又鐫天神彎弓拔劍撿袂極威
之圖十二字佛下畫寶塔像旁刻嘉定十年僧道權記敘事雅潔有體龕前楣橫刻
壁亦鐫二力士像厥狀復慈良喜色可掬由觀音殿右出沿緣而上約十弓許為聖
刻曉山和尚臥像俛睇羣峯羅列環拱如小兒孫洵此山獨秀矣寺側石佛數十立
無頂土人云康熙時飛至瀘州為鐵索纏住不能飛來矣乃返禪室少憩出山門折
高百尺鐫金剛十尊三世佛三尊各高五丈許有轉輪佛口銜金輪霞光萬道狀極
兼同修國史兼軍口錄試官修撰杜孝嚴書下鐫大佛九為奇特頂上圓光配藜於
所不到稍轉至巖曲鐫睡佛首大如屋身長九丈旁鐫弟子十餘向佛若悲泣者又
方池丸曲入澗旁有孔雀明王洞明王騎孔雀勢欲凌虛旁有毗盧閣像靜閟若有
佛拈花及雪嶺鷹崖釋迦苦鍊令觀者神遊其境復返至南崖之左沿崖而西凡鐫
可制其牧童或用力牽拽或揮鞭或倚石臥或坐石吹篴或延頸斜睨或相抱而戲
大獅雄踞洞口拳毛斗尾恍聞吼聲洞甚黝暗上鐫觀音文殊普賢兩旁刻十二尊
魚龍變幻愕眙者久之惟前巖上漏一綫天天光斜穿入洞乃辨諸像由獅子崖而
登其上平阿四徹建萬歲樓作八卦形簷拱翼騫勢若飛動蓋是山分南北二巖中
天下徧矣凡所登覽已極耳目之觀今至寶頂浩眺岩壑窮睇法像則撟舌而驚曹
幽怪古今所未有也噫信矣
知大足縣事城固王德嘉勒石
次甲戌孟春上浣穀旦

25 24 23 22 21 20 19 18 17 16 15 14 13 12 11 10 09 08 07 06 05 04 03 02 01

图版 182-2　圣寿寺三世佛殿内王德嘉书张澍《前游宝顶山记》碑 B 组碑文

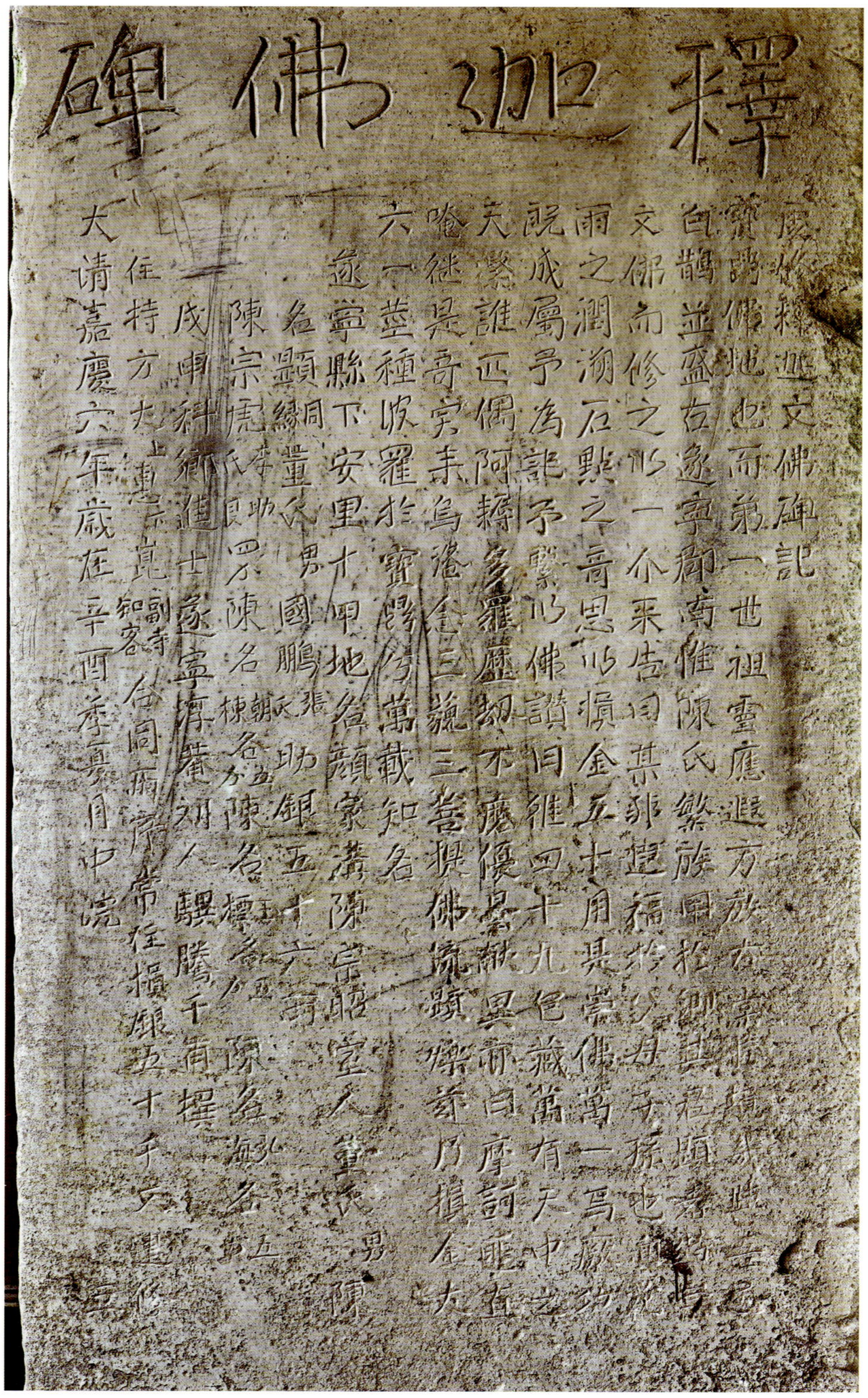

图版 183　圣寿寺三世佛殿内陈宗昭等立《释迦佛碑》

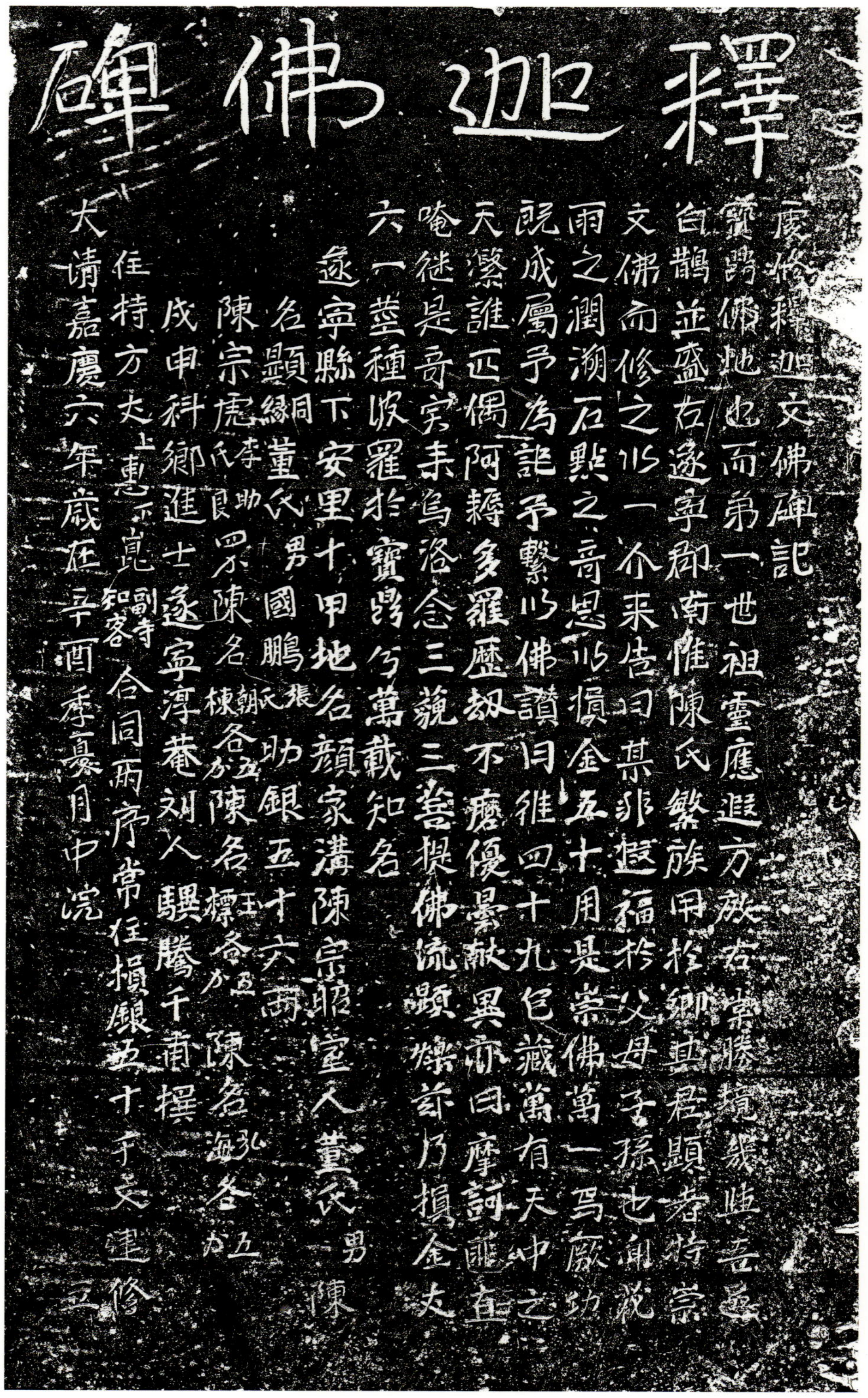

图版 183　圣寿寺三世佛殿内陈宗昭等立《释迦佛碑》

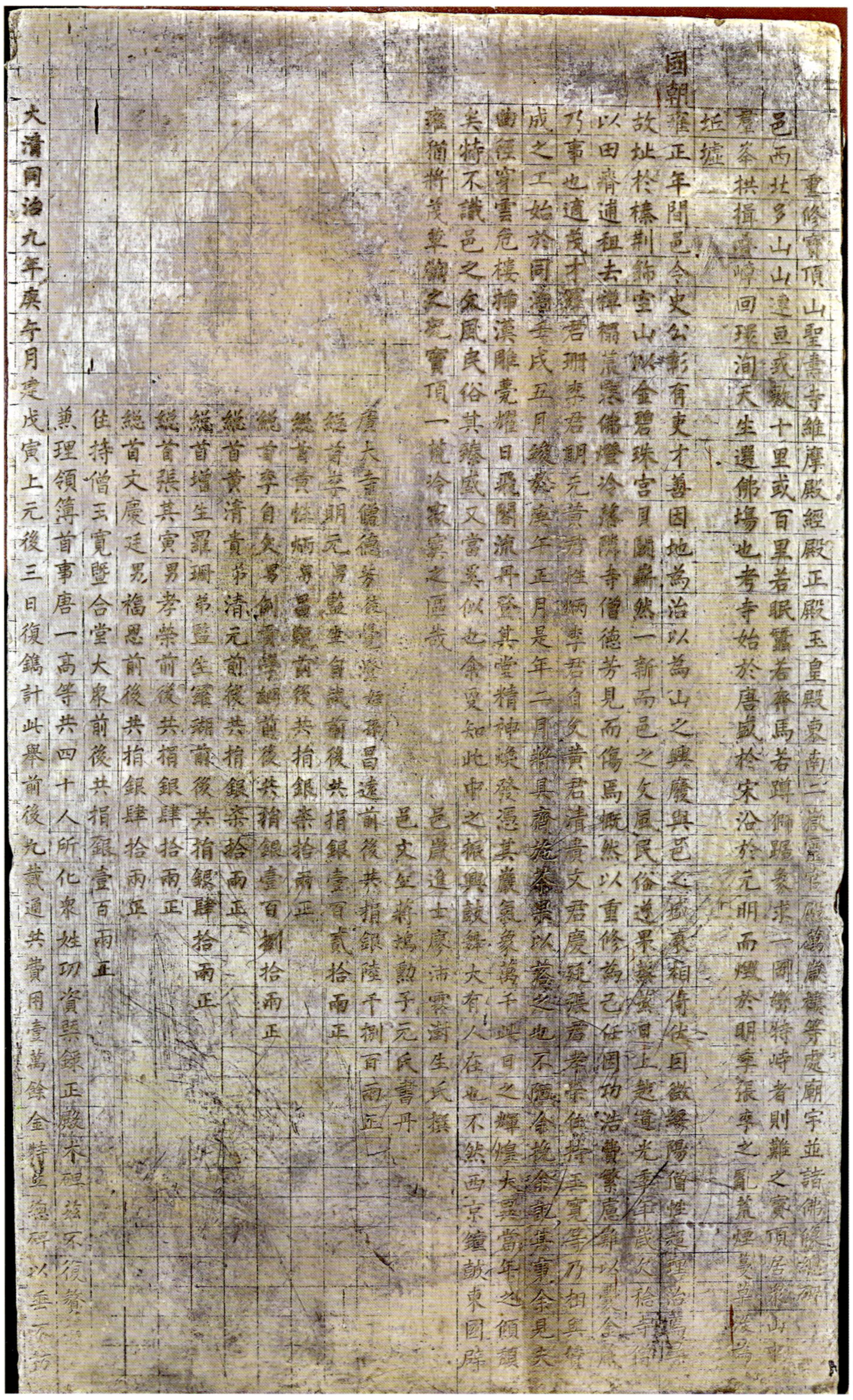

24 23 22 21 20 19 18 17 16 15 14 13 12 11 10 09 08 07 06 05 04 03 02 01

图版 184　圣寿寺三世佛殿内《重修宝顶山圣寿寺等处庙宇并诸佛像总碑》

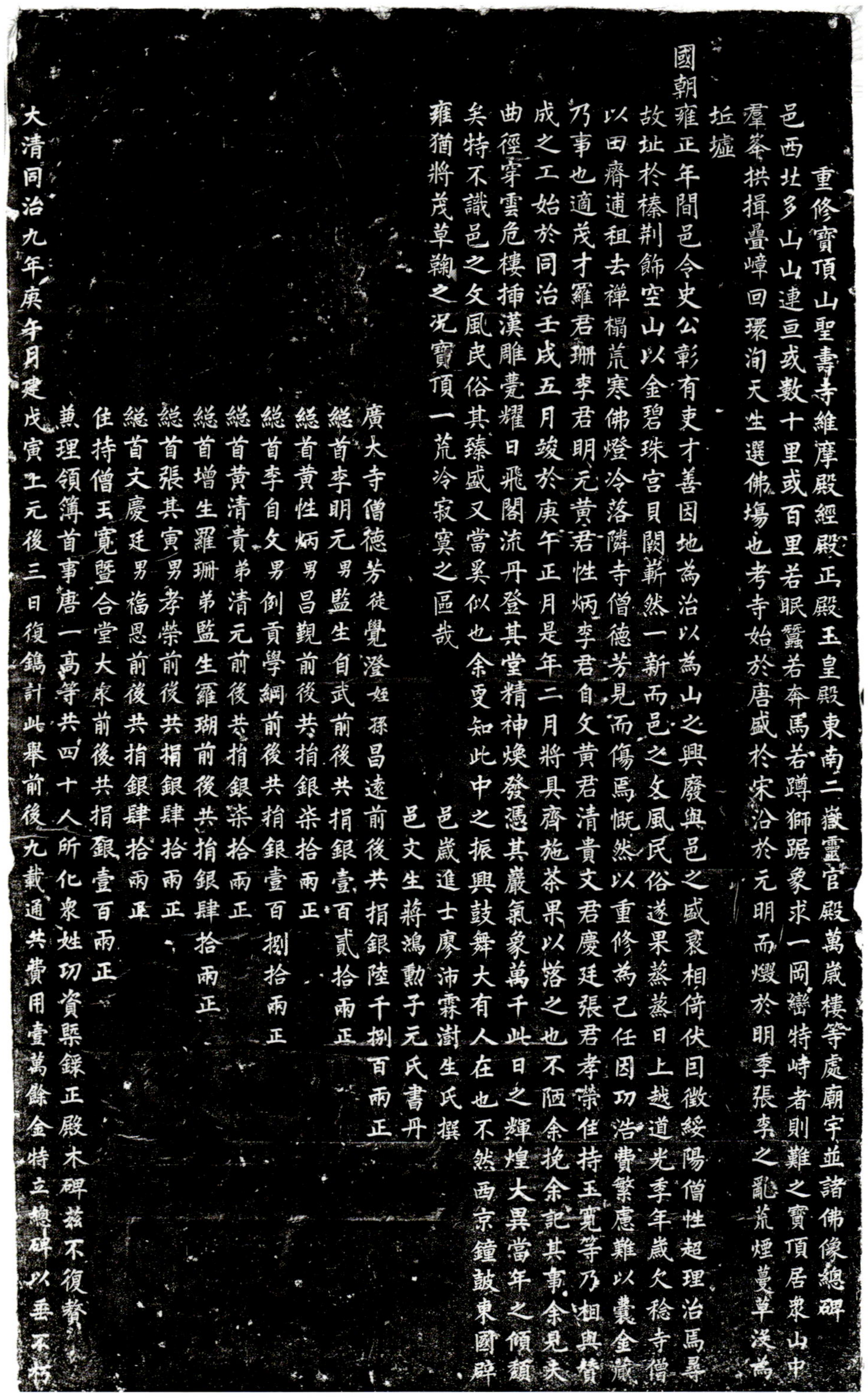

重修寶頂山聖壽寺維摩殿經殿正殿玉皇殿東南二嶽靈官殿萬歲樓等處廟宇並諸佛像總碑
邑西壯多山山連亘或數十里或百里若眠蠶若奔馬若蹲獅踞象求一岡巒特峙者則難之寶頂居衆山中
羣峯拱揖疊嶂回環洵天生選佛場也考寺始於唐盛於宋沿於元明而燬於明季張李之亂荒煙蔓草淡為
坵墟
國朝雍正年間邑令史公彰有吏才善因地為治以為山之興廢與邑之盛衰相倚伏曰徵綏陽僧性超理治焉尋
故址於榛荊飾空山以金碧珠宮貝闕嶄然一新而邑之文風民俗遂果蒸蒸日上越道光季年歲久稔寺僧
以田瘠逋租去禪榻荒寒佛燈冷落隣寺僧德芳見而傷焉慨然以重修為己任因功浩費繁慮難以囊金蕆
乃事也適茂才羅君珊李君明元黄君性炳李君自文黄君清貴文君慶廷張君孝榮住持玉寬等乃相與贊
成之工始於同治壬戌五月竣於庚午正月是年二月將具齋施茶果以落之也不陋余挽余記其事余見夫
曲徑穿雲危樓插漢雕甍耀日飛閣流丹登其堂精神煥發憑其巖氣象萬千此日之輝煌大異當年之傾頹
矣特不識邑之文風民俗其臻盛又當奚似也余叟知此中之振興鼓舞大有人在也不然西京鐘鼓東國辟
雍猶將茂草鞠之况寶頂一荒冷寂寞之區哉
邑歲進士廖沛霖澍生氏撰
邑文生蔣鴻勳子元氏書丹
廣大寺僧德芳徒覺澄姪孫昌遠前後共捐銀陸千捌百兩正
總首李明元男監生自武前後共捐銀壹百貳拾兩正
總首黄性炳男昌覲前後共捐銀柒拾兩正
總首李自文男例貢學綗前後共捐銀壹百捌拾兩正
總首黄清貴弟清元前後共捐銀柒拾兩正
總首增生羅珊弟監生羅瑚前後共捐銀肆拾兩正
總首張其寅男孝榮前後共捐銀肆拾兩正
總首文慶廷男福恩前後共捐銀肆拾兩正
住持僧玉寬暨合堂大衆前後共捐銀壹百兩正
兼理領簿首事唐一高等共四十人所化衆姓功資槩錄正殿木碑茲不復贅
大清同治九年庚午月建戊寅上元後三日復鐫計此舉前後九載通共費用壹萬餘金特立總碑以垂不朽

24 23 22 21 20 19 18 17 16 15 14 13 12 11 10 09 08 07 06 05 04 03 02 01

图版 184　圣寿寺三世佛殿内《重修宝顶山圣寿寺等处庙宇并诸佛像总碑》

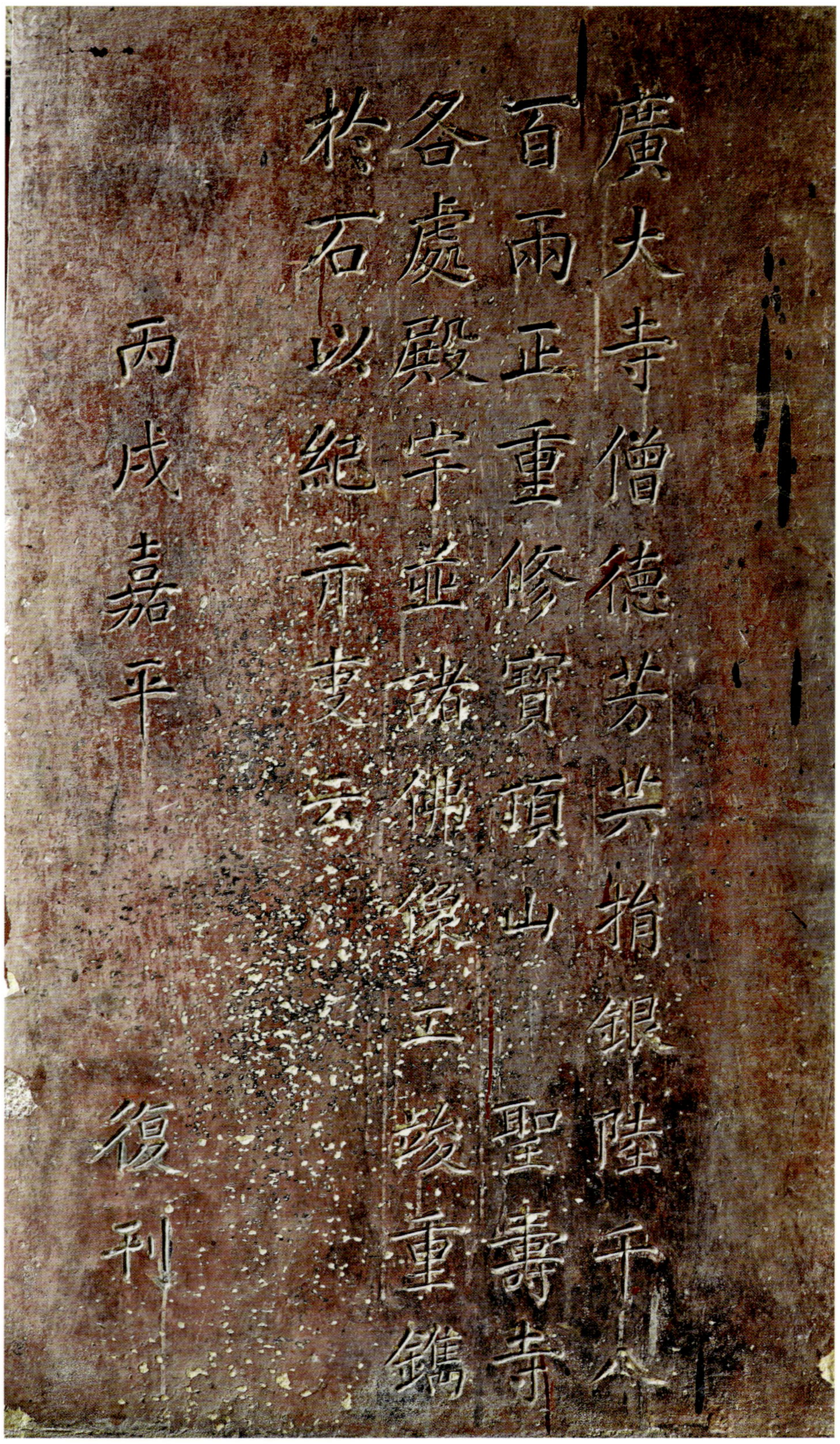

05　04　03　02　01

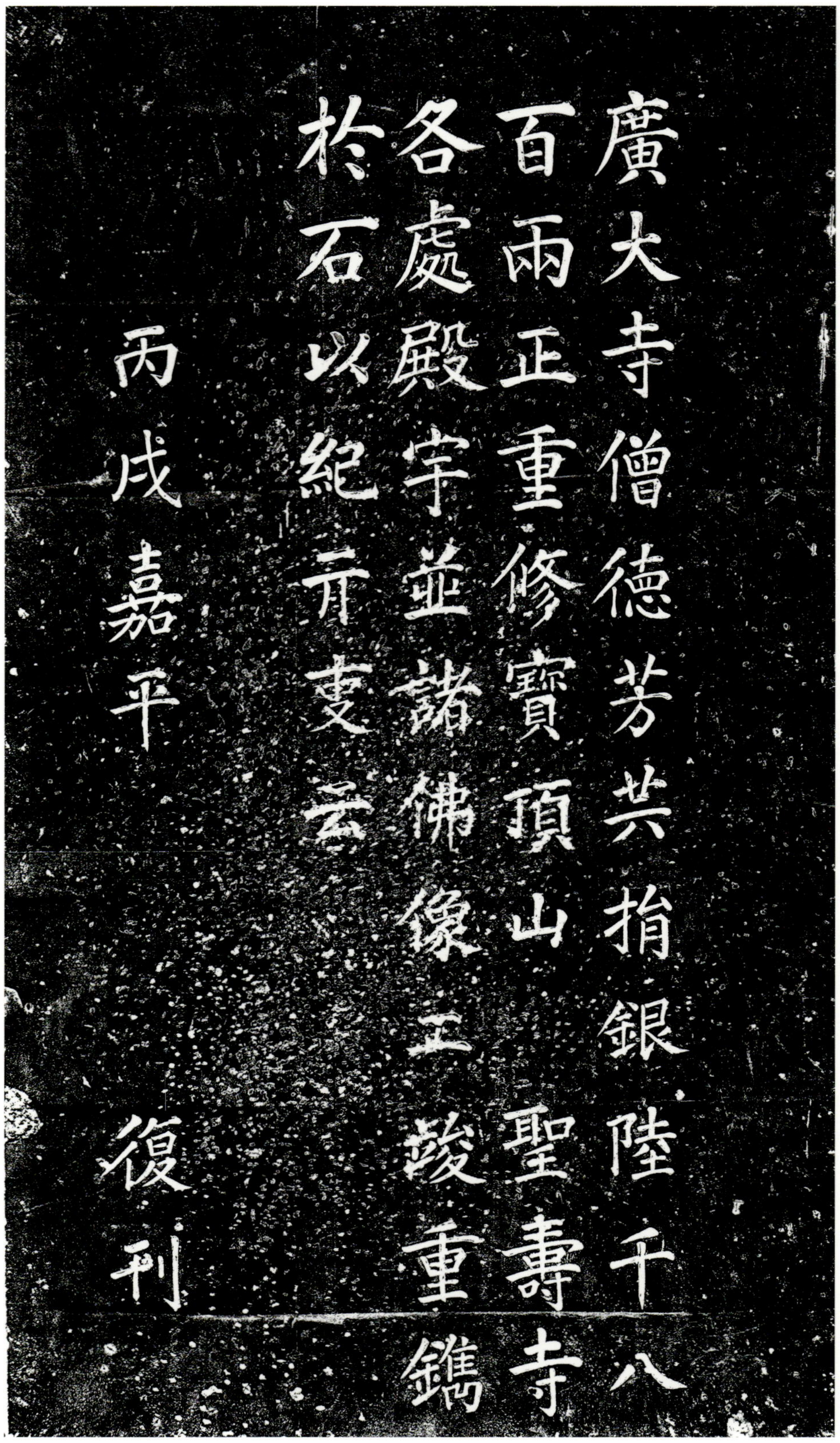

05　04　03　02　01

图版 185　圣寿寺三世佛殿内右后角僧德芳捐银重修圣寿寺碑

图版 185　圣寿寺三世佛殿内右后角僧德芳捐银重修圣寿寺碑

图版 186　圣寿寺维摩殿维摩卧像上方坐佛背屏张龙飞装修大佛湾、圣寿寺像记

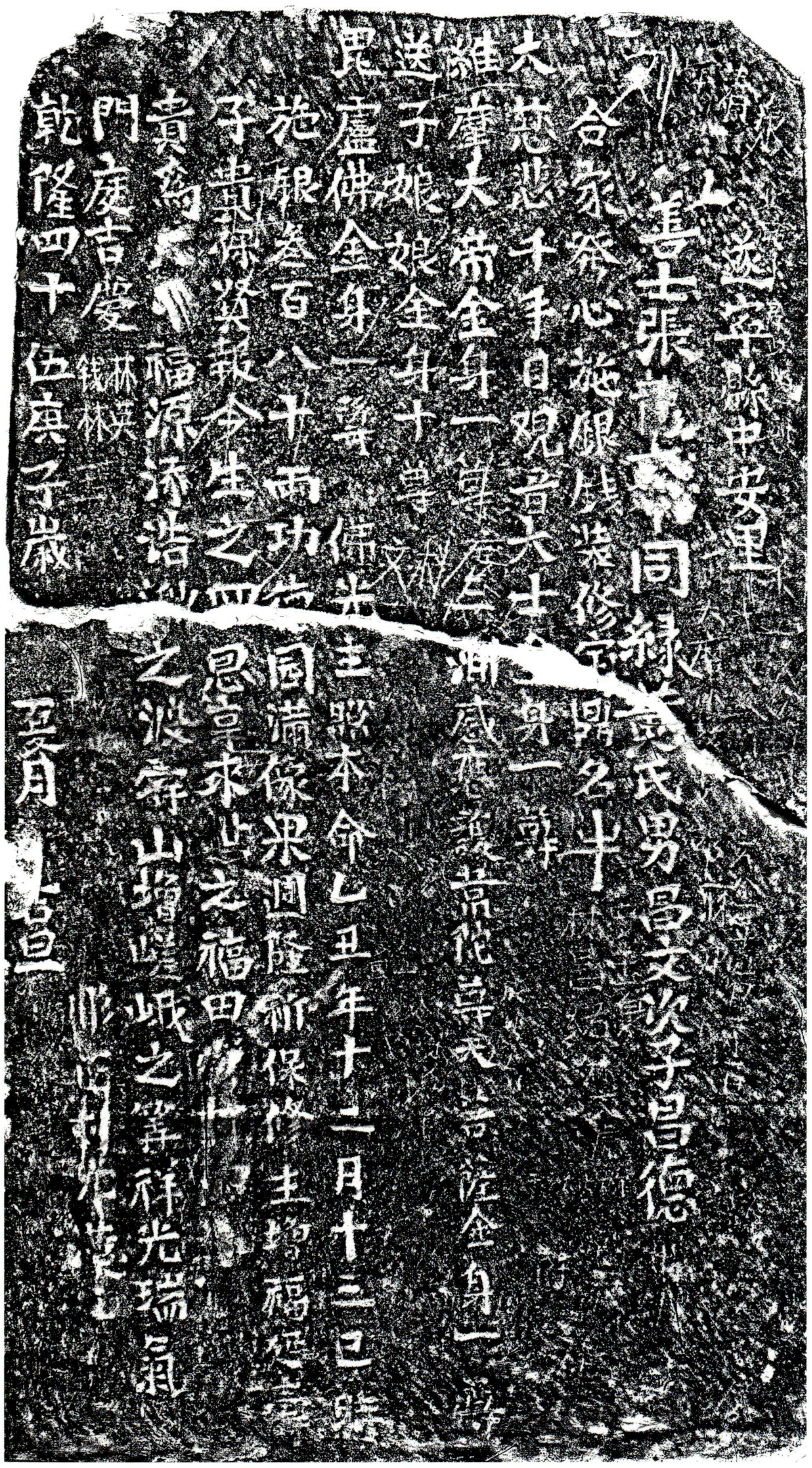

图版 186　圣寿寺维摩殿维摩卧像上方坐佛背屏张龙飞装修大佛湾、圣寿寺像记

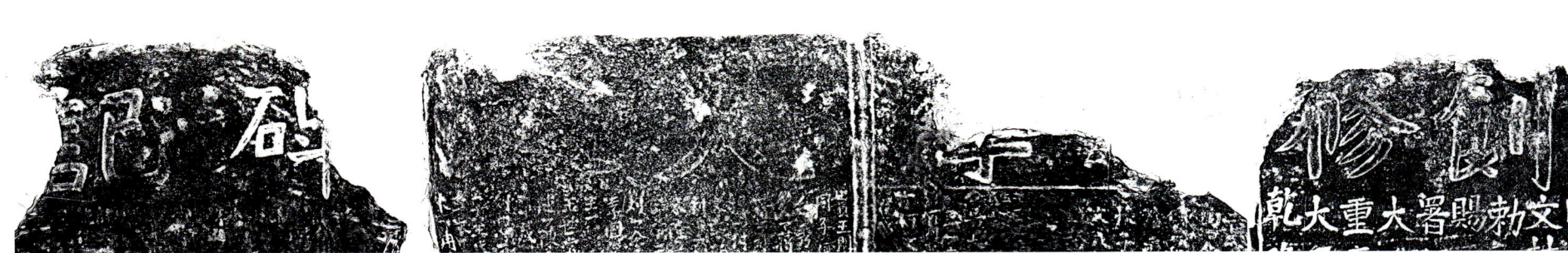

图版 187　圣寿寺维摩殿外左前侧《创修□宇大殿碑记》上部碑额

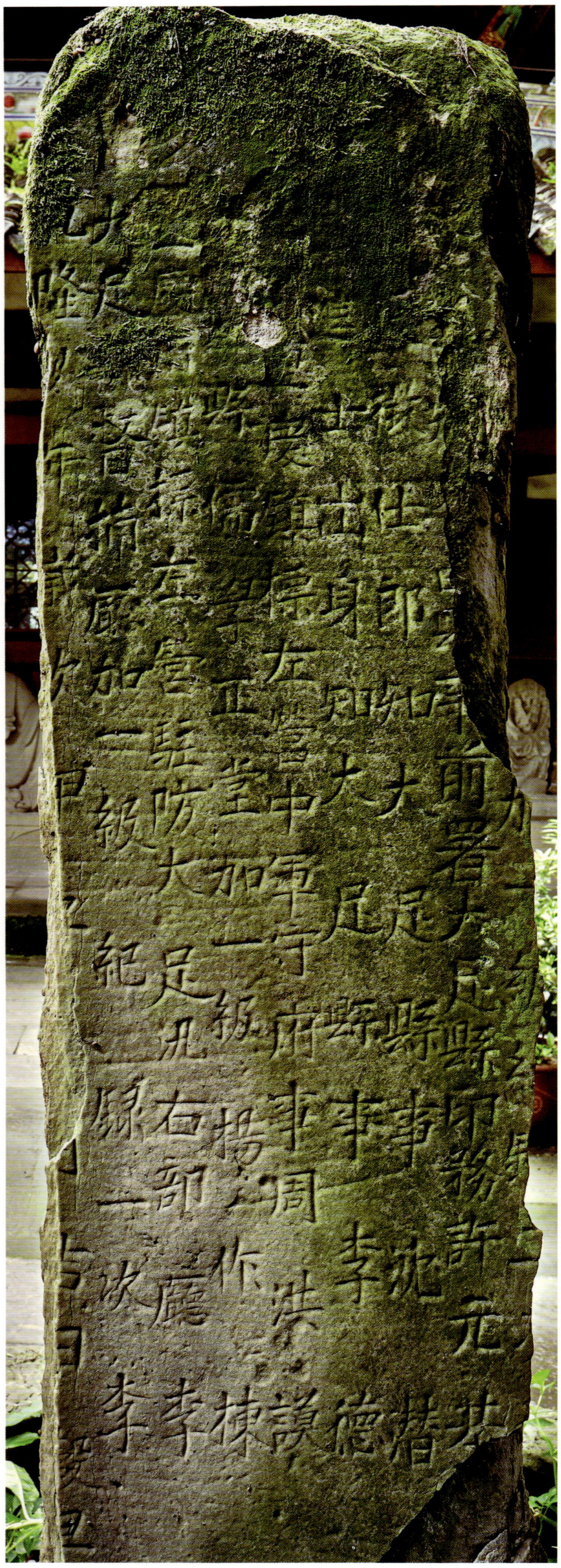

09 08 07 06 05 04 03 02 01

图版 188　圣寿寺维摩殿外左前侧《创修□宇大殿碑记》北面碑文

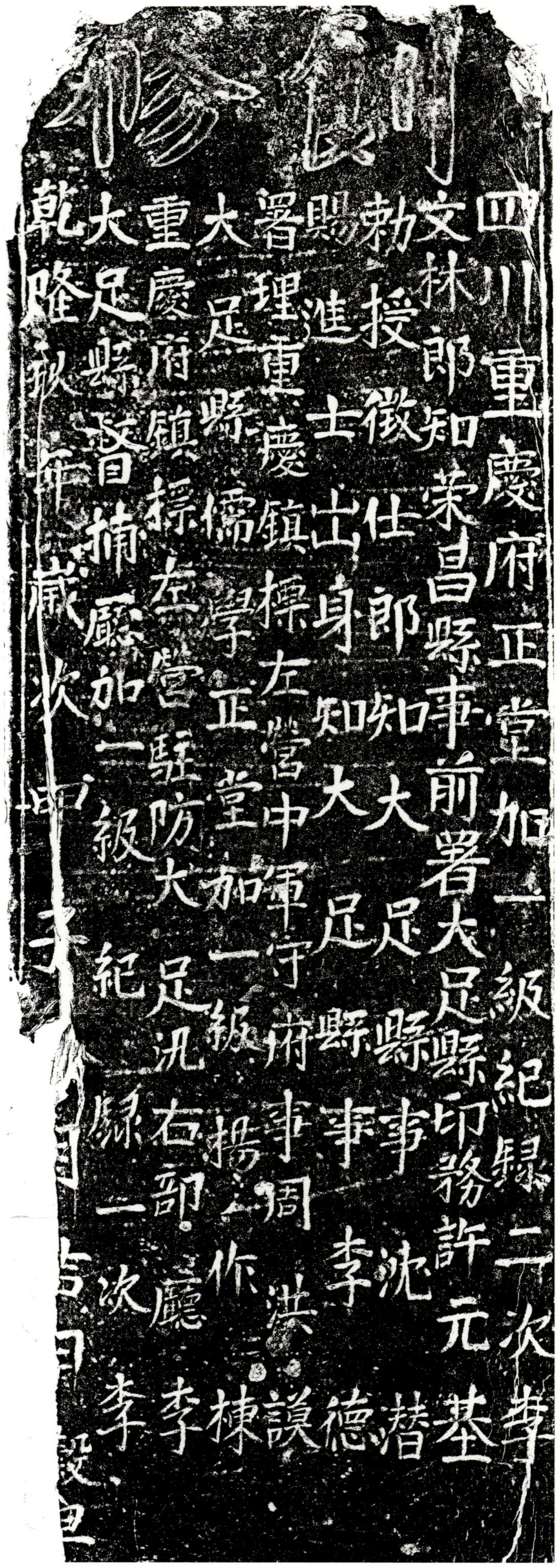

09 08 07 06 05 04 03 02 01

图版 188　圣寿寺维摩殿外左前侧《创修□宇大殿碑记》北面碑文

15 14 13 12 11 10 09 08 07 06 05 04 03 02 01

图版 189　圣寿寺维摩殿右前侧亭内《圣旨》碑

15 14 13 12 11 10 09 08 07 06 05 04 03 02 01

图版 189　圣寿寺维摩殿右前侧亭内《圣旨》碑

图版 190　广大寺大雄宝殿左侧《重创碑》

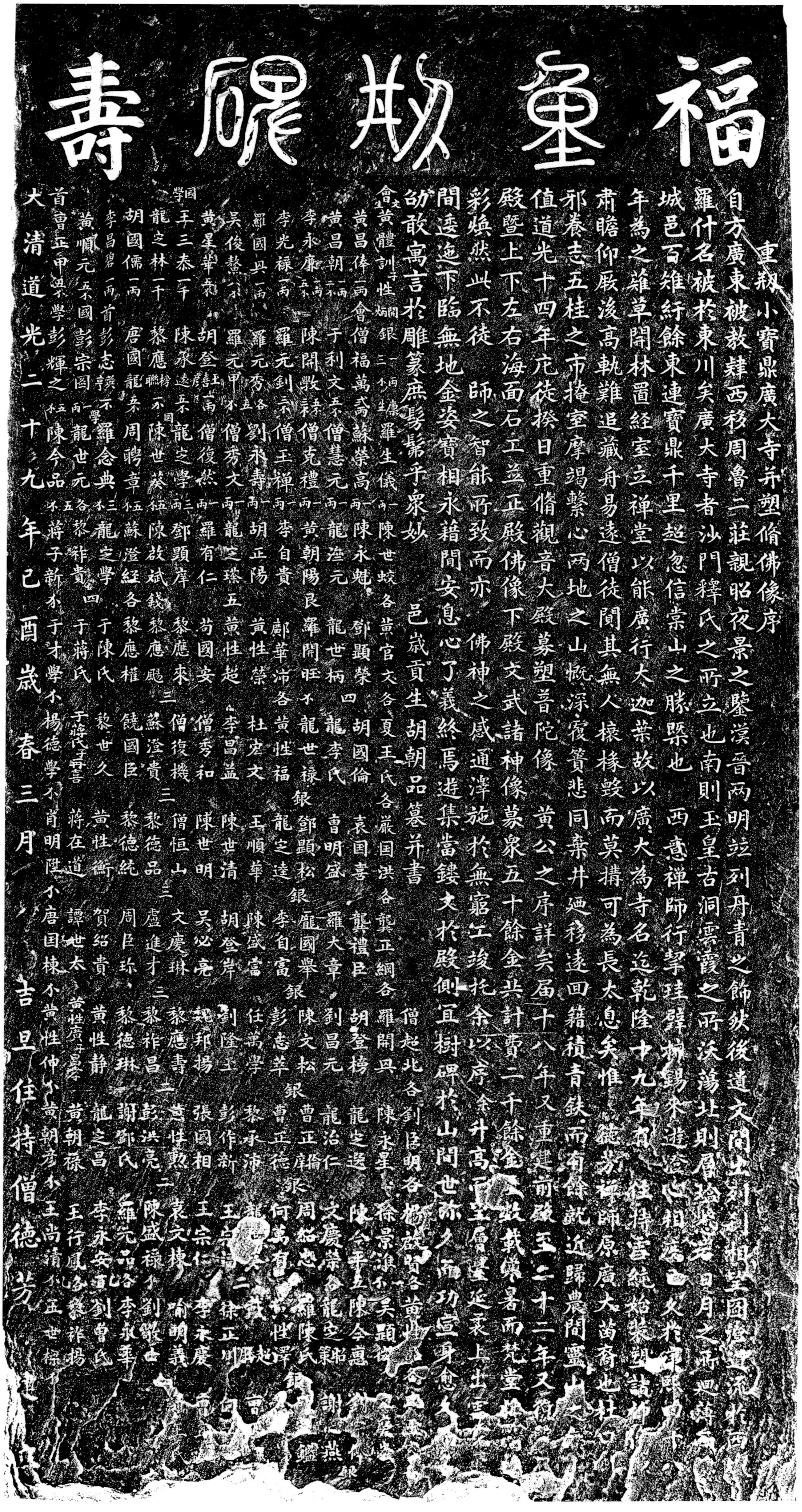

图版 190 广大寺大雄宝殿左侧《重创碑》

图版 191　广大寺正殿左侧《永垂万古碑记》

图版 191　广大寺正殿左侧《永垂万古碑记》

图版192　广大寺大雄宝殿右侧《重修小宝顶广大寺观音殿普陀岩碑志铭》

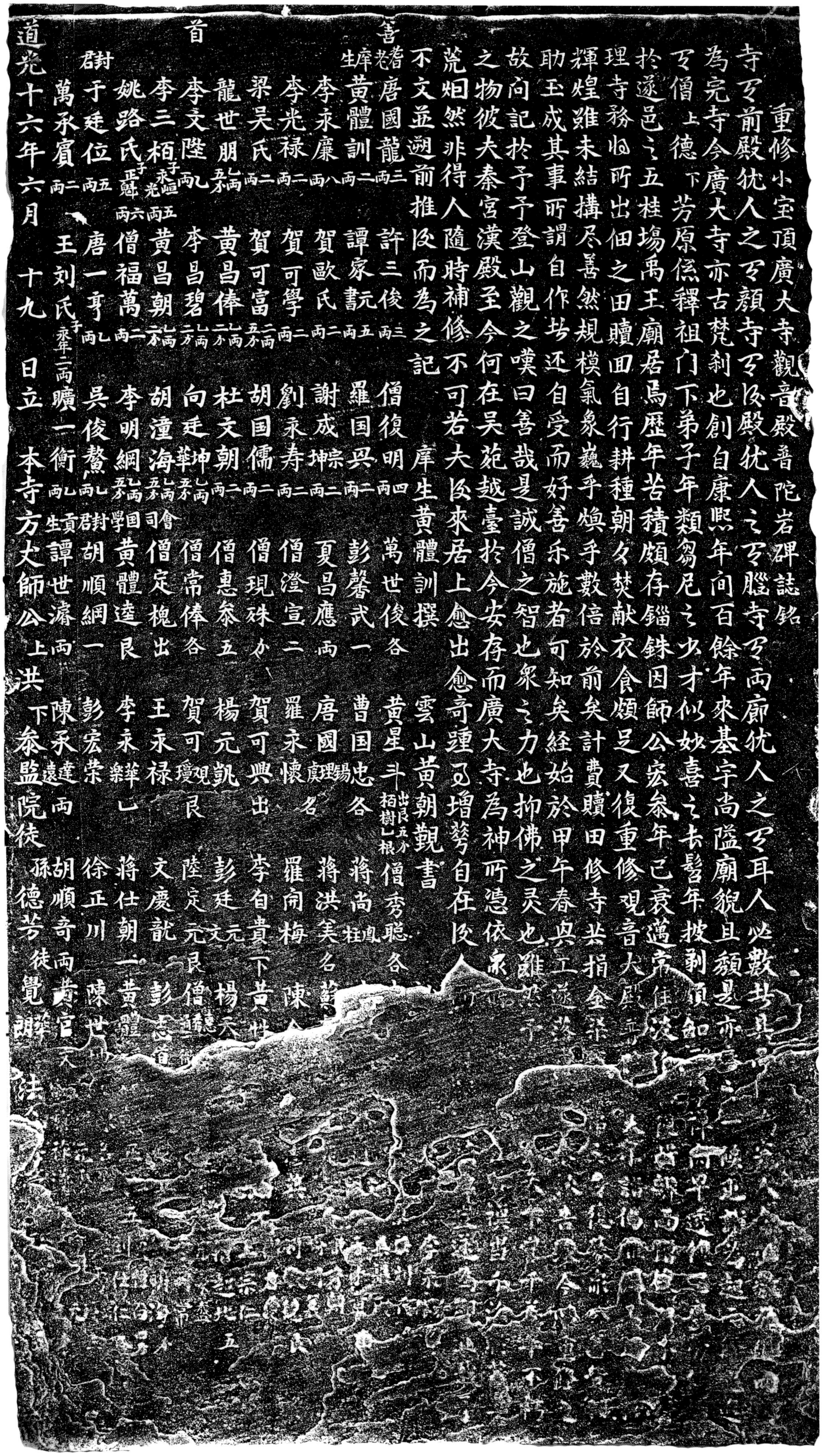

图版 192　广大寺大雄宝殿右侧《重修小宝顶广大寺观音殿普陀岩碑志铭》

图版 193　广大寺大雄宝殿右侧佚名立《无量□□》碑

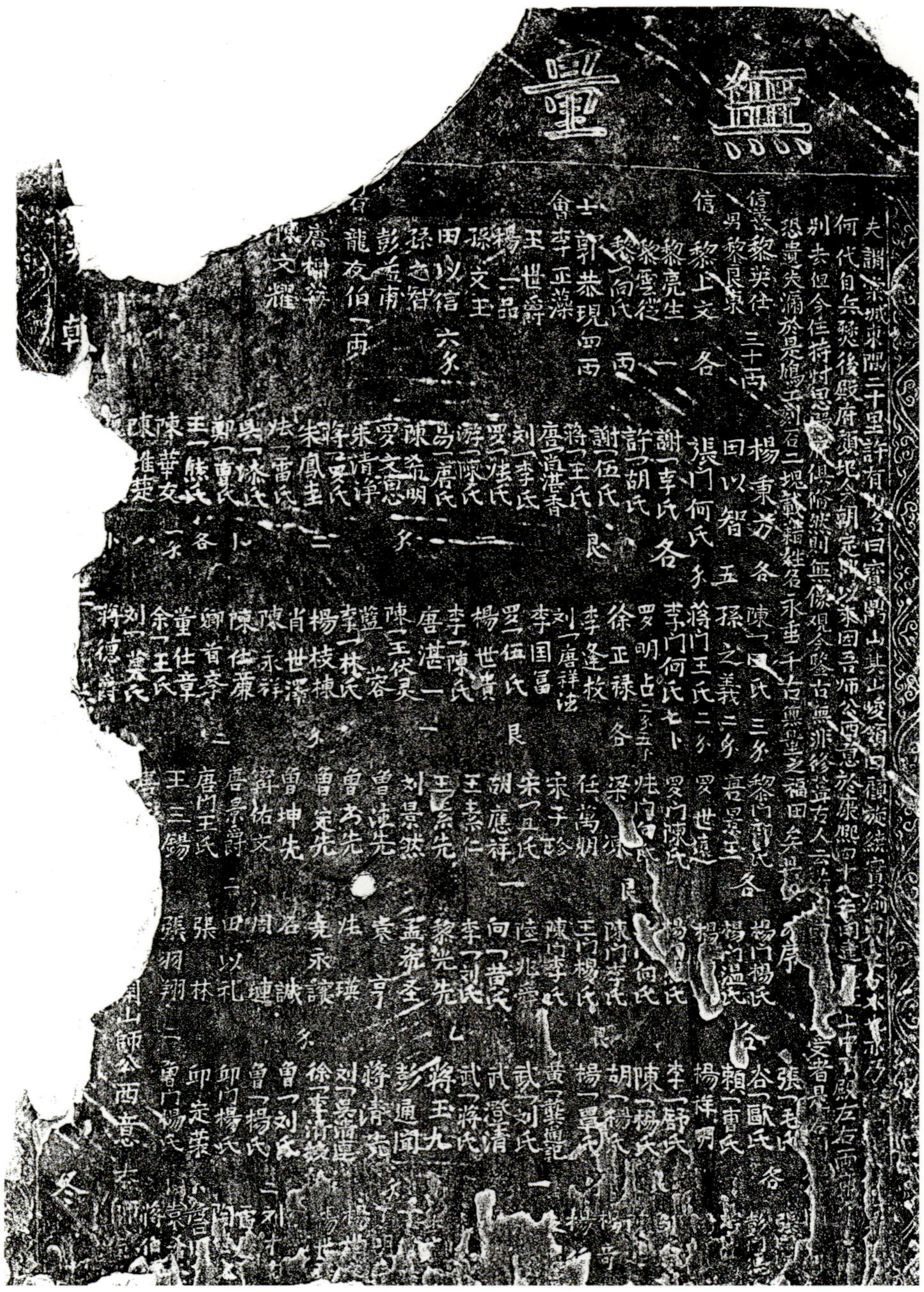

图版 193　广大寺大雄宝殿右侧佚名立《无量□□》碑

图版194　广大寺大雄宝殿右侧僧弘参立《万古不朽》碑

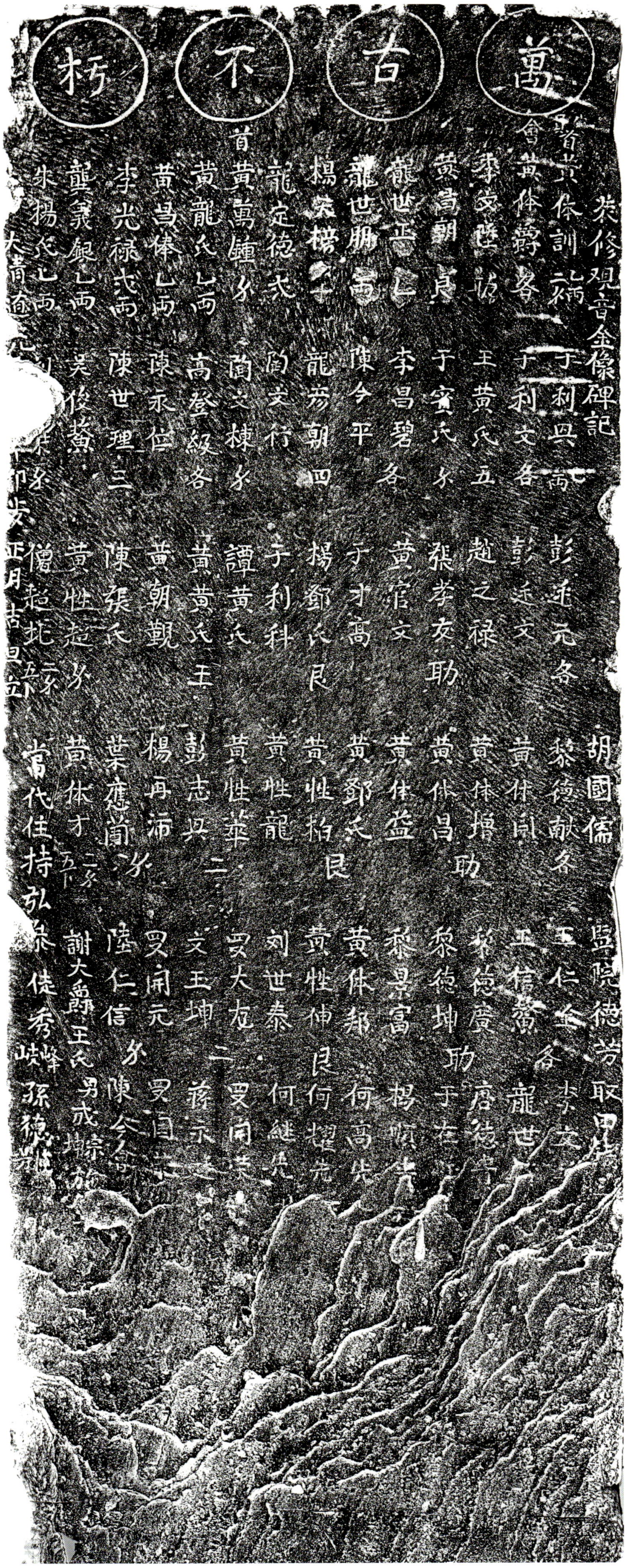

图版194　广大寺大雄宝殿右侧僧弘参立《万古不朽》碑

图版 195　惜字塔第二级塔身东面“惜字阁”题刻

图版 195　惜字塔第二级塔身东面“惜字阁”题刻

图版 196　惜字塔第二级塔身东面楹联

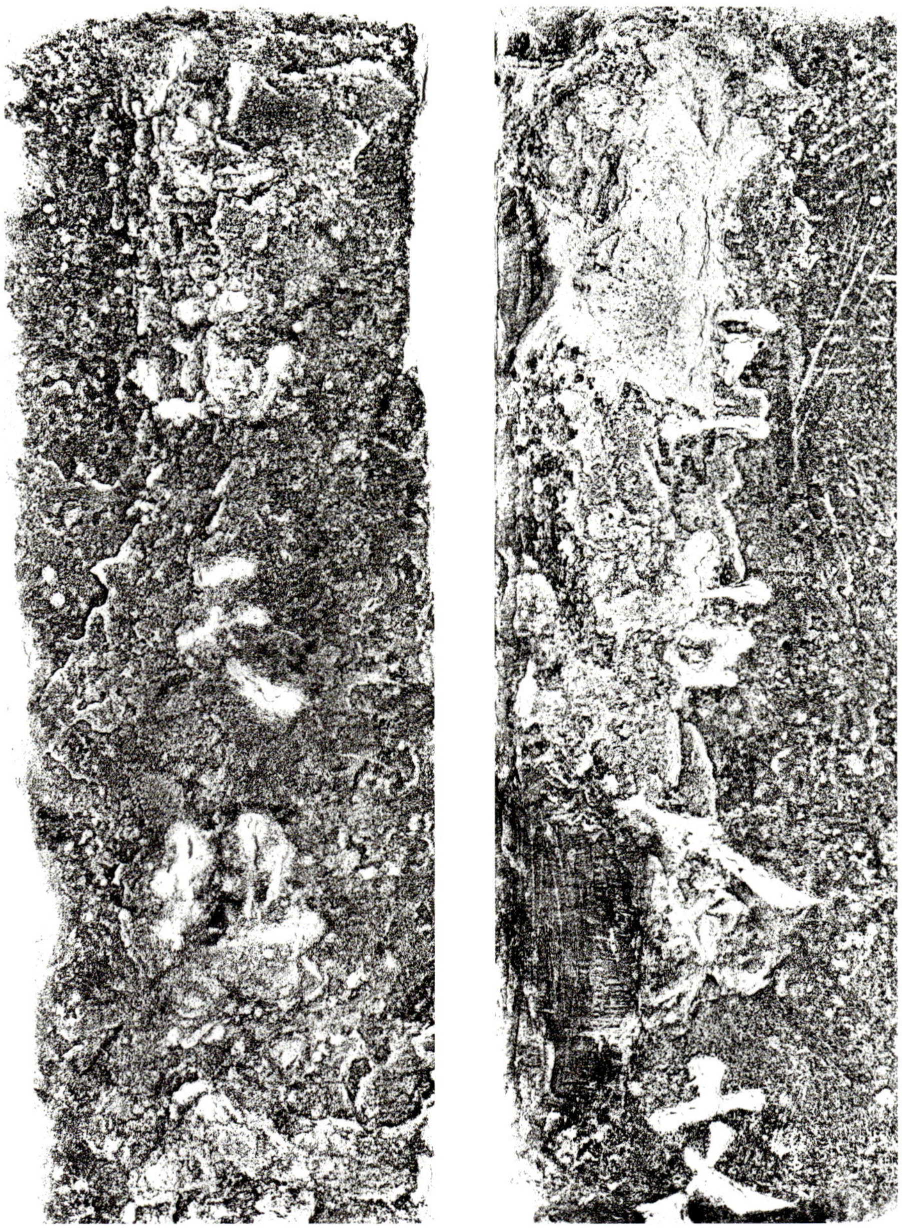

图版 196　惜字塔第二级塔身东面楹联

20 19 18 17 16 15 14 13 12 11 10 09 08 07 06 05 04 03 02 01

图版 197　惜字塔第二级塔身南面铭文

20 19 18 17 16 15 14 13 12 11 10 09 08 07 06 05 04 03 02 01

图版 197　惜字塔第二级塔身南面铭文

图版 198　惜字塔第二级塔身西面楹联

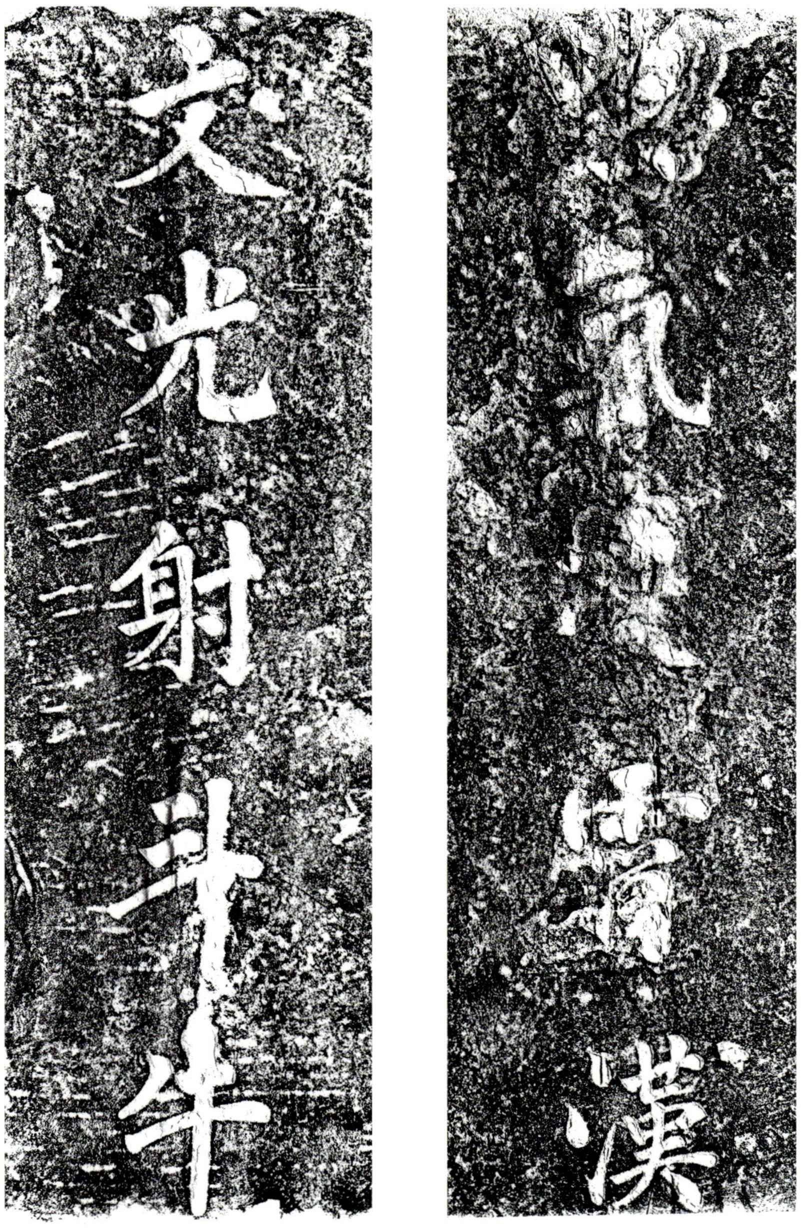

图版 198　惜字塔第二级塔身西面楹联

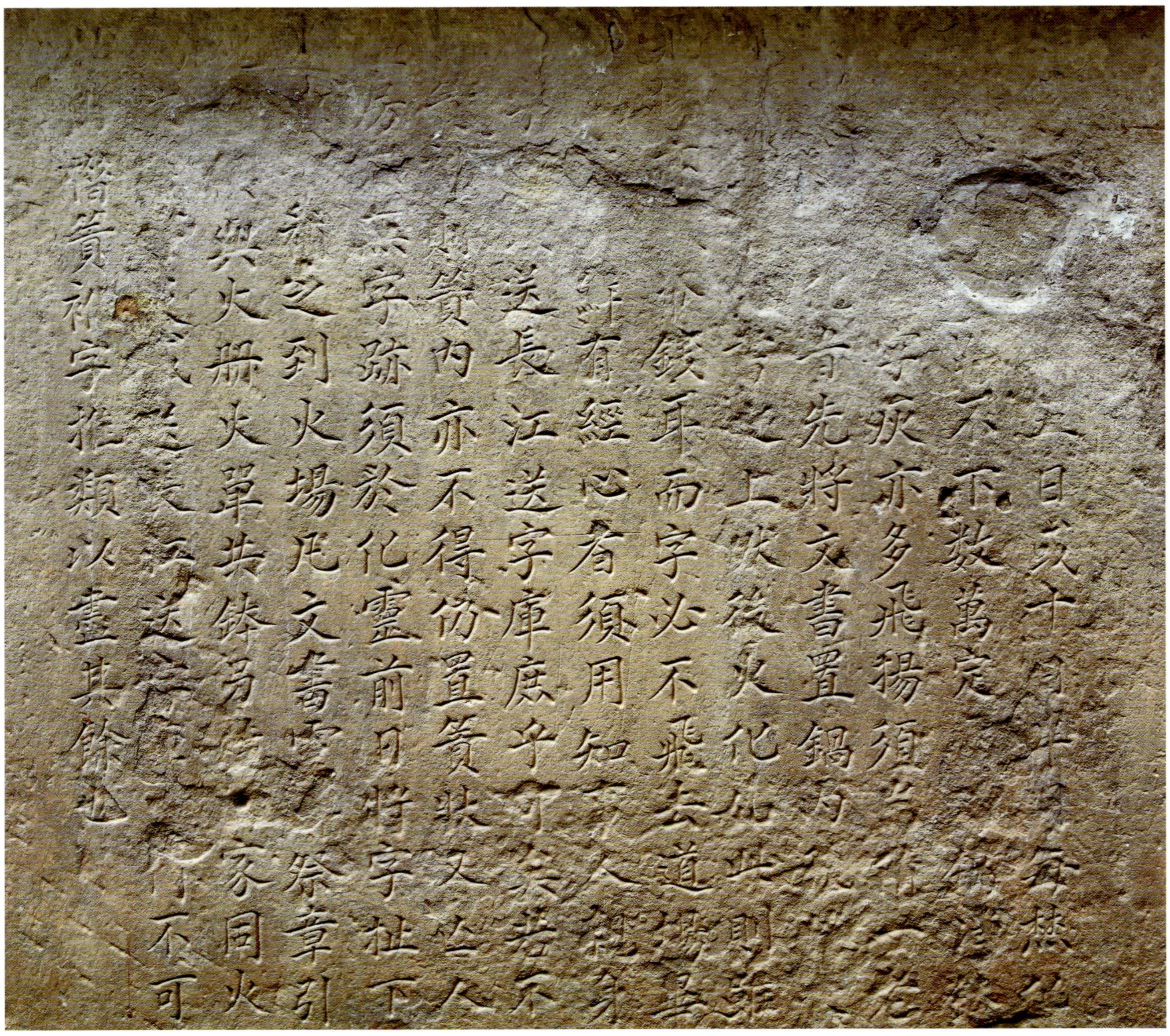

14 13 12 11 10 09 08 07 06 05 04 03 02 01

图版 199　惜字塔第二级塔身西面中部铭文

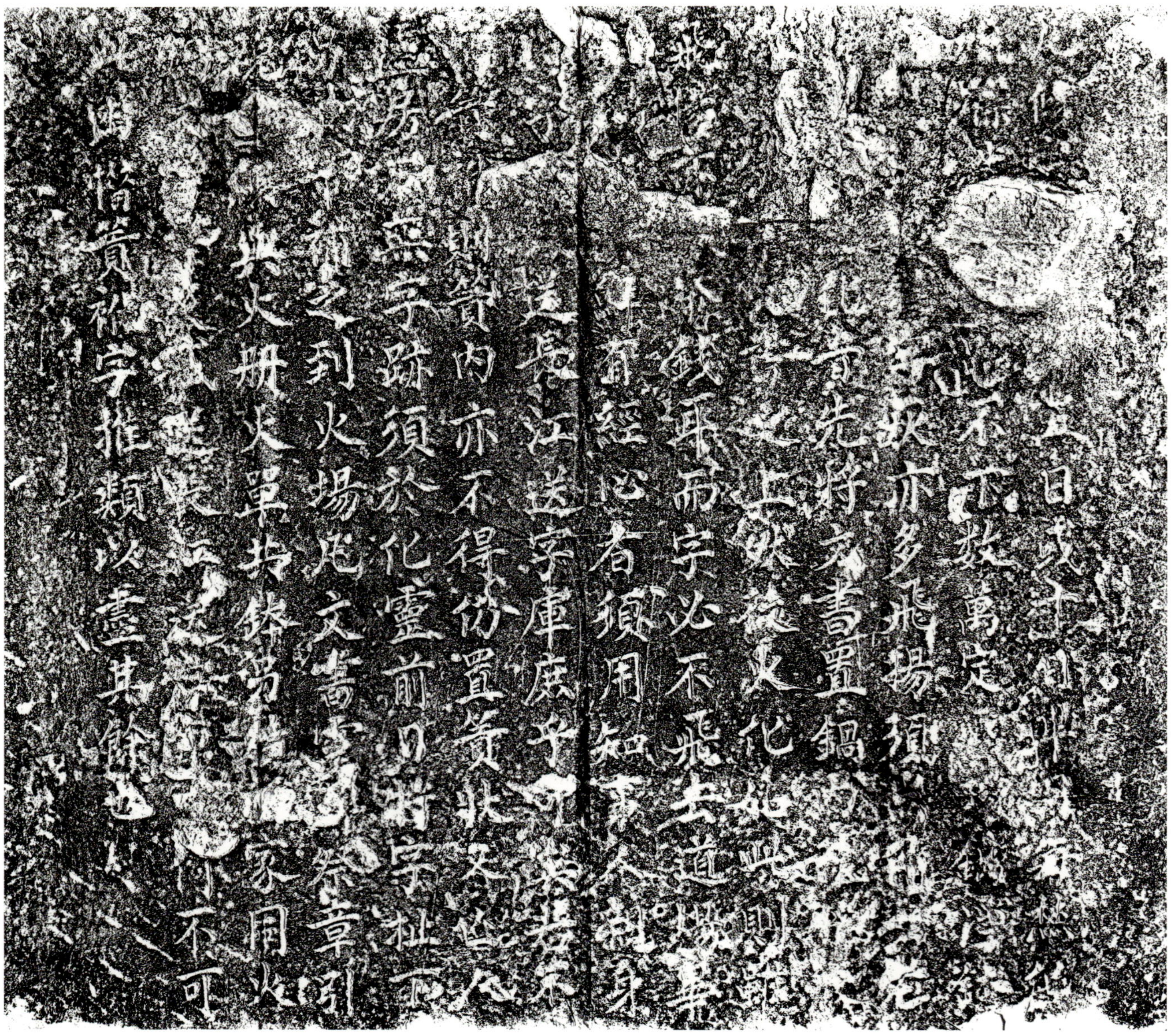

14 13 12 11 10 09 08 07 06 05 04 03 02 01

图版 199　惜字塔第二级塔身西面中部铭文

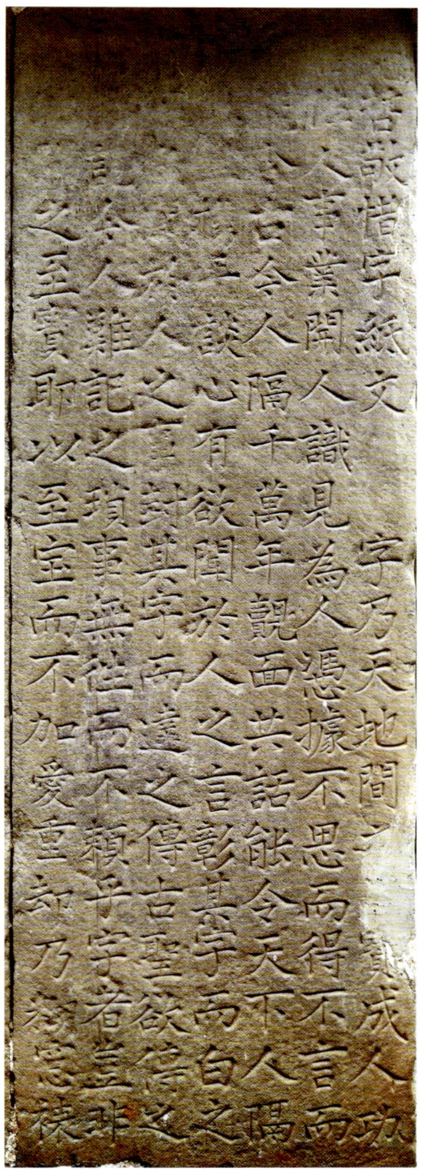

07 06 05 04 03 02 01　　07 06 05 04 03 02 01

图版 200　惜字塔第二级塔身北面左右立柱铭文

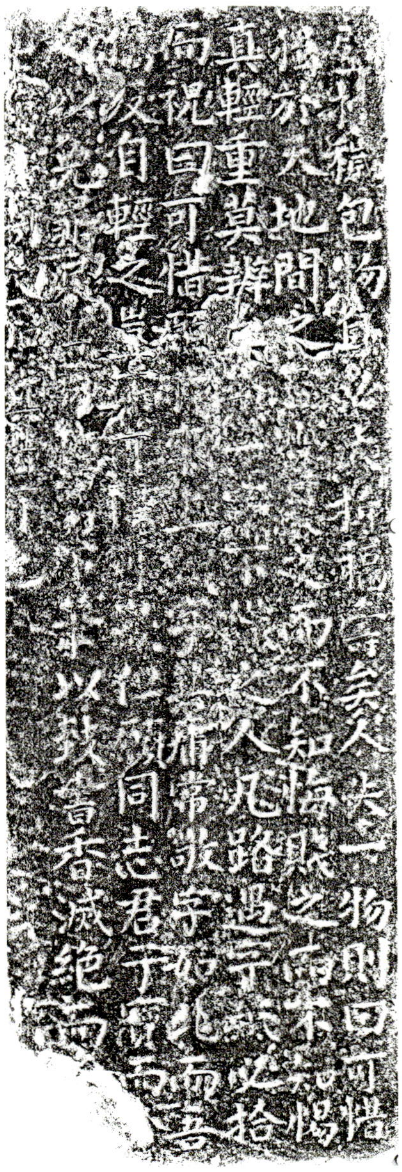

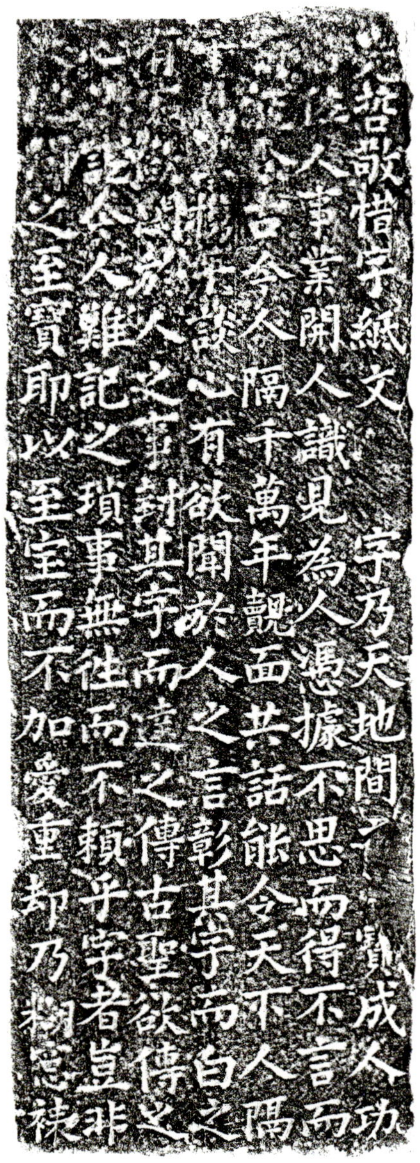

07 06 05 04 03 02 01　　07 06 05 04 03 02 01

图版 200　惜字塔第二级塔身北面左右立柱铭文

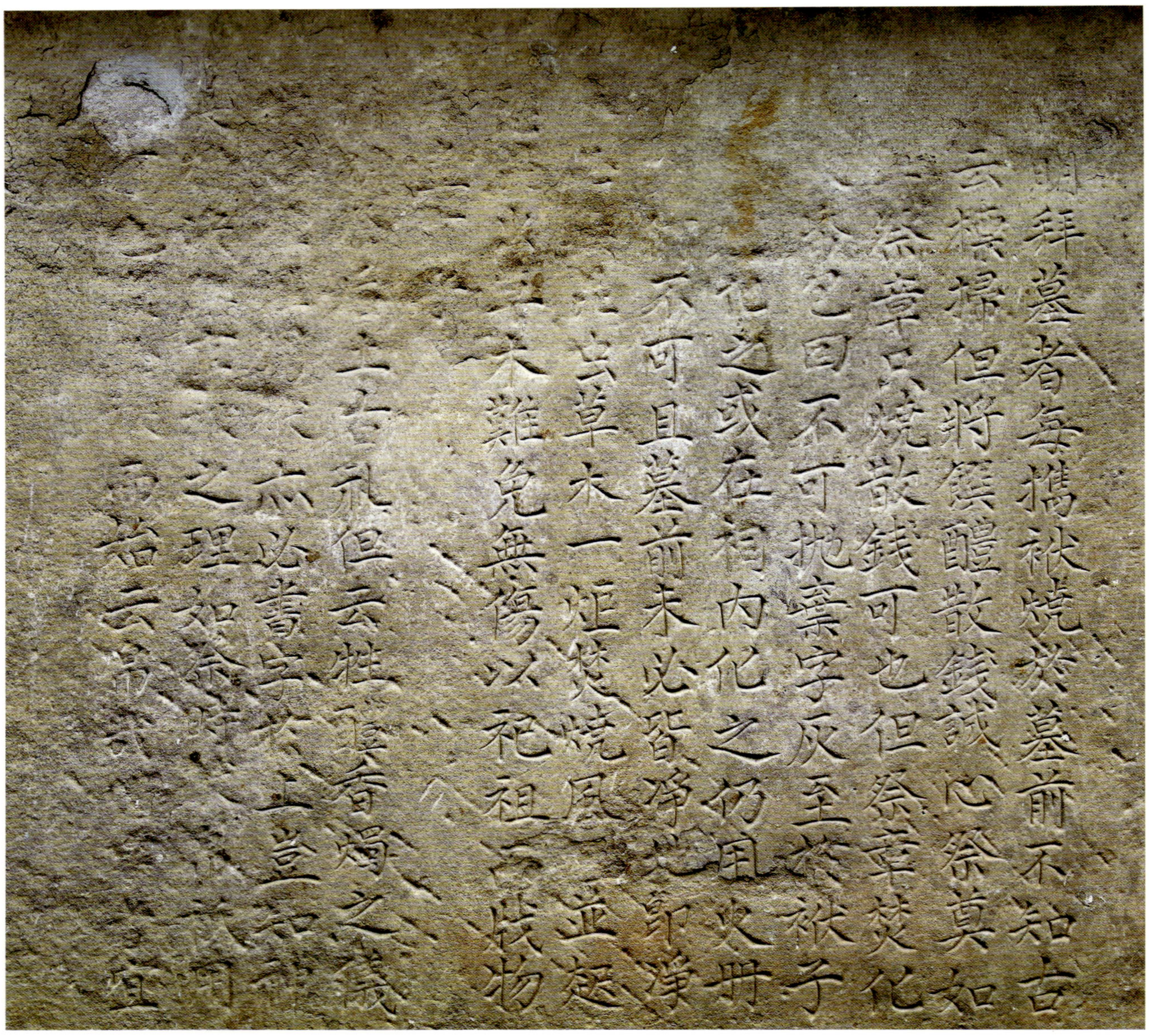

13 12 11 10 09 08 07 06 05 04 03 02 01

图版 201　惜字塔第二级塔身北面中部铭文

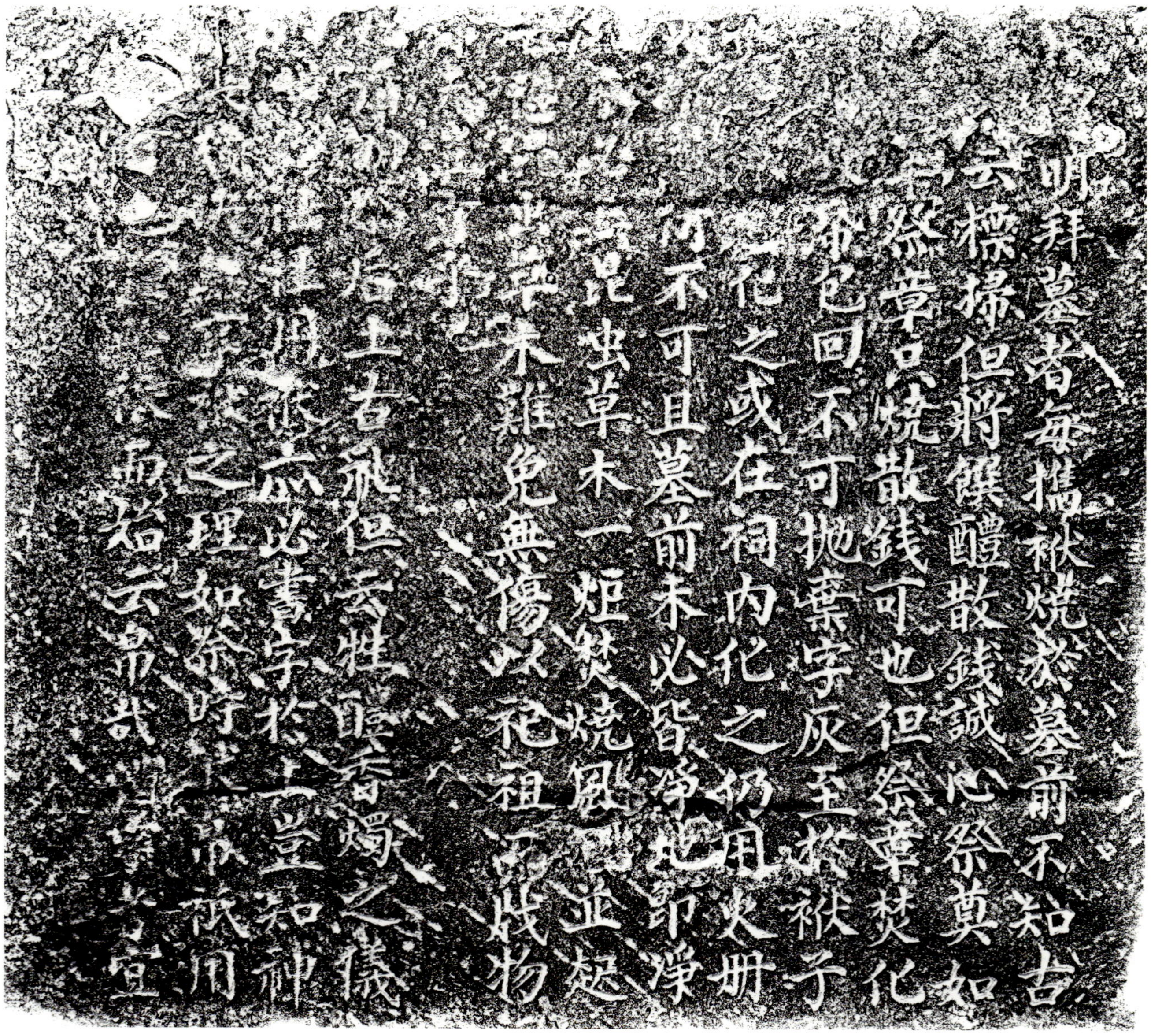

13 12 11 10 09 08 07 06 05 04 03 02 01

图版 201　惜字塔第二级塔身北面中部铭文

图版 202 惜字塔第三级塔身东面右楹联

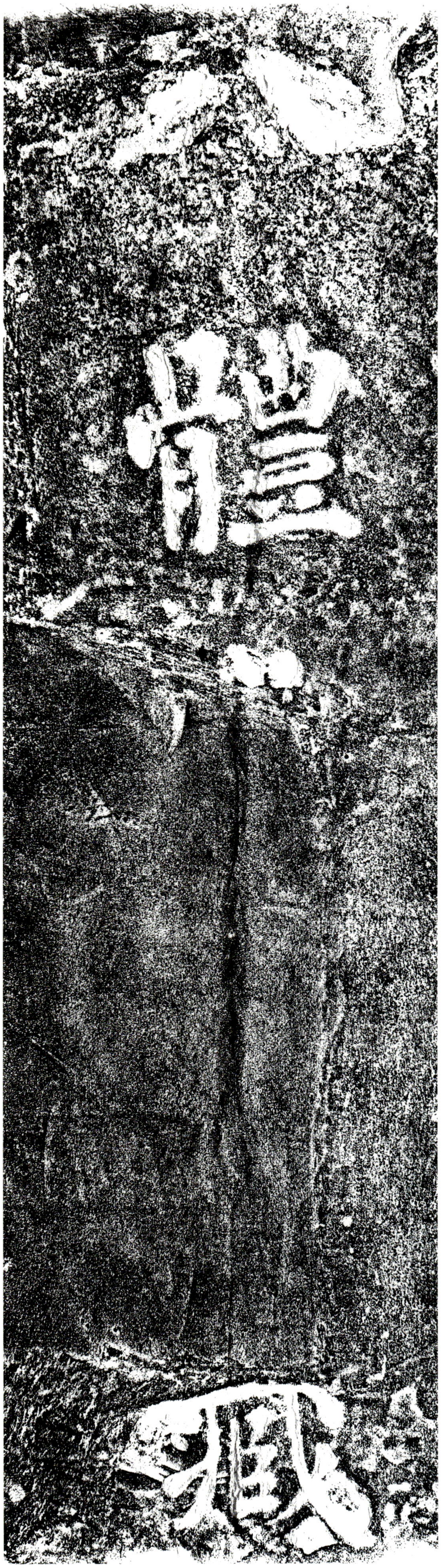

图版 202 惜字塔第三级塔身东面右楹联

09 08 07 06 05 04 03 02 01

图版 203　惜字塔第三级塔身南面铭文

09 08 07 06 05 04 03 02 01

图版 203　惜字塔第三级塔身南面铭文

09　08　07　06　05　04　03　02　01

图版 204　惜字塔第四级塔身南面铭文

09　08　07　06　05　04　03　02　01

图版 204　惜字塔第四级塔身南面铭文

07 06 05 04 03 02 01

图版 205　惜字塔第四级塔身北面铭文

07 06 05 04 03 02 01

图版 205　惜字塔第四级塔身北面铭文

图版 206　惜字塔第五级塔身四面题字

图版 206　惜字塔第五级塔身四面题字

13　12　11　10　09　08　07　06　05　04　03　02　01

图版 207　勾愿菩萨残存经文

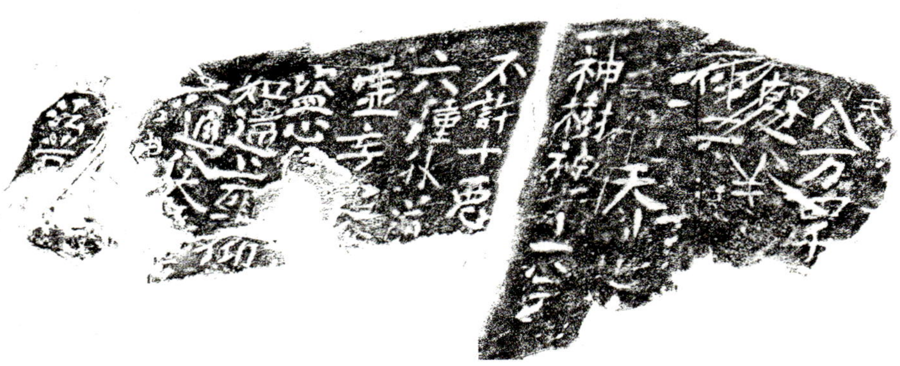

13　12　11　10　09　08　07　06　05　04　03　02　01

图版 207　勾愿菩萨残存经文

图版 208　勾愿菩萨左起第 2 像背屏功德主题名

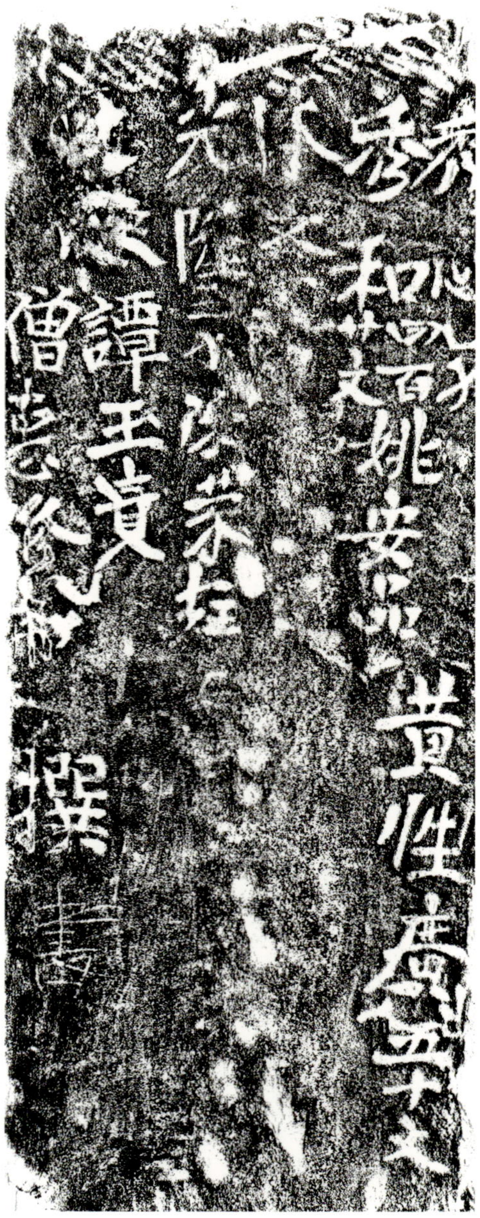

图版 208　勾愿菩萨左起第 2 像背屏功德主题名

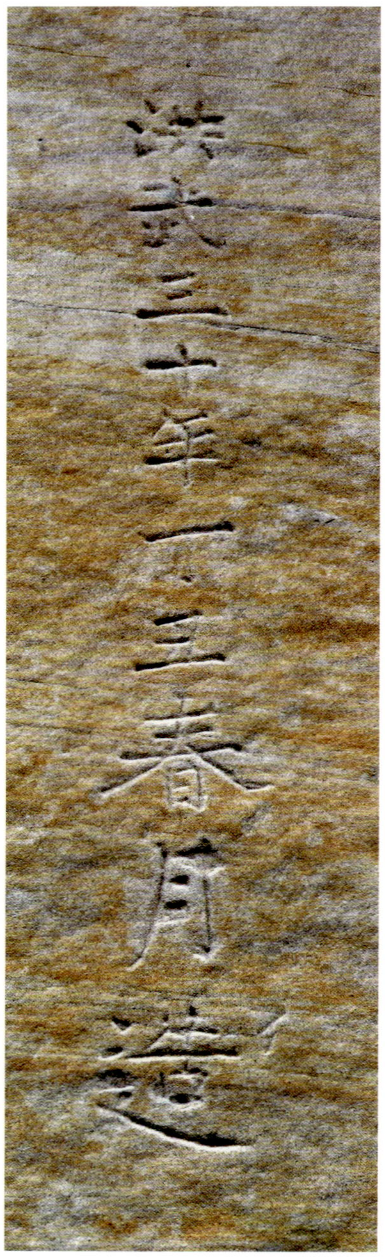

图版 209　高观音摩崖造像龛造像镌记

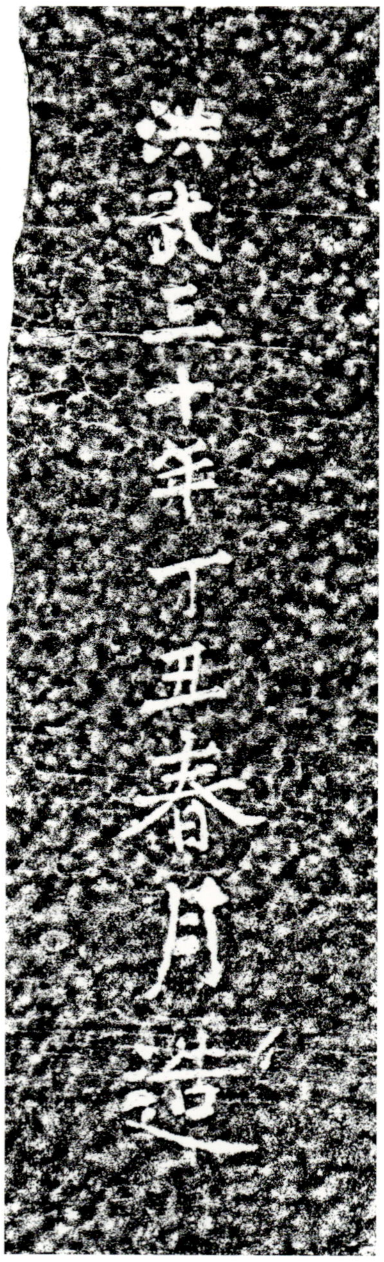

图版 209　高观音摩崖造像龛造像镌记

图版 210　装彩高观音金身记

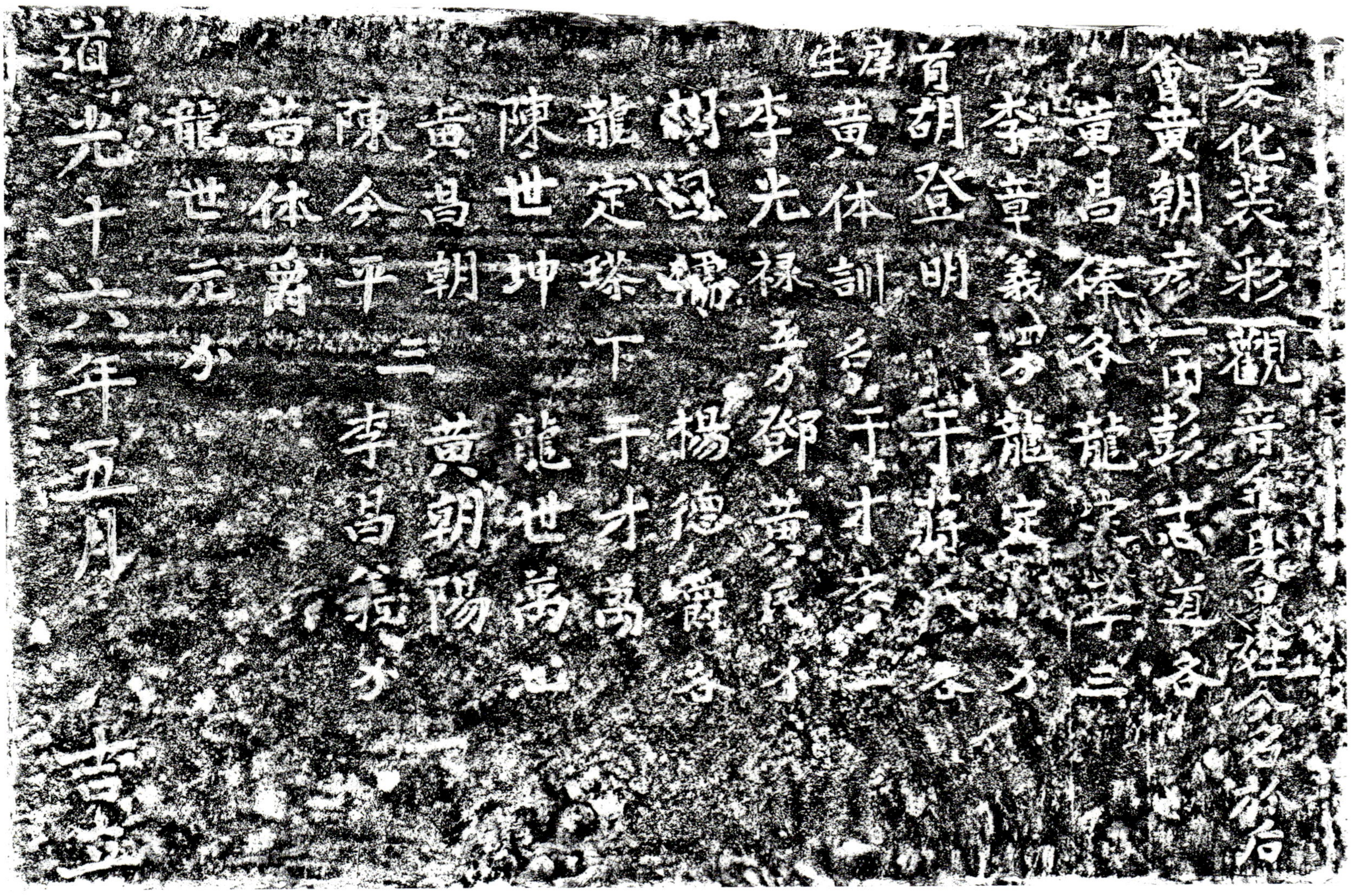

图版 210　装彩高观音金身记

06 05 04 03 02 01

图版 211　李学刚彩绚高观音像五尊题记

06 05 04 03 02 01

图版 211　李学刚彩绚高观音像五尊题记

图版212　袁化吉等装绘高观音金身记

图版212　袁化吉等装绘高观音金身记

图版 213　高观音观音庙摩崖造像龛牌坊楹联

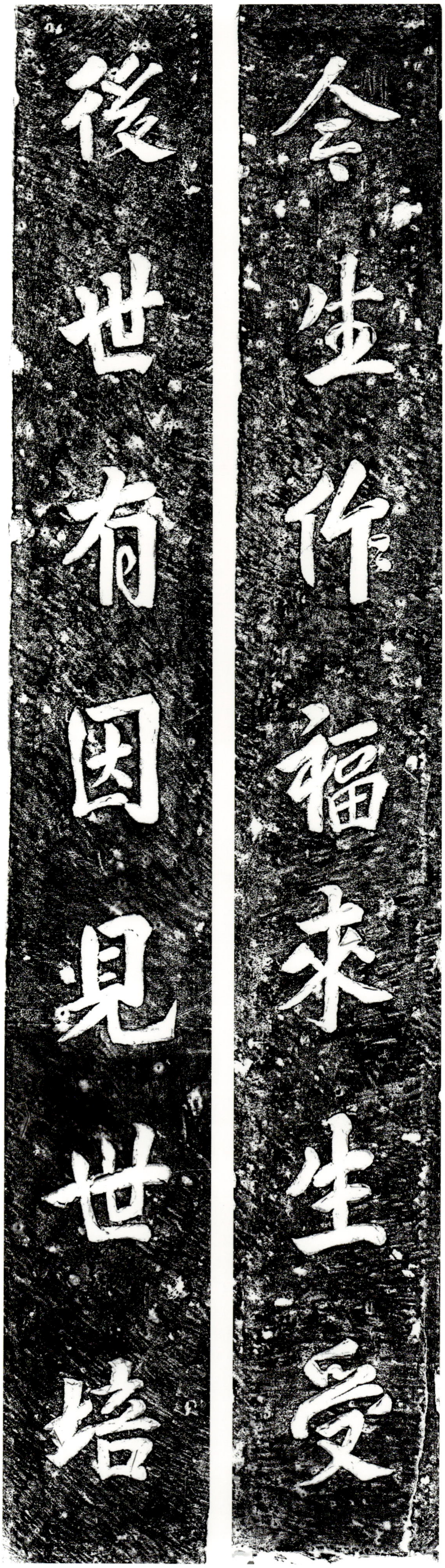

图版 213　高观音观音庙摩崖造像龛牌坊楹联

图版 214　宝顶山倒塔坡清墓群 M5 墓塔第二级塔身西面铭文

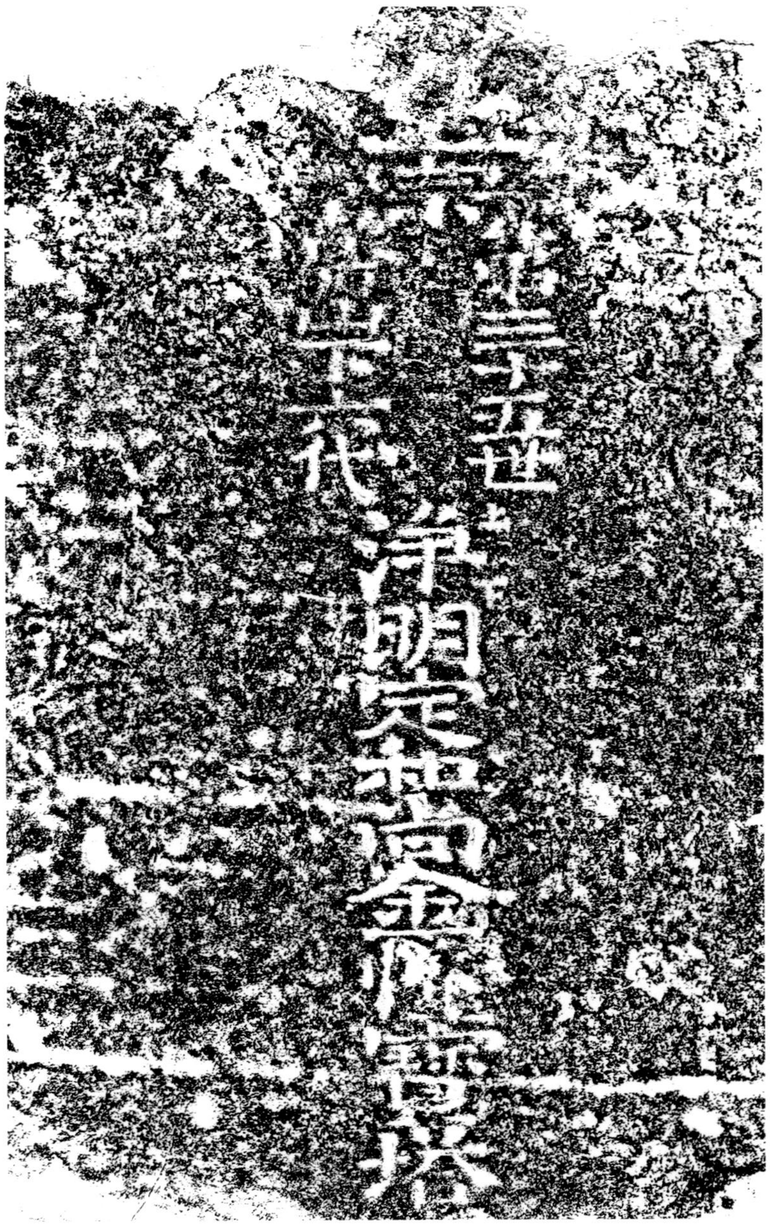

图版 214　宝顶山倒塔坡清墓群 M5 墓塔第二级塔身西面铭文

09 08 07 06 05 04 03 02 01

图版 215　宝顶山倒塔坡清墓群 M5 墓塔第二级塔身西北面铭文

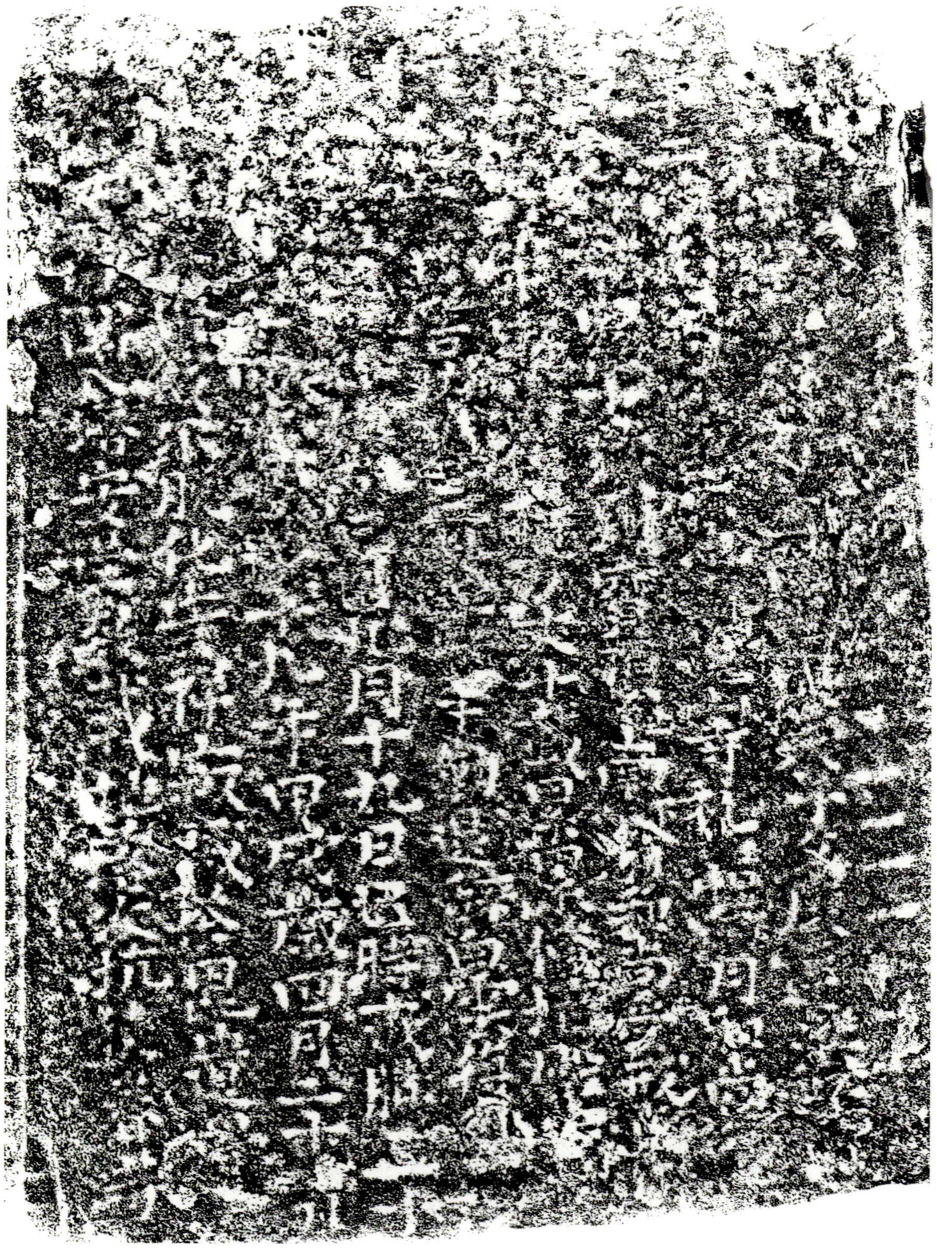

09 08 07 06 05 04 03 02 01

图版 215　宝顶山倒塔坡清墓群 M5 墓塔第二级塔身西北面铭文

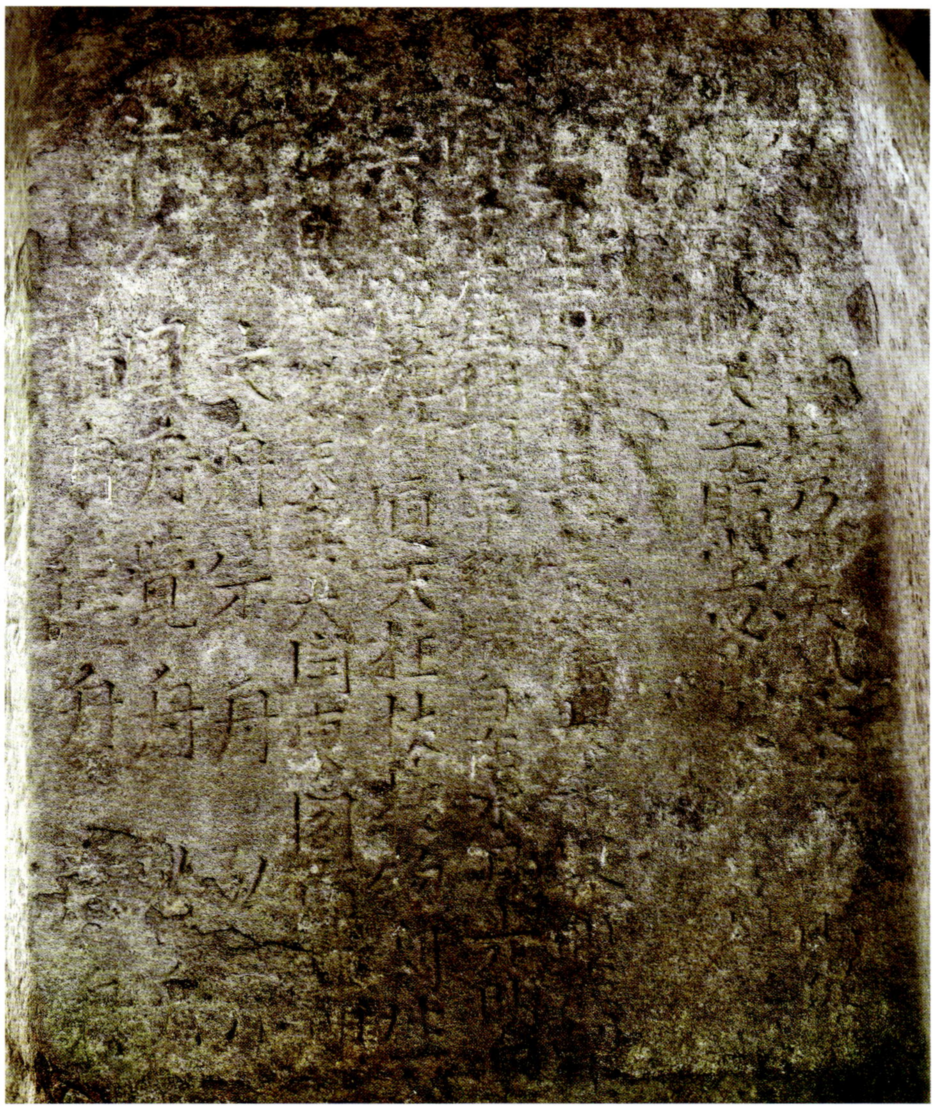

图版 216　宝顶山倒塔坡清墓群 M5 墓塔第二级塔身东北面铭文

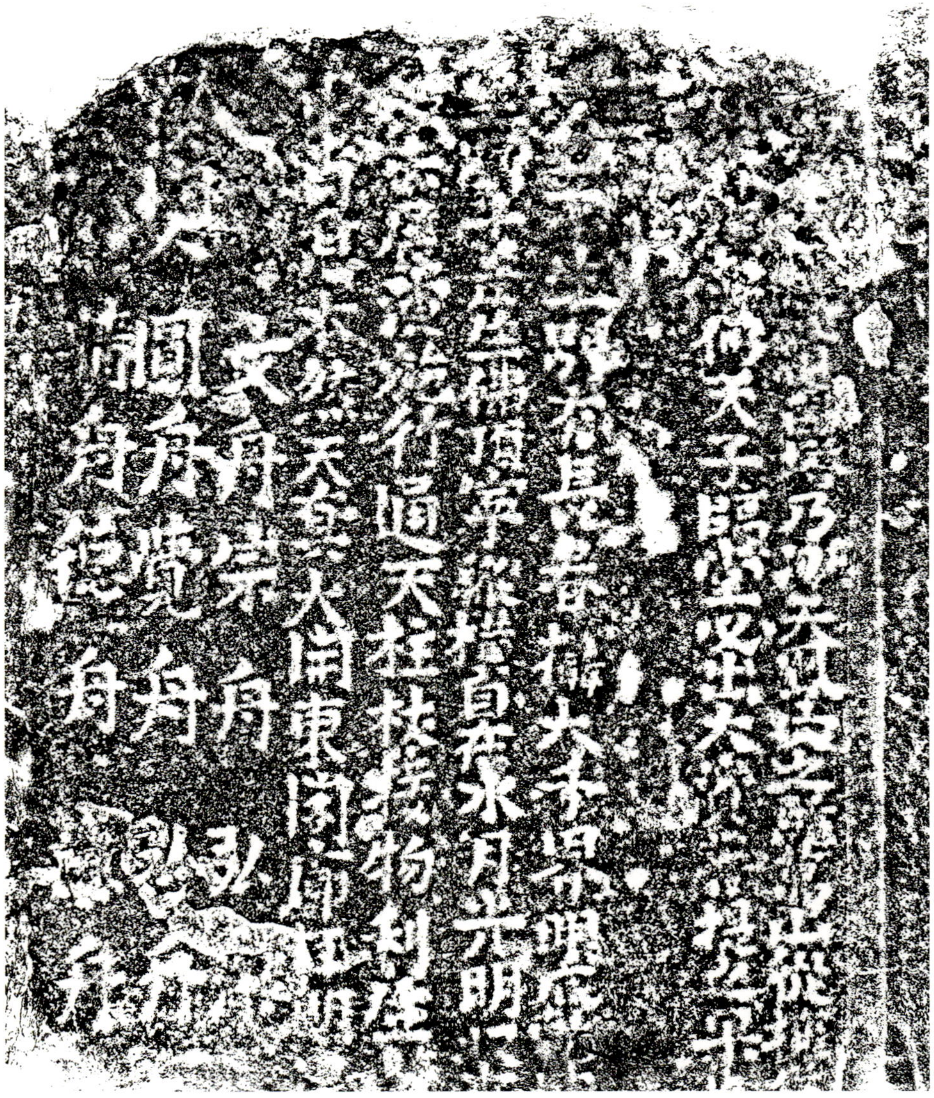

图版 216　宝顶山倒塔坡清墓群 M5 墓塔第二级塔身东北面铭文

05 04 03 02 01

05 04 03 02 01

图版 217　宝顶山倒塔坡清墓群 M5 墓塔第二级塔身东面铭文

图版 217　宝顶山倒塔坡清墓群 M5 墓塔第二级塔身东面铭文

图版 218　宝顶山倒塔坡清墓群 M5 墓塔第二级塔身东南面铭文

图版 218　宝顶山倒塔坡清墓群 M5 墓塔第二级塔身东南面铭文

图版 219　宝顶山倒塔坡清墓群 M5 墓塔第二级塔身西南面铭文

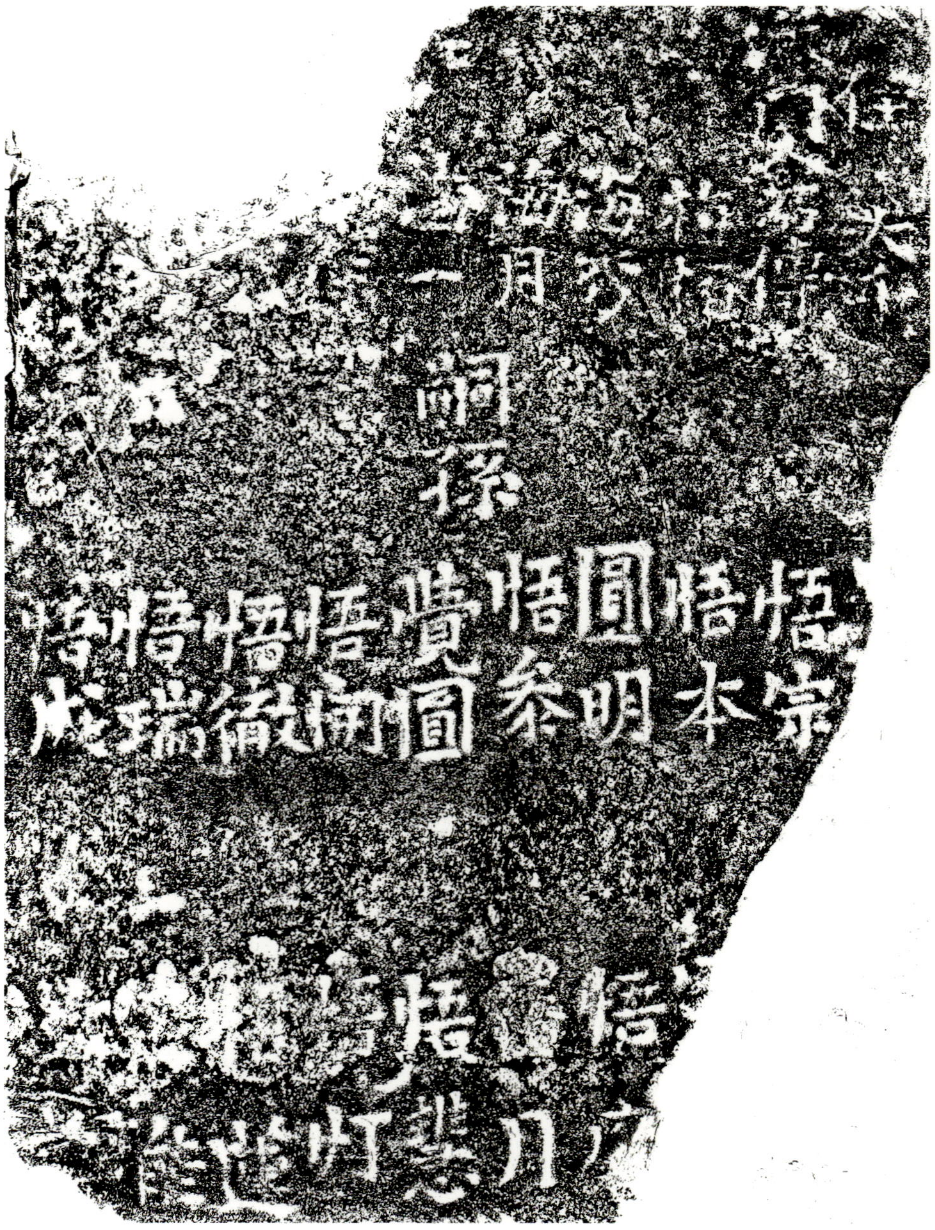

图版 219　宝顶山倒塔坡清墓群 M5 墓塔第二级塔身西南面铭文

图书在版编目（C I P）数据

宝顶山小佛湾及周边石窟考古报告．下册 / 黎方银主编；大足石刻研究院编．—重庆：重庆出版社，2018.6
（大足石刻全集．第八卷）
ISBN 978-7-229-12693-3

Ⅰ．①宝… Ⅱ．①黎… ②大… Ⅲ．①大足石窟－考古发掘－发掘报告
Ⅳ．①K879.275

中国版本图书馆 CIP 数据核字（2017）第 228219 号

宝顶山小佛湾及周边石窟考古报告　下册

BAODINGSHAN XIAOFOWAN JI ZHOUBIAN SHIKU KAOGU BAOGAO XIACE

黎方银 主编　　大足石刻研究院 编

总 策 划：郭　宜　黎方银
责任编辑：杨　耘　吴芝宇
美术编辑：郑文武　吴芝宇　吕文成　王　远
责任校对：李小君
装帧设计：胡靳一　郑文武
排　　版：何　璐　黄　淦

重庆出版集团
重 庆 出 版 社　出版

重庆市南岸区南滨路162号1幢　邮政编码：400061　http://www.cqph.com
重庆新金雅迪艺术印刷有限公司印制
重庆出版集团图书发行有限公司发行
E-MAIL:fxchu@cqph.com　邮购电话：023-61520646
全国新华书店经销

开本：889mm × 1194mm　1/8　印张：80.5
2018年6月第1版　2018年6月第1次印刷
ISBN 978-7-229-12693-3
定价：2800.00元

如有印装质量问题，请向本集团图书发行有限公司调换：023-61520678